围棋文化

胥洪泉 廖 强 编著

西南大学出版社

国家一级出版社 全国百佳图书出版单位

图书在版编目(CIP)数据

围棋文化 / 胥洪泉，廖强编著. — 重庆：西南师
范大学出版社，2021.1

ISBN 978-7-5697-0450-1

Ⅰ.①围… Ⅱ.①胥… ②廖… Ⅲ.①围棋－体育文
化－中国 Ⅳ.①G891.3

中国版本图书馆 CIP 数据核字(2020)第 196703 号

围棋文化

WEIQI WENHUA

胥洪泉　廖　强　编著

责任编辑：李　勇

责任校对：王玉竹

封面题签：胥洪泉

装帧设计：闰江文化

出版发行：西南大学出版社(原西南师范大学出版社)

地址：重庆市北碚区天生路 2 号

邮编：400715

经　　销：全国新华书店

印　　刷：重庆新生代彩印技术有限公司

成品尺寸：170 mm×230 mm

印　　张：16

字　　数：258 千字

版　　次：2021 年 1 月　第 1 版

印　　次：2024 年 3 月　第 2 次印刷

书　　号：ISBN 978-7-5697-0450-1

定　　价：39.80 元

下编 围棋与文化

上编
中外围棋简史

围棋文化

第一章

围棋的名称、起源和定型

围棋起源于我国,具有悠久的历史和丰富的文化内涵。关于围棋的起源,至今仍是一个难解的谜,虽有"尧造围棋"的传说,但还有不同的说法。围棋在发展过程中,产生了不少别名,这些别名体现了围棋不同方面的特点,折射出多种文化信息。春秋战国时期,围棋已经有了确切的文字记载,而且在诸侯士大夫中已经较为流行了。

第一节　围棋的名称

围棋是一项体育运动,双方用黑白棋子在棋盘上对垒,互相吃掉对方棋子,占据其位,占位多者为胜,故名"围棋"。古人云:"以子围而相杀,故谓之围棋。"围棋追求的是胜负,因而具有竞技性;围棋又是一项能带给人精神自由、快乐的活动,因而又具有游戏性;围棋还是古人认为能够体现才艺的棋、琴、书、画"四艺"之一,因而还具有艺术性。围棋蕴含丰富,故有许多不同的名称。

春秋战国时期,围棋称为"弈"。相传为春秋时左丘明所作《左传》云:"弈者举棋不定,不胜其耦。"意谓下围棋的人犹豫不决,就不能战胜对手。"弈者"即下围棋的人,"耦"指对手。战国时期孟子及其弟子万章、公孙丑等人共同编著的《孟子》云："弈秋，通国之善弈者也。"意谓弈秋是当时全国最著名的、最擅长下围棋的人。孟子所说的"国"，当指齐国，在今天的山东省内。这个叫"秋"的人，因为围棋下得好，所以人们叫他"弈秋"。东汉许慎撰《说文解字》谓"弈，围棋也"。

东晋南朝时期，围棋又被称为"坐隐""手谈"。南朝宋刘义庆《世说新语》云："王中郎以围棋是坐隐，支公以围棋为手谈。""王中郎"即东晋名士王坦之，"支公"即东晋高僧支遁。《南史·齐武陵昭王晔传》中有"汝与司徒手谈，故当小相推让"的话。东晋时期，文人向往隐居，崇尚清谈，喜欢下围棋，因为隐逸生活和围棋对弈，都能使人精神愉悦，忘却烦恼忧愁，因而名士王坦之认为下围棋是坐隐，高僧支遁认为下围棋是手谈。清谈是用语言交流，下围棋则默不作声，只需用手指移动棋子，进行智慧的交流。把围棋称为"手谈"，强调的就是对话、交流和沟通，对弈双方的较量过程，就是一个交流、对话的过程。

南朝以后，围棋又被称为"烂柯"。"柯"就是斧头的木柄。"烂柯"之称，出自南朝梁任昉的《述异记》。《述异记》记载了一个观棋烂柯的神话故事：晋朝有一个人叫王质，有一天到信安郡的石室山去砍柴，看见有几个童子在下围棋、唱歌，他就在旁边观看。一个童子给他一个像枣核一样的东西，他含在口里，就不觉得饥饿。过了一会儿，童子对王质说："你还不走啊？"王质赶忙起身，一看斧头，斧柄已经烂了。他回到家乡，和他同时的人都不在世了。故事中王质砍柴观棋的石室山（在今浙江衢州东南），后来被人们称为烂柯山；故事中的几个童子，显然是仙人；王质在石室山观看仙人下一盘棋的时间，世上就过去了很多年，表现的

《烂柯图》

是神仙的时间维度，即"山中方七日，世上已千年"。"烂柯"一词，后来成为一个典

故,用以指称"围棋",还用以表示岁月流逝、人事变迁。

围棋棋子分为黑子和白子,故围棋又被称为"黑白";围棋棋子为圆形,棋盘为方形,故围棋又被称为"方圆"。古人对世界的认识,一直就是"天圆地方",一圆一方,即可概括整个世界。棋子圆形,棋盘方形,棋子在上,棋盘在下,犹如天地宇宙。唐代诗人张乔的《咏棋子赠弈僧》一诗,就用"黑白""方圆"指称围棋;唐人李泌写有咏围棋的诗,诗题就为《咏方圆动静》。

宋朝还有人把围棋称为"乌鹭"。最早是宋徽宗赵佶(1082—1135)在《念奴娇·御制》一词中,用"玉子""纹楸"来指围棋棋子和棋盘,用"寒鸦游鹭"来比喻黑白围棋子。词中的"全似洛浦斜晖,寒鸦游鹭,乱点沙汀碛"三句,意谓棋盘上的黑白棋子,好像夕阳西下时洛水之滨散乱栖息着的乌鸦和白鹭。王之道(1093—1169)的《蝶恋花·和鲁如晦围棋》也云:"黑白斑斑乌间鹭,明窗净几谁知处。""黑白斑斑乌间鹭"谓围棋黑子和白子众多,就像乌鸦和白鹭相间杂。"乌",乌鸦,代表黑色;"鹭",白鹭,代表白色。古时围棋棋子多为玉石做成,色泽莹润明亮,黑白交错;棋盘上的黑白棋子,有如乌鸦、白鹭在天空飞翔,故称"乌鹭"。

围棋又被称为"河洛"。"河洛"本是黄河与洛水的并称,也是"河图洛书"的简称。《易传·系辞上》云:"河出图,洛出书,圣人则之。"传说伏羲氏时,有龙马从黄河出现,背负"河图",有神龟从洛水出现,背负"洛书"。古人认为,围棋棋局(即棋盘)的形式与"河图""洛书"的图案十分相似,围棋的下法玄妙莫测,与《周易》义理颇有相通,因此,古人也以"河洛"称围棋。南宋著名哲学家陆九渊(人称象山先生)年轻时买回一副围棋,悬挂房中,仰卧审视两日,忽然晓悟说:"此'河图'数也。"

元代文言谐谑小说《拊掌录》(作者或说为元人元怀,或说为宋人邢居实)还把围棋称为"木野狐"。《拊掌录》云:"人目棋枰为木野狐,言其媚惑人如狐也。""棋枰",即棋局,也就是棋盘,此代指围棋。"野狐",即狐狸。这意谓人们把围棋看作木头狐狸,说它犹如狐狸一样迷惑人。因为早期的围棋棋子、棋盘多是木制,即所谓"枯棋三百",但棋局变幻多端,令人痴迷,有如妖魅灵狐媚惑人一般，故称"木野狐"。

明朝诗人解缙的《观弈棋》诗，囊括了很多围棋的别名：

> 木野狐登玉楸枰，乌鹭黑白竞输赢。
>
> 烂柯岁月刀兵见，方圆世界泪皆凝。
>
> 河洛千条待整治，吴图万里需修容。
>
> 何必手谈国家事，忘忧坐隐到天明。

诗中的"木野狐""乌鹭""黑白""烂柯""方圆""河洛""手谈""坐隐"，都是围棋的别称。诗中的"吴图"，有人认为也是围棋的别称，这是不正确的。"吴图"当指吴国流传下来的棋谱集。因为敦煌写本北周《棋经》中有"吴图二十四盘"，即吴国流传下来的棋谱二十四局；晚唐诗人杜牧送别围棋国手王逢的《重送绝句》写有"一灯明暗复吴图"，意谓在或明或暗的灯光下恢复（摆出）吴国棋谱的布子。

第二节　围棋的起源和定型

围棋的起源，一直是围棋史上悬而未决的问题，由于相关资料缺乏，研究相当困难。当前所见，古人和今人关于围棋起源的探讨，有以下代表性观点。

一、古今关于围棋起源的观点

1. 古人关于围棋起源的观点

（1）尧舜发明说

战国史官撰写的《世本·作篇》云："尧造围棋，丹朱善之。"西晋张华的《博物志》也云："尧造围棋，以教子丹朱。或云：舜以子商均愚，故作围棋以教之。"张华说：丹朱是尧的儿子，尧发明围棋是为了教他的儿子。张华还记载了另一种说法：舜因为儿子商均愚笨，就发明了围棋用以教他。由此可知，尧或舜发明围棋,都是看重其益智教化作用。然而,围棋不管是尧发明还是舜发明,仅为传说,没有其他文献证明。古人有一种思维,即往往喜欢把一些事物的发明权推及远古某位圣贤手上,以提高它的地位,扩大它的影响。

尧发明围棋的传说,影响很大,后人多有提及,并且多有附会增益。南朝梁元帝萧绎的《金楼子》除了继承"尧教丹朱棋"的传说,还增加了棋盘是用有花纹的桑木做的,棋子是用犀角和象牙做的内容。宋代罗泌的《路史·后记》不但添加了尧当初娶名曰"女皇"的富宜氏,富宜氏生子名叫朱骜的内容,而且列举朱骜的过错:忌人之能,欲居

尧画像

人之上;兄弟之间,争夺聚讼。帝尧悲悯,特地制作围棋,用来约束他的性情。罗泌的记载,虽然较为详细,然而,越往后的记载,越是详细,越不可靠。

（2）乌曹创始说

乌曹,相传是夏桀之臣,也有人说是尧之臣。《世本·作篇》有"乌曹作博"的记载,古人常常"博弈"连称,所以明清人在"博"后加上"弈"字,明人陈仁锡的《潜确类书》就写成"乌曹作博、围棋",后来,董斯张的《广博物志》、张英的《渊鉴类函》等也采录了这种说法,但不足为信。

（3）战国纵横家所作说

晚唐诗人皮日休的《原弈》云:"弈之始作,必起自战国,有害、诈、争、伪之道,当纵横者流之作矣。岂曰尧哉!"皮日休认为,围棋是害、诈、争、伪之物,绝不可能是以仁、义、礼、智、信为本的贤君圣主尧舜所造,而是战国时期喜用诡谲之计、诈伪之谋的纵横家所作。皮日休的说法,明显不妥,因为春秋时期围棋就已经出现了。

（4）容成公制作说

明人林应龙的《适情录》谓"围棋作于容成公"。旧题西汉刘向撰《列仙传》

云："容成公者，自称黄帝师，见于周穆王，能善补导之事。"容成公自称是黄帝的老师，曾指导黄帝学习养生术，"补导"即采补和导引，就是道家的一种养生术。战国史官撰写的《世本·作篇》谓"容成作历"，即容成公制作历法，可知容成公还对天文历法很有研究。林应龙认为围棋的制作与历法有关，"其黑白输赢之机，即阴阳消长之道，盖因历法而错综之耳"，因而就把围棋制作附会到容成公身上。

"尧舜发明围棋"仅是传说，"乌曹创始"为明清人的误解，"战国纵横家所作"只是推测，并且时间太晚，"容成公制作"属于主观臆断，而且与围棋仙化有关。当代学者从围棋本身的形制、思维特点，以及与古典哲学理论的关系分析，对围棋起源的探讨也提出了新的观点。

2. 今人关于围棋起源的观点

（1）围棋起源于原始社会，与原始社会的战争、兵法有关

有学者认为，"原始社会的战争与兵法，为围棋的发明提供了坚实的基础和良好的契机"，因为围棋的每一个棋子都是平等的，这种现象只能产生于没有剥削没有等级的原始社会。从最直观的表象看，围棋展示的乃是人类社会为争夺生存空间而发生的争斗。马诤的《围棋起源于兵法》就说："据某些史料记载，原始社会的部落酋长，在指挥战争时，往往在地上画一些简单的军事形势图，并用石子表示双方兵力部署，商量作战及取胜的方法。某些典型的军事形势图，如阪泉之战、涿鹿之战，有可能逐渐凝固为一种军事游戏，用以向贵族子弟传习兵法知识，而这种军事游戏或许就是围棋的萌芽形式。"其实，两汉之交的著名思想家和学者桓谭在其《新论》中就认为围棋与兵法有相通之处，东汉著名的经学家和文学家马融也认为围棋与兵法相通。马融所写《围棋赋》在中国围棋史上非常有名，其中有云："略观围棋兮，法于用兵。三尺之局兮，为战斗场。"

（2）围棋的起源与八卦占卜有关

围棋大师吴清源（1914—2014）就曾说过：围棋最初并不是一种争胜负的游戏，而是用于占卦天文，是《易经》的用具。还有学者将围棋与中国最古老的典

籍《周易》中"理""象""数""气"的概念联系起来,认为棋盘上众星拱卫"天元",一黑一白的棋子与一阴一阳的"道","时"与"位"的变化等,都在某种程度上反映了围棋与八卦有相通之处。这种观点,只是推论演绎,没有严谨缜密的论证,不能令人信服。

（3）围棋起源于西汉说

2003年,宋会群在《体育文化导刊》上发表了《围棋起源于西汉说》一文,提出了围棋起源于西汉的观点;2010年他在与人合著的《中国博弈文化史》中又重申此说,"把先秦文献中的'弈'字解释作围棋,有张冠李戴的嫌疑""把围棋起源确定在春秋战国时期及其以前,实乃误会""全部先秦文献中出现的'弈',或为博戏,或作动词用,指下棋;博弈连称,当泛指博戏一类的游戏,起码不能确定是指围棋"。宋会群的观点,只是一家之言,文献、论证尚不充分,缺乏说服力。

二、围棋定型于春秋时期

关于围棋的起源问题,众说纷纭,一直未有定论,还有待学术界继续探讨,但围棋的定型,应该是在春秋时期。何云波《中国围棋文化史》认为:"从围棋所模拟的战争形态来看,围棋反映的应是原始时代的状况。……是原始时代人与人、部落与部落之间生存斗争的反映。""围棋产生于尧舜时代是可能的,但一定要把发明权交给尧舜,则恐怕是出于中国人的思维习惯了,这就是往往喜欢把任何一种东西的发明权都交给某一'圣者'或'英雄'。……准确地说,应该是作为游戏与竞技的围棋,定型于春秋时期。"

根据文献记载,春秋时期围棋已经在社会上比较流行了。《左传》记载说:卫献公从夷仪这个地方派遣使者与宁喜谈论恢复国君之位的事,宁喜同意了。大叔文子听说后,就说:"哎呀!……现在宁喜看待国君不如下围棋,他怎么能免于祸难呢?下围棋的人举棋不定,就不能战胜对手,更何况安置国君而不能决定,他必定不能免于祸难了!"大叔文子是运用下围棋做比喻,比喻一般都是选择人们常见的熟悉的事物作喻体,这样才使人容易理解。由此可知,下围棋在春秋时期已经很普遍了,而且下围棋的人颇看重其竞技性。《论语·阳货》云:

饱食终日，无所用心，难矣哉！不有博弈者乎？为之，犹贤乎已。

孔子的意思是说，整天吃饱了饭，对什么事都不用心，难啊！不是有博和弈吗？玩玩博戏，下下围棋，也比什么都不做好。孔子生活在春秋末期，是儒家学派的创始人，其思想核心是"礼"和"仁"，对于博弈来说，应是视作雕虫小技的，但他也认为闲暇时玩玩博弈，胜过饱食终日，无所用心。孔子应当是看重了围棋的游戏性。对于"博""弈"的区别，唐代史学家颜师古《汉书》注云："博，六博；弈，围棋也。""博"靠的是运气，"弈"靠的是智力。"博"，即六博，又称"博戏""局戏"，是一种掷采下棋的游戏，六箸十二棋，通过掷骰子来决定棋子的走法，输赢基本上是靠运气。

生活在战国时期的孟子，在其书中两次提到围棋。他在《孟子·离娄下》中把"博弈好饮酒"列为"世俗所谓不孝者五"之一，由此可知当时围棋活动的普遍，而沉迷于围棋者，则被视为有违儒家的孝道。他还在《孟子·告子上》中以"通国之善弈者"弈秋教人下围棋的事为例，教育人们做事要专心致志。由此可知战国时期的齐国，有"国手"级的围棋大师叫秋。弈秋应是我国最早的围棋国手，被后世视为"棋道鼻祖"。这样的围棋国手，应该是层层决胜出来的，可见战国时期齐国境内围棋的盛行。

第二章

两汉三国时期围棋的普及和发展

　　围棋在春秋时期定型后,两汉三国时期逐渐普及和发展。宫廷、民间的围棋活动逐步展开,弈棋的人数逐渐增多;士人既把围棋视作"戏",又将其视作"艺";西汉时大约15道和17道棋盘并用,东汉三国时17道棋盘通行,而且围棋的座子制度已实行。这一时期,描写围棋的文学作品和围棋理论著作开始出现,更为重要的是开始为棋手评定品级。

第一节　两汉时期围棋的逐渐普及

一、西汉围棋的曲折发展

　　西汉时期,由于统治者独尊儒术,儒家思想成为统治思想,儒家提倡的"仁""礼"观排斥围棋的平等、竞争意识,围棋一度受到贬抑,但也没有被禁止,宫廷、民间仍然流行。

　　西汉著名文学家贾谊(汉文帝时任太中大夫)就贬斥围棋,指责"失礼迷风,围棋是也",认为围棋不仅破坏了礼制,而且还迷乱了社会风气。然而,宫廷、民间仍有广泛的围棋活动。东晋葛洪的《西京杂记》就记载:戚夫人侍奉汉高祖刘邦,"八月四日,出雕房北户,竹下围棋",赢了的终年有福,输了的终年得病,输了的取来丝线,对着北极星祈求长命,就能免除病患。这位戚大人应是中国围棋史上第一个有文字记载的女性棋手。上行下效,皇帝下围棋,宫中之人自然会效仿,广川王刘去、淮南王刘安也爱好围棋。刘去通诸经,史称"好文辞、方技、博弈、倡优";刘安好书,善琴,喜欢方士,喜爱围棋,他主持编著的《淮南子》中常常提到围棋,如"行一棋不足以见智,弹一弦不足以见悲""围棋击剑,亦皆自然"等。《汉书·陈遵传》还记载:汉宣帝刘询还没有当皇帝的时候,与陈遵的祖父陈遂友善,两人经常下围棋、玩六博赌输赢,陈遂总是输棋,还输得还不起赌注。可见民间还用围棋进行赌博。西汉最负盛名的围棋手是杜夫子,《西京杂记》云:"杜陵杜夫子善弈棋,为天下第一。"西汉辞赋家、方言学家扬雄的《方言》谓围棋"自关而东,齐鲁之间,皆谓之弈",可见中原地区民间围棋活动的普遍。

二、东汉时期的弈论和围棋赋

东汉时期,喜好围棋的文人士大夫多起来,他们经常弈棋,推动了围棋的发展,而且出现了论述围棋的弈论和描写围棋的赋。

1.东汉的弈论

两汉之际的经学家、哲学家桓谭(约公元前23—公元56),好音律,善鼓琴,虽然不见他有下围棋的记载,却最早将围棋与兵法相联系,而且最早给棋手分等判级。他的《新论·言体》论及围棋,谓"世有围棋之戏,或言是兵法之类也",并将围棋手明确地分为上、中、下三等,还提出了具体的分等标准,以区别棋艺的高下差别。后来出现的围棋九品制分为上三品、中三品、下三品,实质上仍是以三分为基础的,因此桓谭的围棋三等论堪称棋品的雏形。

东汉著名史学家班固(32—92)撰写的《弈旨》是我国现存最早的一篇围棋理论著作,全面系统地论述了围棋的文化内涵、价值和作用。《弈旨》云:

局必方正,象地则也;道必正直,神明德也;棋有白黑,阴阳分也;骈罗列布,效天文也。

意谓方正的棋局,有如大地;正直纵横的棋道,显扬美德;棋子有黑白,就像宇宙分阴阳;错落分布的棋子,就像天宇星辰的分布运行。班固在《弈旨》中还指出,棋局、棋局的线道、棋子的颜色、行棋时棋子的呈像这"四象"已经陈列,行棋就要依靠人了,大概有如治国要依靠国君的政令。班固把"四象"与天文、地理、阴阳、道德联系在一起,突出围棋在游戏之外的意义,目的是全面系统地阐述和肯定围棋,并把它上升到治国安邦的高度。此外,班固对围棋的特点多有发掘,而且把围棋和军事谋略相联系,还对博、弈的根本区别做了明确阐述:"博"之获胜,靠的是运气和气力;"弈"之取胜,却需要真本

班固像

事,像孔子的门生那样,是以聪明才智来分高下的,像尧舜时官员的升迁那样,是通过严格考核政绩来决定的。

东汉末期的文学家,"建安七子"之一的应玚(172—217),喜好围棋,写有《弈势》一文,从军事的角度论述围棋,开篇就谓"盖棋弈之制所尚矣,有像军戎战阵之纪",并指出对弈先从两翼入手,占据守卫边地,"奋维阐翼,固卫边鄙",还用历史上的一些有名战例来说明围棋战术:弈棋不能一味向前追逐驱驰,见利忘害;如果轻视敌方而少有防备,则损丧更大;临阵怀疑犹豫,则是谋算考虑不周详;如果贪得无厌而少有获得,则不知所亡;如果该做出决断时不能决断,则还要为此进行谋划,就会犯下如同项羽在鸿门宴上未杀刘邦,夫差同意勾践求和一样的过失。

2. 东汉的围棋赋

东汉时不只出现了铺陈围棋的赋,而辞赋家李尤(约44—约126)撰写的《围棋铭》也很有特色。《围棋铭》谓棋局为法度,棋子取法阴阳,棋道为经线、纬线,棋子错杂排布,变化而有规律。从铭文来看,不但具有很强的概括性,还可知李尤对围棋非常熟悉。

东汉著名的经学家和文学家马融(79—166)认为围棋与兵法有相通之处。他的《围棋赋》认为围棋法于用兵,三尺见方的棋局,就是战场:"略观围棋兮,法

于用兵;三尺之局兮,为战斗场。"他还指出围棋的战略、战术:"先据四道兮,保角依旁;缘边遮列兮,往往相望。"意谓要先占据要点,即相当于现在棋盘上的星位;要先保角作为根据地,然后扩张地盘;再在边地发展,但要注意自己势力的呼应和联络。这就相当于现在常说的"金角,银边,草肚皮"。这些围棋战术,当是从弈棋实践中归纳出来的,可知马融是会围棋的,而且还掌握了围棋的要领。

三、东汉末期善弈的王粲和孔融儿女

东汉时期,围棋逐渐普及,文人士大夫大多善弈,甚至有些小孩也会弈棋。其中突出的是王粲、孔融及其儿女。

王粲(177—217)是"建安七子"中成就最高的作家,被誉为"七子之冠冕"。他十分爱好围棋,其《围棋赋序》谓"清宁体道,稽谟玄神,围棋是也",意谓能够让人清寂宁静,体验正道,思考谋虑,玄妙入神,就是围棋。王粲的记忆力特强,看过的碑文能背诵,棋局乱后能复局。《三国志·王粲传》记载:一次,王粲与他人同行,路边有块石碑,王粲读完后,同行的人问:"你能背诵下来吗?"王粲说:"能。"于是让王粲背过身去背诵,结果,一字不错。王粲观看别人下围棋,棋局被弄乱了,王粲为之复原棋局。下棋的人不相信,就用手帕盖住棋局,另找一副围棋让王粲复原棋局。两副围棋对照,结果,一子不错。这就是成语"背碑复局"的出处。明人冯元仲的《弈旦评》称赞说:"王粲复局,不误一道,弈中神人也。"

东汉末期文学家、"建安七子"之一的孔融(153—208),是孔子的二十世孙,颇好围棋,他的《与邴原书》以弈棋为喻,谓"阻兵之雄,若棋弈争枭"。孔融的儿女也会围棋,《后汉书·孔融传》有孔融7岁的女儿和9岁的儿子弈棋的记载:孔融被曹操逮捕的时候,他7岁的女儿和9岁的儿子正在下围棋,得知父亲被捕的消息,仍坐着不动。别人问他们:"父亲被捕,你们仍然坐着不站起来,为什么?"他们回答说:"哪里有鸟巢毁了而鸟蛋不被打破的道理呢?"后来有人把这话告诉曹操,曹操决定把这两个小孩也杀掉。当曹操派人把这两个小孩抓起来时,女孩对哥哥说:"如果死了的人有知觉,能够见到父母,难道不是我们最大的愿望!"于是伸长脖子受刑,脸色不变,没有人不为之悲伤的。孔融的女儿、儿子才几岁就会下围棋,可知孔融也当会弈棋。这两个孩子,小小年纪,就能从容

面对死亡,不禁让人感慨唏嘘!

四、东汉盛行的围棋座子制度

东汉时期,围棋已经实行座子制度。座子制度起源于何时,难以考证,但东汉弈坛已经盛行。东汉马融《围棋赋》云:"先据四道兮,保角依旁。"所谓"四道",即角部四四处。从宋人李逸民所编《忘忧清乐集》中的棋谱来看,三国吴时,对弈开局前,黑白双方在棋局四角的对角上各摆两枚棋子,行棋次序是白先黑后。座子又称"势子",也称"棋羿",马融《围棋赋》云:"迫兼棋羿兮,颇弃其装。"宋人章樵《古文苑》注云:"羿,音、义与'岳'同。棋心并四角各有一子,谓之五岳,言不能动摇也。"明人杨慎《丹铅总录·物用·棋羿》也说:"棋心并四面各据中一子,谓之五岳,言不可动摇也,今谓之势子,而中心一子不下。"按照这种说法,古代围棋是五枚座子,只是后来才改成四枚的。但从现存古代棋谱来看,没有放五枚座子的,而且从道理上讲,五枚座子也讲不通,因为这会影响行棋的次序。古代围棋这种座子制度和白先黑后的规则,一直沿袭到清末,后因受日本围棋的影响,才取消了座子,改为黑先白后。

第二节　三国时期围棋的迅速发展

魏晋时期,随着人们对围棋竞技性、娱乐性和趣味性认识的提高,围棋开始从各种游戏中脱颖而出,成为文人士大夫陶情怡性、忘忧消愁的最受欢迎的游艺活动,因而弈棋在文人士大夫之间广泛流行。特别是三国之时,围棋发展到一个新的阶段,帝王的喜好和参与,士人的以棋为戏,以九品品第棋手,收集精彩对局编成棋谱集,都有力地促进了围棋的发展。蔡中民、赵之云等著《中国围棋史》认为三国时期是"围棋史上第一个蓬勃发展的高潮"。

一、三国时期士人的以棋为戏

魏晋时期，社会动荡，士人产生强烈的忧生意识，因而舍弃功名，游戏享乐，于是可以忘忧、远祸的围棋也就风行起来。汉末至西晋时期，由于军阀割据，长期战乱，加上司马氏篡夺曹魏皇权时的大肆杀戮，士人在社会动荡中朝不保夕，常常感叹生命无常，人生苦短，于是产生了不重功名，追求适意，及时行乐的思想。汉代就有诗感慨："生年不满百，常怀千岁忧。昼短苦夜长，何不秉烛游？为乐当及时，何能待来兹？"由于游乐意识的觉醒，"戏"一变而成为魏晋士人生活的重要内容，他们把举凡一切足以引起精神愉悦的活动都称为"戏"。因此具有游戏功能而且能够使人忘忧、适意、愉悦的围棋就在士人之间广泛流行。魏文帝曹丕也以弈棋为乐，其《夏日诗》就云："棋局纵横陈，博弈合双扬。巧拙更胜负，欢美乐人肠。"意谓棋局的线道纵横排列，弈棋双方拿起棋子，智巧、笨拙分出胜负，人们内心（"肠"指内心）充满欢乐。

三国吴韦曜（本名"昭"，晋人因避讳改为"曜"）的《博弈论》也云：

今世之人，多不务经术，好玩博弈，废事弃业。忘寝与食，穷日尽明，继以脂烛。

韦曜指责世人不致力于经学，好玩博弈，荒废事业，废寝忘食，燃起灯烛，夜以继日。

魏晋士人不仅把围棋视作"戏"，而且还将其看作"艺"。"艺"指艺术，即把围棋看成一种游戏的艺术。魏晋时期是文学、艺术的自觉时代，艺术受到士人的推崇。魏国文士邯郸淳著《艺经》，首立围棋一目；南朝宋刘义庆撰写《世说新语》，将围棋归入"巧艺"一门；南朝梁沈约所写《棋品序》更称围棋"可与和乐等妙，上艺齐工，……是以汉魏名贤，高品间出；晋宋盛士，逸思争流"，意思是说围棋可与和美的音乐同妙，高超的技艺同工，……因此，汉魏时著名的贤人中，高手不时出现，两晋刘宋时的名士，超逸的思想争相出现。围棋不但可以让士人表现才艺，而且还能契合士人清谈的神思与玄致，正如沈约《棋品序》所云："凝神之性难限，入玄之致不穷。"意谓弈棋时一定会聚精会神，进入玄妙的境界。弈棋还是避世远祸的手段之一，如班固《弈旨》所言，"外若无为""静泊自守""隐居放言，远咎悔行"。"放言"即不谈世事，"远咎悔行"即远离祸患，追悔过失。此外，寄情于棋枰之上，还可以忘却世间的烦恼忧愁，获得暂时的精神超脱。因而魏晋时期，围棋在文人士大夫中非常流行。

二、魏、蜀、吴的围棋活动

三国时期，魏国、吴国的围棋活动盛行，蜀国相对冷寂。

1.魏国围棋活动的活跃

魏武帝曹操、魏文帝曹丕都擅长围棋。作为军事家的曹操，运筹帷幄，深谋远虑，围棋水平也颇高，曾与当时的围棋高手山子道、王九真、郭凯等人有过对弈，而且棋技不分高低。魏文帝曹丕也喜好围棋，曾在诗中写道："棋局纵横陈，博弈合双扬。"然而他狠毒残忍，利用下围棋的机会毒死了胞弟曹彰。据刘义庆《世说新语·尤悔》记载：魏文帝曹丕忌恨胞弟任城王曹彰勇猛强壮，要想害死他，事先在一些枣子的蒂部放了毒药，并和没有放毒的枣子混在一起。然后邀请任城王到卞太后房中下围棋，让人端上枣子，一边下棋，一边吃枣。曹丕专挑没有毒药的枣子吃，任城王不知，有毒无毒的拈来便吃，因此中毒。卞太后急忙找水救他，曹丕事先已命人打碎了盛水的瓶瓶罐罐，卞太后急得没有穿鞋就跑向井边，但井边也没有汲水的器皿。不一会儿，任城王就死了。

魏国的士大夫中，有不少围棋爱好者。沈约的《棋品序》就说"汉魏名贤，高品间出"。"竹林七贤"中的阮籍（210—263）、王戎（234—305）等人，不拘礼法，喜欢清谈，也喜好围棋。据《晋书·阮籍传》记载，阮籍性至孝，与人弈棋时闻母丧，对手叫他不要下了，他却要求下完以决胜负。据《晋书·王戎传》记载，王戎在为母亲守丧期间，还喝酒吃肉，看人下围棋。

2.吴国围棋活动的盛行

吴国的棋坛非常活跃。东吴的开国君王孙策（175—200），曾召吕范对弈。宋人李逸民编的《忘忧清乐集》所收《孙策诏吕范弈棋局图》，相传为孙策、吕范对弈遗局，但清代著名学者钱大昕的《十驾斋养新录·棋局》却说：我曾见李逸民《忘忧清乐集》首次记载孙策诏吕范弈棋、晋武帝与王武子弈棋的棋谱，都是

19道棋局,疑为后人假托。吴国丞相顾雍(168—243)、大都督陆逊(183—245)都会围棋。顾雍为相十九年,常聚幕僚下围棋,当得知任豫章太守的长子顾邵病逝时,他正和手下的官吏下围棋,神色不变,强忍悲痛,坚持弈棋,只是"以爪掐掌,血流沾褥"。大都督陆逊在军情危急而且必须立即撤退之时,用和将领下围棋的办法,稳定军心,施展计谋,伺机撤退。

吴国弈风之盛,还可从吴国韦曜(204—273)的《博弈论》看出。孙权第三子孙和的侍从蔡颖,喜好围棋,为宫中翘楚,官署值班的官吏都效仿他,经常弈棋。但孙和却认为"交游博弈以妨事业",士人应当学习驾车、射箭的本领,才会对国家有用,就让时任太子中庶子的韦曜等人撰文陈述围棋的弊端。韦曜撰写《博弈论》指出:围棋的技艺,不属于六艺(六艺指礼、乐、射、御、书、数,是古代儒家要求学生掌握的六种技能),也不能用于治理国家;待人处事不能凭借它,征召选拔也不能依靠它;求之于作战的阵法,也不属于孙武、吴起这类古代兵家;考之于学问和技能,也不属于孔子之门。弈棋反而违背儒家的忠信、仁义、廉耻思想,有害而无益。

吴国的严子卿和马绥明是我国最早的棋圣。严子卿是吴国的围棋高手。东晋葛洪在《抱朴子·辨问》中称赞说:"善围棋之无比者,则谓之'棋圣',故严子卿、马绥明于今有棋圣之名焉。"严子卿,名武,彭城(今江苏徐州)人。棋艺高超,到了无人与他对等的地步,与皇象的书法、宋寿的占梦、曹不兴的画、郑姬的相人以及吴范、刘惇、赵达三人的术数,世皆称妙,谓之"八绝"。马绥明,字号、里籍不详,有人认为是晋赵王司马伦的舍人,名朗,字绥明(一作思明),曾撰《围棋势》二十九卷,棋艺与严子卿一样高超。

由于弈棋之风盛行,吴国不但出现了围棋高手,而且还出现了收集精彩对局编成的棋谱集。敦煌写本北周《棋经》曾两次提到"吴图二十四盘",指的就是吴国流传下来的棋谱集。晚唐诗人杜牧在送围棋国手王逢的《重送绝句》中也说到"一灯明暗复吴图",李逸民的《七绝》也有"忘忧清乐在枰棋,坐隐吴图悟道机"的诗句。有人认为《孙策诏吕范弈棋局图》属于"吴图"的遗存,应是中国流传下来的最早的棋谱,但是存在争议。

3.蜀国围棋活动的冷寂

蜀国的围棋活动,与曹魏、孙吴比较起来,要相对冷落一些。蜀国丞相诸葛亮,是著名的政治家、军事家,足智多谋,善于用兵,应该是会下围棋的,但正史中没有相关记载。至于罗贯中《三国演义》所写刘备一顾茅庐时听见农夫所唱而相传为卧龙先生诸葛亮所作的《围棋歌》:"苍天如圆盖,陆地似棋局。世人黑白分,往来争荣辱。"刘备二顾茅庐时碰见诸葛均谓家兄"或驾小舟游于江湖之中,或访僧道于山岭之上,或寻朋友于村落之间,或乐琴棋于洞府之内,往来莫测,不知去所"。都是小说家言,不足为信。

在蜀国中的北方才士来敏(164?—260?)、费祎(?—253)酷爱围棋。《三国志·蜀书·费祎传》记载有光禄大夫来敏用弈棋的方式试探大将军费祎出征之事。蜀延熙七年(244),魏国大将军曹爽、夏侯玄等率步骑十多万人,进攻汉中,蜀国大将军费祎自成都率军御敌,光禄大夫来敏前来送行,要求与费祎弈棋一局。当时,战报交驰,将士忙碌,整装待发,而费祎却镇定自若、专心致志地下棋,脸无厌倦之色。来敏说:"我是通过下棋来考察你率军征战的。你临阵不乱,必能击败敌人。"果然,费祎击退了魏军,被封为成乡侯。

三、三国时期以九品评判棋手

三国时期,棋坛出现一项重要举措,就是用"九品中正制"之法评判棋手并将其分为九等。魏国的邯郸淳写有《艺经》,内容包括当时的各种艺术,围棋是其中的一部分,这部分中有把棋手分为九品的记载。围棋分九品,应是后世段位制的雏形。所谓"九品中正制",是魏晋南北朝的一种官吏选拔制度。魏文帝曹丕黄初元年(220)采纳吏部尚书陈群的建议,由各州、郡设立"中正"官,推选有声望的人担任,由"中正"将各地士人按才能分别评为九品,供朝廷按等选用,谓之"九品官人法"。"九品",即九个等级,又分上品三等:上上、上中、上下;中品三等:中上、中中、中下;下品三等:下上、下中、下下。由于选拔时专重门第,形成"下品无高门,上品无贱族"的局面,"九品中正制"遂成为世族豪门把持政权的工具。隋文帝时废除此制,改行科举制。邯郸淳《艺经·棋品》云:

夫围棋之品有九：一曰入神，二曰坐照，三曰具体，四曰通幽，五曰用智，六曰小巧，七曰斗力，八曰若愚，九曰守拙。九品之外，今不复云。

把围棋分为九品，自然是受"九品中正制"评判士人方法的影响。然而，围棋九品的具体含义，无法知晓，宋人张靖（一作张拟，已有学者辨误）的《棋经十三篇·品格篇》元代晏天章注、清末邓元鏸注引《石室仙机》有解释，但不够明晰，而且是后人的理解，不是曹魏时期的标准。邯郸淳的《艺经》一书，原已亡佚，《棋品》一条，有学者认为不可信，因出自元末明初人陶宗仪《说郛》所引，而《说郛》一书，真伪杂陈。尽管如此，梁朝钟嵘《诗品序》却指出：

昔九品论人，七略裁士，校以宾实，诚多未值。至若诗之为技，较尔可知，以类推之，殆均博弈。

钟嵘认为，以九品品第人物，分七类评论文士，名声与事功不一定相称；至于像诗歌的技巧，通过比较可得而知，以此类推，应当同于六博、围棋。意谓品第弈人也可以通过角技的方法定出优劣高下。钟嵘明确把九品论人与论诗、评棋相提并论，大约曹魏时期已经把九品论人法用于评判棋手，棋品的九个等级名称可能由魏国的邯郸淳记录下来。围棋九品制后来传入日本，为围棋九段制的产生奠定了基础。

第三章

两晋南北朝时期围棋的兴盛

两晋南北朝时期,是围棋的兴盛时期。由于皇帝喜好并提倡围棋,加上设置围棋州邑,确立棋品制度,收集编纂棋谱,围棋论著大量问世,有力地促进了围棋的发展与盛行,而且围棋文化向周边国家辐射,至迟在南北朝时期围棋传入朝鲜半岛和日本。

第一节　两晋时期的围棋活动

西晋、东晋时期,围棋更加盛行,皇室、贵族和士人大多重视围棋,以善弈为荣,以"不知棋局几道"为耻。一时之间,朝野上下,围棋风行,用围棋进行赌博也很常见。特别是王、谢两大氏族的人喜好围棋,对围棋的发展具有引导作用。王氏家族中,丞相王导围棋属第五品,王导的儿子王恬却是第一品;谢氏家族中,谢安、谢玄都善围棋,丞相加征讨大都督的谢安,在大战之前弈棋赌别墅,被后人津津乐道。

一、西晋的围棋活动

1. 西晋的宫廷弈棋

西晋时期,晋武帝司马炎喜好围棋,常和中书令张华、侍中王济对弈。据

《晋书·杜预传》记载,司马炎统一了大部分地区,想进一步灭掉东吴时,朝廷大臣多数不同意,只有杜预、张华等少数人赞成。杜预做好了伐吴的军事准备,上表给晋武帝,要求尽早征讨,但晋武帝仍然拿不定主意。杜预再次上表,当表文送到晋武帝面前时,他正和中书令张华下围棋,张华看见,立即推开棋局,拱手劝说:"陛下圣明神武,朝野清晏,国富兵强,号令如一。吴主荒淫骄虐,诛杀贤能,当今讨之,可不劳而定。"晋武帝被说服了,同意出兵伐吴。宋人李逸民编的《忘忧清乐集》保存有相传为司马炎和王济对弈的《晋武帝诏王武子弈棋局》。《晋书·王济传》记载:"王济,字武子,少有逸才,风姿英爽……文词俊茂,伎艺过人,有名当世。"棋艺过人的王济曾与棋技颇高的晋武帝对弈,不知不觉把脚伸到了棋桌下面,这在皇帝面前是非常无礼的举动,晋武帝就问在旁边观棋的东吴亡国之君孙皓:"你做皇帝时,为什么喜欢剥人的面皮?"孙皓看了看王济,故意说:"对君王无礼的人,就该剥他的面皮。"作为亡国之君的孙皓很无耻,降晋不觉得愧疚,反而借王济把脚伸到棋桌之下的过错以掩饰自己的暴行。后来"伸脚"一词遂有"讥刺不知亡国之耻者"的意思,意谓正应剥其面皮。

晋惠帝时,宫中弈棋还成为宫廷争斗的契机。惠帝在位,贾后专权,贾后的侄儿贾谧倚仗权势,常出入宫禁和非贾后所生的愍怀太子下围棋玩耍,还在弈棋时同太子争道。有一次,被成都王司马颖看见,司马颖怒斥贾谧无礼。贾谧就在贾后面前谗毁成都王和愍怀太子,贾后藉此达到了废除愍怀太子为庶人的目的,并逐成都王为平北将军。

2.西晋好棋的名士

西晋著名书法家羊忱,因其既工书又善棋,在羊氏家族中特别著名。羊忱(260?—311),一名陶,字长和,泰山南城(今山东泰安)人,官至徐州太守。在有名的羊氏家族中,棋艺超群。刘义庆《世说新语·巧艺》云:"羊长和博学工书,能骑射,善围棋。诸羊后多知书,而射、弈余艺莫逮。"

西晋士人,有的不但爱好围棋,而且还写有《围棋赋》。蔡洪,字叔开,吴郡(今江苏苏州)人。初仕吴,后仕晋,雅好围棋,撰有《围棋赋》描写对弈时的情状:面对棋局,一片寂静;棋子陈列,静默无声;奇思暗来,若有神助。曹摅(?—

308），字颜远，谯国（今安徽亳州）人，博学有才藻，官至襄城太守，颇好围棋。作有《围棋赋》，序言谓自己"既好其事，而壮其辞"，赋文分为棋具、棋战、棋喻三段，描写棋战一段谓：双方对弈，棋子像星宿一样分布排列；像云一样汇聚中间，像网一样密布四边。四面包围出击作战，双方互相进攻征讨；用兵之象，有如六军的会合。张开两翼布设伏兵，挑动对手引诱敌方；纵然先锋失败，后队却要获胜。以棋局为战场，频繁对弈争斗。

二、东晋的围棋活动

1. 好棋擅弈的王谢氏族

两晋南朝时期，琅琊王氏、陈郡谢氏是最大的望族，王谢氏族的人大都擅长围棋。西晋永嘉之乱后，琅琊王氏和陈郡谢氏族人，从北方南迁至建康（今江苏南京），后因王谢两家之王导、谢安及其后人于江左五朝权倾朝野、功业显著，成为显赫的世家大族。王导、谢安两大氏族，即杜牧《乌衣巷》所说"旧时王谢堂前燕，飞入寻常百姓家"的"王谢"。

（1）棋有高品的王氏家族

王氏家族的王导虽为丞相，但棋技不高，属于第五品，而他的儿子王恬却是第一品。王导（276—339），字茂弘，琅玡临沂（今属山东）人，西晋末他献策并拥立琅玡王司马睿在建康称帝，被任为丞相，历仕元帝、明帝、成帝三朝。王导及其从兄王澄，从弟王廙，儿子王悦、王恬等都爱好围棋。《晋书·王导传》记载王导和儿子王悦下棋因争道而争执起来："导子悦，弱冠有高名，事亲色养，导甚爱之。导尝共悦弈棋，争道，导笑曰：'相与有瓜葛，那得为尔邪！'"所谓"色养"，指儿女和颜悦色奉养父母或承顺父母脸色。所谓"瓜葛"，比喻"辗转相连的亲戚关系"。王导与王悦本是父子关系，两人下棋争道时，王导却幽默地对儿子说："我们还算有点儿关系吧，哪能像你这样呢？"

王导的次子王恬，《晋书·王导传》记载说他"多技艺，善弈棋，为中兴第一"。《世说新语·方正》刘孝标注引范汪《棋品》曰"彪与王恬等，棋第一品，导第五品"，意谓论围棋棋艺，江彪和王恬相当，为第一品，王导只是第五品。彪，即江彪（？—约368），《世说新语·方正》刘孝标注引徐广《晋纪》曰："江彪，字思玄，陈留人。博学知名，兼善弈，为中兴之冠。累迁尚书左仆射、护军将军。"王导也曾和江彪对弈，但棋技不如他。据《世说新语·方正》记载：王导的棋艺不如少年江彪，但他与江彪对弈却想下对等棋，江彪就不动棋子，王导问他为何不行棋？江彪说：恐怕不能这样吧。旁边的人说：这个少年棋艺不错。王导慢慢抬起头说：这个少年，不只是围棋胜过我。

（2）弈棋颇有名士风度的谢氏家族

谢氏家族的谢安、谢玄都会围棋，两人弈棋，颇有魏晋风度。谢安（320—385），字安石，陈郡阳夏（今河南太康）人，东晋名士、政治家。出仕前隐居浙江上虞东山，与王羲之、许询、支遁等优游山水，朝廷屡次征召而不出。年四十余始出仕，孝武帝时位至宰相，深得朝野拥戴。《晋书·谢安传》谓他"德政既行，文武用命，……人皆比之王导"。谢安在"淝水之战"前后两次下围棋，广为流传，颇有影响。

"淝水之战"前，面对前秦国王符坚率领的号称百万大军的进攻，作为抗敌主帅的谢安却毫不紧张，镇定地和侄子谢玄弈棋赌别墅。《晋书·谢安传》记载：孝武帝太元八年（383），符坚率军进攻东晋，抵达淝水，京城建康一片恐慌，东晋抗敌主帅谢安，却非常镇静。前锋都督谢玄来向他探问作战计划，他只说："已经另有安排。"便不再作声。谢玄不敢再问，就让手下大将张玄再去打探，谢安却命令手下人召集亲朋好友到他的山间别墅去聚会。谢安为了表示镇定，特地把谢玄叫去下围棋，并且以别墅作赌注。谢安的棋技不如谢玄，平常下不赢谢玄，但强敌压境之时，谢玄忧惧挠心，难以正常发挥，谢安却从容镇定，静心谋虑，最后获胜赢得别墅，并把别墅赏给了外甥羊昙。谢安成算在胸，运筹帷幄，命谢玄率军迎战，很快以八万精兵大败符坚的八十多万大军。

当捷报送达谢安时，他正与人下围棋，却不露声色。谢安把捷报放置床上，脸上毫无喜色，弈棋如故，有人问他有何事，他慢慢回答说："小孩子们已经大破敌寇。"但是回屋过门槛时，却因过分高兴而折断了屐齿。《晋书·谢安传》谓其"矫情镇物如此"。所谓"矫情镇物"，即故意掩饰自己的情绪以影响周围的事物。这也是魏晋名士风度的一种表现。《晋书·谢安传》记载的战前、战后两次弈棋,不但表现了谢安临敌不惧,处变不惊,深谋远虑,指挥若定的军事家风范,而且也表现了魏晋名士放诞不羁,洒脱不群,喜怒不形于色的风度。

2. 好棋擅弈的其他名士

东晋的王坦之和支遁为"尘外之狎",不仅会弈棋,还给围棋取了"坐隐""手谈"的雅名。王坦之(330—375),字文度,太原晋阳(今山西太原)人。东晋名臣、尚书令王述之子。累官至中书令,领北中郎将,徐、兖二州刺史。支遁(314—366),字道林,俗姓关,陈留(今河南开封)人,东晋高僧。王坦之和支遁都嗜好围棋,而且对棋情棋趣都别有会心。《世说新语·巧艺》云:"王中郎以围棋是坐隐,支公以围棋为手谈。"从此"坐隐""手谈"成为围棋的别称。

东晋后期,有名的棋手有袁羌、殷仲堪、桓玄等人。袁羌棋术高超,能够一边与人下围棋,一边回答殷仲堪询问《周易》的义理。殷仲堪(?—399),陈郡(今河南淮阳)人,官至荆州刺史,痴迷围棋。沈约《俗说》记载:殷仲堪在建康为官时,常去瓦官寺看人弈棋。有一次,遇到治《易经》的学者袁羌在下围棋,就向袁羌询问《易经》里的问题,袁羌一面下棋,一面回答,脸上还露出高傲的神情。魏晋士人好清谈,称《老子》《庄子》《易经》为"三玄",作为他们的谈资,而棋法阴阳,玄妙莫测,与《易经》有相通之处,袁羌一边下棋一边谈《易经》,正好把两者的深奥、玄妙结合起来,具有清谈家谈玄论道的风采。

桓玄擅长围棋,却利用弈棋赌博谋取财利。桓玄(369—404),字敬道,谯国龙亢(今安徽怀远)人,权臣桓温之子。《晋中兴书》谓"桓玄强与人博弈,取其田宅"。因为棋艺高,桓玄就强迫他人下棋,通过输赢占取别人田地房屋,实属巧取豪夺,贪婪成性。

祖纳擅长围棋,常以弈棋忘忧。祖纳,生卒年不详,字士言,范阳(今河北徐水)人,官至军咨祭酒。他是"闻鸡起舞"而誓欲收复中原的祖逖的哥哥。祖纳有操行,有清言,喜欢下围棋。据《晋书·祖纳传》记载:祖纳喜好下围棋,王隐劝他:"大禹珍惜寸阴,不曾喜好围棋。你为何要弈棋浪费时光呢?"祖纳回答说:"我不过借以忘忧罢了。"王隐就用儒家立德、立功、立言三不朽的观念,劝他记述历史,裁剪编纂史书,既可立言留名,又可忘忧消愁。

第二节　南北朝时期围棋的盛行

一、南朝棋坛的繁荣景象

南北朝是围棋蓬勃发展的时期。蔡中民、赵之云等著《中国围棋史》认为:围棋"继两晋蓬勃发展的势头,地位更加提高,普及程度和棋艺水平也更加提高,出现了极盛一时的局面,形成了围棋史上第二个高潮"。南方的围棋活动本来就有雄厚的基础,而南朝宋、齐、梁、陈的皇帝大多喜欢围棋,如宋文帝、宋明帝、齐高帝、齐武帝、梁武帝和梁简文帝等,特别是从宋明帝刘彧,到齐高帝萧道成,再到梁武帝萧衍,五十年间,曾先后三次发布诏令,命令编辑对局棋谱,评定天下棋士,加上宋明帝设置围棋州邑,皇帝的喜好、提倡以及这些措施,极大地促进了围棋的发展和繁荣。此外,南朝宗室有许多围棋爱好者,士大夫中的围棋爱好者也不少,这就进一步推动了围棋的发展,使南朝的围棋活动形成了规模,围棋的发展是北朝不能相比的。

南朝的齐梁时期,举行过三次大规模的品棋活动。第一次是齐武帝萧赜在永明年间敕令王抗品棋,第二次是梁武帝萧衍在天监年间命柳恽品定棋谱,登格者竟达 278 人,第三次是大同末年梁武帝诏令陆云公校定棋品。品第棋手,让棋手知道自己棋技水平的高低,以及与他人的差距,对于激发棋手的进取心,提高棋艺,促进围棋水平的提高,具有重大意义。

刘宋王朝近六十年的时间,棋坛出现大约四十年的繁荣盛况,高手辈出,著名的棋手有宋文帝、羊玄保(第三品)、褚思庄(第二品)、褚胤(高品)、何尚之、檀道济等。

1.南朝好弈而推进围棋发展的皇帝

（1）弈棋赌郡的宋文帝

宋文帝刘义隆（407—453），是宋武帝刘裕的第三个儿子，即位之后，雅重文儒，博涉经史，擅长隶书，颇好围棋。他常常召羊玄保下棋，曾以郡作赌。羊玄保（371—464），泰山南城（今山东泰安）人，官至黄门侍郎。羊玄保经常被宋文帝召去下棋，时间一长，连他的儿子羊戎也知道：只要中使一来，必定是皇帝召父亲下棋。《南史·羊玄保传》云："善弈棋，品第三。文帝亦好弈，与赌郡，玄保戏胜，以补宣城太守。"意思是说，羊玄保善于下围棋，为第三品，喜好弈棋的宋文帝与羊玄保对弈时，曾用一个郡来赌输赢，羊玄保赢了，宋文帝就把他补为宣城（今属安徽）太守。《南史·萧思话传》还记载，羊玄保任会稽太守时，宋文帝专门派遣围棋高手褚思庄到会稽与他对局，"因置局图，还于帝前复之"，就是褚思庄将对局谱带回按谱复棋给宋文帝看。这应是目前所知的最早的记谱复盘。可见宋文帝嗜好围棋的程度。

宋文帝还赐给臣属何承天（370—447）棋局和棋子。据《宋书·何承天传》记载：

> 承天素好弈棋，颇用废事。太祖赐以局子，承天奉表陈谢，上答："局子之赐，何必非张武之金邪！"

"太祖"即宋文帝，其庙号（皇帝死后，在太庙立室奉祀时特起的名号）为太祖。"张武"是西汉文帝时的一个大臣，曾收受赂金，汉文帝察觉后，便赏赐他更多金钱，希望他感到惭愧而改正错误。宋文帝赐给何承天棋局、棋子，也是此意，希望何承天爱好围棋，但不要因弈棋而贻误正事。皇帝赐给臣子棋局、棋子的举措，对围棋的发展必然会有推动作用。

被宋文帝誉为"钱塘五绝"之一的褚胤，《南史·羊玄保传》记载有他因父罪从诛而被雅好围棋的何尚之救之不得，时人非常痛惜的事。褚胤（？—454），为吴郡钱塘褚氏家族的俊杰，七岁就棋入高品，长大后棋艺"冠绝当代"。《南史·张邵传》云："宋文帝云：'天下有五绝，而皆出钱塘。'谓杜道鞠弹棋、范悦诗、褚欣远模书、褚胤围棋、徐道度疗疾也。""弹棋"是古代博戏之一。"模书"指临摹法书。后人对褚胤的棋艺评价也颇高，明人冯元仲的《弈旦评》把他排在"围棋鼻祖"弈秋之后，称为"弈中天士"，"天士"即通晓天文阴阳术数的人。

（2）设置围棋州邑的宋明帝

宋明帝刘彧喜好围棋，但棋艺低劣，然而他却"好之愈笃"。据《南齐书·虞愿传》记载：在"棋分九品"的等级下，宋明帝的棋技距离九品还差七八子，但有些人讨好、奉承他，说他的棋技达到了第三品，他很得意。他与第一品的王抗对弈时，按品级赌输赢，王抗总是有意让他，而且还说："皇上隔一路而斜走的飞棋，连臣下我都不能断开。"明帝竟然听不出是奉承话，信以为然，更加喜好围棋。

宋明帝刘彧虽然棋艺不高，但因为喜好围棋还特别为围棋国手设置了一种专门机构，叫"围棋州邑"。《南史·王谌传》云：

> 明帝好围棋，置围棋州邑，以建安王休仁为围棋州都大中正，谌与太子右率沈勃、尚书水部郎庾珪之、彭城丞王抗四人为小中正，朝请褚思庄、傅楚之为清定访问。

围棋州邑是一种由皇帝临时指定组织的专门管理有关围棋活动的机构，官员都是兼职的。负责的大中正建安王刘休仁是宋明帝的弟弟。王谌在宋明帝时任司徒参军兼中书舍人。沈勃好文章、善弹琴，好围棋，在宋明帝时任太子右卫率加给事中。王抗、褚思庄是当时的棋坛领袖人物。庾珪之、傅楚之生平不详，应当也是善弈之辈。围棋州邑主要负责围棋人才的举荐和考核，以及组织比赛、品棋、收集整理棋谱等工作。它虽然不是正式机构，但其主管和活动内容毕竟带有专门性，可以视为历史上第一个管理组织围棋活动的专门机构。宋明帝倡导、设置的围棋州邑，非常有利于围棋活动的开展，极大地推动了围棋的发展。

宋明帝虽然推进了刘宋后期围棋的发展，但荒淫享乐，杀人成性，不少棋手深受其害。出任围棋州邑大中正的建安王刘休仁，虽然是他的弟弟，由于被他猜忌，于泰始七年（471）被赐药毒死。据《南史·王彧传》记载，宋明帝死前还毒死了会弈棋的王彧。

（3）棋艺第二品的齐高帝

齐高帝萧道成"博学，善属文，工草隶书，弈棋第二品"。他与弈坛第一品王抗、第二品褚思庄非常友善，曾让两人相互赌胜，"自食时至日暮，一局始竟""时或云：思庄所以品第致高，缘其用思深久，人不能对"。齐高帝还经常与直阁将军周覆、给事中褚思庄弈棋，甚至于"累局不倦"。齐高帝和周复对弈时想悔棋，周复就按住他的手，不让其悔棋，他也不发怒。齐高帝不仅棋艺为第二品，而且还是中国历史上第一位亲自撰写围棋书籍的皇帝，著有《齐高棋图》二卷。

（4）雅好围棋、敕令品棋的齐武帝

齐武帝萧赜也雅好围棋，曾命著名棋手王抗与北魏围棋高手范宁儿对弈。永明年间（483—493），齐武帝萧赜还令王抗评定棋手的等级，竟陵王萧子良派遣善弈棋的萧惠基负责其事。《南史·萧惠基传》云："萧惠基，善隶书及弈棋。……永明中，敕抗品棋，竟陵王子良使惠基掌其事。"这是中国历史上第一次有记载的由官方出面为围棋手评定品级，也是后世所实行的"段位"制度的起源。

（5）棋艺高超、两令品棋的梁武帝

齐梁之际，出现了"天下唯有文义棋书"的罕见社会风气，围棋的地位竟能与文学、佛道义理、书法并驾齐驱。因而皇帝更加看重围棋，更加重视棋艺的提高。

博通众艺、棋技高超的梁武帝萧衍（464—549）是南朝梁代的开国君主，在位共四十七年，也是南朝在位时间最长的皇帝。《梁书·武帝纪》谓他颇有才华，精通各种技艺，"六艺备闲，棋登逸品"。"棋登逸品"，就是说棋艺高超，造诣非凡，达到了超品级的水平。当然，这个"逸品"是一般人得不到的，是当时品棋的臣子加给他的，因为这次品棋活动就是梁武帝下令开展的。据说梁武帝的棋艺当属第二品，也还是很不错的。梁武帝还撰写过不少有关围棋的著作，《隋书·经籍志》著录其《围棋品》一卷、《棋法》一卷，可惜散佚了。敦煌写本北周《棋经》附有梁武帝《棋评要略》，还有一篇《围棋赋》流传下来。

梁武帝在宫中经常弈棋，有时还通宵达旦。《梁书·陈庆之传》记载，梁武

帝喜欢下围棋,经常从夜晚下到天明,陈庆之的同僚都困倦睡着了,只有他不睡,梁武帝召之即到,因此梁武帝特别喜欢、赏识他。

梁武帝还曾因下棋误杀高僧。据沈约《俗说》记载,当使者把梁武帝经常请进宫中说法的高僧"磕头师"带进宫时,梁武帝正与大臣弈棋,落子时大叫"杀",使者误以为梁武帝命令杀掉高僧,就立即执行了圣旨。事后,梁武帝后悔不已。

天监年间(502—519),梁武帝举行过品棋活动,史书对此有明确记载。《梁书·柳恽传》云:"恽善弈棋,帝每敕侍坐,仍令定棋谱,第其优劣。"意谓因为柳恽擅长弈棋,梁武帝经常令他侍坐,还让他品定(鉴别评定)棋谱,品第(评定并分列次第)优劣。《南史·柳恽传》云:"梁武帝好弈棋,使恽品定棋谱,登格者二百七十八人,第其优劣,为《棋品》三卷。恽为第二焉。"柳恽,字文畅,为人正派,善于围棋,曾任仁武将军、广州刺史、左军将军等职。他遵奉梁武帝"品定棋谱"的敕令,根据棋手下棋后记录的棋谱品定等级,有 278 人评上品级,分别列入一至九品。除了梁武帝"棋登逸品",著名棋手朱异为"围棋上品"("上品"即九品中的前三品),到溉"弈棋入第六品",柳恽本人列在第二品。这次品棋,柳恽还专门撰写了《棋品》三卷。

大同末年,梁武帝又令陆云公校定棋品。《南史·陆琼传》云:"大同末,云公受梁武帝诏,校定棋品,到溉、朱异以下并集。"这次是对以往评定的棋手品级做审核工作,查验棋手原定品级与现在的棋艺是否相符,然后进行选汰升降。

2.南朝善弈的棋士

南朝善弈的文士很多,特别是梁朝,士人大多文弈兼善,梁武帝经常与他们弈棋,如朱异、到溉、柳恽、陆云公等。

朱异(482—548),字彦和,钱塘(今浙江杭州)人,历官至中领军。朱异在齐末弈坛就颇有名气,二十岁到京城,当时的尚书令沈约面试他,发现他的才能非常全面,就开玩笑说:"你年纪很轻,为何这样贪婪不廉呢?"朱异不知其意,沈约解释说:"天下唯有文义棋书,你把它们全都占有了,难道不是不廉洁吗?"《梁书·朱异传》谓其"涉猎文史,兼通杂艺,博弈书算,皆其所长"。《南史·朱异传》谓其"博解多艺,围棋上品"。朱异颇得梁武帝宠幸,常与到溉、韦黯等人在御前比试较量棋艺。

到溉(477—548)，字茂灌，彭城武原(今江苏徐州)人。历任中书郎、御史中丞、国子祭酒等职。围棋入第六品，复局不误一道，颇受梁武帝赏识，经常陪侍武帝弈棋。《梁书·到溉传》记载："每与对棋，从夕达旦，或复失寝，加以低睡。帝诗嘲之曰：'状若丧家狗，又似悬风槌。'当时以为笑乐。"到溉的房前有假山和水池，池中有奇石高一丈六尺，人称"到公石"。一次，梁武帝与到溉对弈，以池中的奇石和一部《礼记》来赌输赢。到溉的棋艺属第六品，当然下不过号称"逸品"的梁武帝，所以就输掉了奇石。当到溉还未把奇石送去时，梁武帝当着到溉的面问朱异说："你说到溉能把他输了的东西送来吗？"到溉严肃地说："臣下既然侍奉皇上，怎敢失礼呢？"梁武帝听后大笑。

陆云公(511—547)，字子龙，吴郡(今江苏苏州)人，历任尚书仪曹郎、著作郎、中书黄门郎等官，不但常侍梁武帝对弈，而且还受诏校定棋品。《梁书·陆云公传》记载：陆云公擅长围棋，夜晚侍奉梁武帝弈棋时，戴的武官帽被烛火烧着了，梁武帝笑着说："烛火烧到了你的貂。"梁武帝将要任命陆云公为侍中，侍中的冠饰有貂尾，故说此话开玩笑。

据《南史·陆琼传》记载，大同末年，梁武帝还诏令陆云公校定棋品。

梁武帝末年，"侯景之乱"后，南朝疆域大大缩小，经济、文化衰微，江南棋坛也衰落。陈朝棋坛有名的棋手是梁武帝时就是神童的陆琼和司马申。陆琼是陆云公的儿子，字伯玉，幼年就很聪明，六岁能作五言诗，其父陆云公奉诏校定棋品时，他才八岁，在众多的棋手面前复局，表现出极强的记忆力，京城的人认为他是"神童"。司马申，字季和，据《南史·司马申传》记载，14岁便善弈棋，曾随父亲司马玄通拜见吏部尚书到溉，当时，梁州刺史阴子春、领军朱异也在场。阴子春早就听说司马申会下围棋，就与其对弈，朱异在旁观看，司马申每有精妙的着法，朱异看后认为很奇特，阴子春因而与司马申交游。陆琼和司马申两人应该是支撑陈朝弈坛的重要棋手。

二、北朝棋坛的冷清局面

北朝棋坛虽然不能和南朝相比，但是也出现了有名的棋手，特别是"侯景之乱"后,南朝棋坛不断衰落,北朝棋坛却迅速发展,甚至北方成为全国的围棋中心。北魏太武帝拓跋焘酷爱围棋,下棋有时竟到了不理朝政的地步,《魏书·古弼传》有他与给事中刘树对弈而不听古弼奏事的记载。北魏最著名的棋手是范宁儿,据《魏书·蒋少游传》记载,北魏孝文帝元宏在位时,围棋高手范宁儿和李彪一起出使南齐,齐武帝萧赜命令江南高手、棋力一品的王抗与之对局,结果范宁儿获胜。可见其棋艺之高,也可见北魏的围棋水平。

北齐最著名的棋手是王子冲。王子冲曾任主书一职,因《北齐书·祖珽传》有"珽乃讽御史中丞丽伯律令劾主书王子冲纳贿"的记载,可知担任主书的王子冲因受贿而被人弹劾。史载王子冲"善棋通神",与杨子华的画号称"二绝"。据《北齐书》记载,杨子华的画,"世祖重之,使居禁中,天下号为画圣,非有诏不得与外人画"。王子冲能与享有"画圣"之名的御用画家杨子华并称,可见棋艺的高超,也堪称北方"棋圣"了。王子冲还著有《棋势》十卷,这应是北方弈坛的代表著作,可惜亡佚了。敦煌写本北周《棋经·像名第四》有"子冲征法……往代流传"的记载,可见他的"征法"颇有影响。

三、南北朝重要的棋艺著作

南朝梁武帝朝是围棋发展的繁盛时期,棋艺家在弈棋之余,还撰写了不少论著,对棋艺理论做了极为精辟的总结,成为棋论产生的高峰。除梁武帝萧衍的《围棋品》《棋法》《棋评要略》《围棋赋》以外,还有沈约的《棋品序》,萧詧(梁武帝之孙,昭明太子萧统第三子,在西魏的扶植下建国称帝,史称"西梁"。萧詧谥号宣帝,庙号中宗)的《围棋赋》等。

北周有一部重要的围棋理论著作《棋经》,书名、作者已不可考,因发现于敦煌,又为写本,故称敦煌写本北周《棋经》。它是我国现存最早的一部棋经,主要阐述弈棋的基本要领和法则。作者明确指出,围棋乃"须巧诈为能",与文人士大夫大谈"仁义"之道明显不同。作者还阐述了声东击西、弃子得利等战法,颇得棋道真髓。敦煌写本北周《棋经》是对魏晋南北朝围棋理论的一次全面总结,具有重要的理论和实践意义。

汉魏两晋南北朝时期,围棋的广泛流行,棋艺水平的提高,不仅产生不少棋艺论著,而且描写围棋的赋也不少。宋人高似孙在《纬略》中概括为"五赋三论":"五赋"即东汉马融的《围棋赋》、西晋曹摅的《围棋赋》、西晋蔡洪的《围棋赋》、南朝梁武帝萧衍的《围棋赋》、南朝梁宣帝萧詧《围棋赋》;"三论"即东汉班固的《弈旨》、东汉应场的《弈势》、南朝梁沈约的《棋品序》。

魏晋南北朝时期出现的"棋势""棋图""棋品"之类的专著不下二十种,其中"棋势""棋图"是对棋局的记录,"棋品"是对棋手的品评。棋谱的产生,如齐高帝萧道成的《齐高棋图》、王子冲的《棋势》等,是围棋发展史上的一个里程碑。

第三节 两晋南北朝时期的棋具

介绍两晋南北朝的围棋棋具,要追溯到两汉三国时期,因为西汉时的棋盘有 15 道的,也有 17 道的;大约东晋时期,出现 19 道围棋;南北朝时期,17 道和 19 道围棋并存同用。19 道围棋通行后,棋盘线道和棋子数量就基本固定,棋具的变化就只是材质的变化而已。

一、棋子、棋局和棋奁

1.棋子

最早的围棋棋子、棋局,用木材制作,亦有用石材制作的。"棋",偏旁为"木",亦可写作"棊",可知最早是以木制成。西汉扬雄《法言·吾子》云:"断木为棋。"即砍断木料做围棋。三国吴韦曜《博弈论》云:"夫一木之枰,孰与方国之封?枯棋三百,孰与万人之将?""枰",即棋盘,以枰木制作。"枯棋",即棋子,因用干树木制成,故而得名。棋,还可写作"碁",《玉篇·石部》云:"碁,音其,围棋也。"即以石材制成,棋局以石板刻线而成,棋子用石子磨制而成。

早期的木制、石制棋子,简易朴素,后来的棋子多用玉石制成,还有用犀角、象牙做成的,优美华丽。三国时期出现用绿松石制成的围棋子。1974 年至

1977年间,在安徽亳县曹氏家族墓地的考古发掘中,出土了一些绿松石制成的围棋子。这些绿松石围棋子说明三国时期围棋在曹氏家族中十分流行。西晋有用卵石制成的围棋子。1975年,山东邹县西晋刘宝墓出土一副围棋子,用黑白卵石磨制而成,共计289枚。这种卵石棋子,有如《山海经》中记载的"休与之山,其上有石焉,名曰帝台之棋,五色而文,其状如鹑卵"。至于有用玉石、犀角、象牙等制作的棋子,或许为皇家贵族使用。西晋曹摅《围棋赋》就说"规方砥平,素质玄道,犀角象牙,是错是砺",意谓棋盘方正平坦,白色质地,黑色线道,棋子用犀角、象牙打磨制成。梁武帝萧衍的《围棋赋》也说:"枰则广羊文犀,子则白瑶玄玉。"意谓棋盘用羚羊角和犀牛角装饰,棋子则用黑白玉石磨制而成。明末清初,出现了玻璃围棋子,美观漂亮,手感很好,成本也不高,深受棋手的喜爱。

棋子的形状,多为扁圆形,即一面平,一面微有弧度,如洛阳围棋博物馆收藏的唐代琉璃围棋子;也有两面微鼓如铁饼状的,如1987年西安市太平坊遗址出土的唐代早期白绿围棋子;也有两面平的,如宋元时期模印花纹瓷质围棋子;也有很特别的方形棋子,如曹氏宗族墓地发现的棋子。

2. 棋局和棋奁

棋局即棋盘,多为木制、石制,也有陶制。这种棋盘,下棋时落子声清脆悦耳,让人精神振奋。也曾有人用丝帛织成棋盘,如宋人楼钥有《织锦棋盘》谓"锦城巧女费心机,织就一枰如许齐",织锦棋盘虽然便于携带,但价格昂贵,而且落子声沉闷,不太响亮,不能流行。这也难怪古代诗人的围棋诗爱写棋声。如唐代诗人白居易的《池上二绝》其一云:"山僧对棋坐,局上竹阴清。映竹无人见,时闻下子声。"宋代诗人苏轼的《观棋》写自己游庐山白鹤观,闻棋声于古松流水之间,欣然喜之:"谁欤棋者,户外屦二。不闻人声,时闻落子。"

西汉时有15道铁足石棋盘。咸阳西汉中晚期甲M6墓葬出土有这种棋盘。这件石棋盘长66.4厘米,厚3.2厘米,棋盘面磨制光滑,有黑线所画棋道15道,背面留有凿痕。石棋盘边侧装饰有一圈连续菱形方格纹。棋盘四角有呈不规则圆形的铁足,高4.8厘米。考古专家认为,这个铁足石棋盘在当时可以代表西汉中晚期关中地区通用棋盘的样式。

西汉时还有陶制的围棋盘。2000 年夏,陕西汉阳陵(西汉景帝和皇后合葬陵园)南阙门遗址发掘出土有陶制围棋棋盘,外观略有残损,残长 5.7 厘米—28.5 厘米,宽 17 厘米—19.7 厘米,高 3.6 厘米。棋盘两面均有简略粗糙的纵横阴刻直线各 17 条,这与现代围棋棋盘基本相似。考古学家推测,该棋盘当为汉阳陵的守陵人刻制,以供闲暇弈棋所用。

东汉有石制围棋盘。1954 年,河北望都东汉墓出土有石质棋盘,呈正方形,盘下有四足,边长 69 厘米,高 14 厘米,局面纵横各 17 道,大小与马融所称"三尺之局"近似。经考古学家论证,该石质围棋盘当为东汉围棋的通行样式。

西晋嵇含的《南方草木状》有以桄榔木制作弈枰(即棋盘)的记载:"桄榔,木性如竹,紫黑色,有文理,工人解之,以制弈枰。"唐人刘存《事始·侧楸棋局》有用楸木片制作棋盘的记载:"自古有棋即有棋局,唯侧楸之制出齐武陵王晔,始令破楸木为片,纵横侧排,以为棋局之图。""侧楸",即用楸木片纵横侧排而成的围棋盘。

棋盘还有很多别称。或称"枰",或称"楸枰",皆因古时围棋多用枰木、楸木制成。《晋书·杜预传》云:"时帝与中书令张华围棋,而预表适至,华推枰敛手。"宋代诗人陆游《自嘲》云:"遍游竹院寻僧语,时拂楸枰约客棋。"或称"纹楸",如唐代诗人杜牧《送国棋王逢》云:"玉子纹楸一路饶,最宜檐雨竹萧萧。"(古人称棋局上的交叉点为"路"或"道")或称"弈楸",如唐人段成式《观棋》诗云:"闲对弈楸倾一壶,黄羊枰上几成都。"或称"弈枰",如清人唐孙华《进呈御览诗一百韵》云:"弥野张罗络,先几定弈枰。"

除了石制、木制棋局,还有画纸为之的棋局。这种棋局简易、方便,便于携带。唐人冯贽《云仙杂记》记载棋待诏王积薪每出游"必携围棋短具,画纸为局"。杜甫《江村》诗云:"老妻画纸为棋局,稚子敲针作钓钩。"

棋奁,即盛装棋子的盒子,多为鼓形的罐子,有盖,有陶制、瓷制和木制。木制的棋罐,有用常绿乔木桄榔木刨挖而成的,有用名贵木材黄花梨、紫檀木制成的。

二、棋盘的线道

今天的围棋棋盘是 19 线道,而诞生之初是多少道呢?据考证推断:不会超过 11 道或 13 道。西汉时已经出现 15 道、17 道棋盘，东汉三国时期，已通行 17 道棋盘的围棋，但围棋高手在对弈中发现，17 道棋盘对先行一方有利。大约东晋时期，19 道围棋开始出现。到了南北朝时，19 道围棋占据了主要地位。三国魏邯郸淳的《艺经》谓"棋局纵横各 17 道，合二百八十九道，白黑棋子各一百五十枚"。三国吴韦曜的《博弈论》也谓"枯棋三百"，是将 17 道棋盘的总棋子二百八十九说成约数三百。而北朝的一些文献就有了棋局 19 道的记载。敦煌写本北周《棋经》就谓"棋有三百六十一道，放周天之度数"。北周甄鸾注释的古代数学名著《孙子算经》也说："今有棋局方一十九道，问：用棋几何？答曰：三百六十一。术曰：置一十九道，自相乘之，即得。"经数学史家考证，《孙子算经》成于两晋人之手的可能性最大。19 道棋盘出现时，17 道棋盘不可能一下子退出棋坛，仍然通行，直到隋唐时期，19 道棋盘才普遍流行起来。

第四节　南北朝时期围棋向邻国的传播

一、南朝时期围棋向朝鲜半岛的传播

南北朝时期，朝鲜半岛上是高句丽、百济、新罗三国鼎立的局面。旧题西汉伏生撰《尚书大传》中有"箕子东走朝鲜"的记载：

武王胜殷，继公子禄父释箕子之囚。箕子不忍周之释，走之朝鲜。武王闻之，因以朝鲜封之。

箕子，本名胥余，是商末著名的贵族人物，殷纣王的叔父，与微子、比干齐名，史称"殷末三贤"。因反对殷纣王的暴虐，被囚禁，周武王灭商后，殷纣王的儿子禄父释放了箕子。箕子不忍心周王朝释放了他，就去了朝鲜。周武王听说后，就以朝鲜封给他，作为他的领地。朝鲜，我国最古的地理书《山海经》（出于春秋、战国间人之手，秦汉间又有附益）中就有记载："东海之内，北海之隅，有国名曰朝鲜，……其人水居，偎人爱人。"《汉书·地理志》记载："殷道衰，箕子去之朝鲜，教其民以礼义，田蚕织作。"然而《尚书大传》《汉书·地理志》都没有关于箕子带去围棋的记载。

但是，至迟在南朝刘宋末年（479）之前，朝鲜半岛已经有围棋活动了。据《朝鲜史略》记载：高句丽的长寿王巨琏，打算攻占百济，就招募了一个僧人道琳，假装获罪，逃到百济。道琳擅长下围棋，通过下棋，取得了百济盖卤王的信任。道琳就蛊惑百济王滥用民力，大修宫殿、城郭、陵墓，弄得百济仓廪虚竭，人民穷困。道琳逃回告之，高句丽就发兵攻占了百济的首都，百济王兵败自杀。这件事发生在公元475年，相当于南朝刘宋元徽三年。

唐代史家编纂的史书中有对朝鲜半岛围棋的记载。唐代李延寿《北史·百济传》云：

百济之国，……有鼓角、箜篌、筝、竽、篪、笛之乐，投壶、樗蒲、弄珠、握槊等杂戏，尤尚弈棋。

唐代令狐德棻《周书·百济传》云：

百济之国，……有投壶、樗蒲等杂戏，然尤尚弈棋。

唐代魏征《隋书·东夷传·百济》云：

百济……有鼓角、箜篌、筝、竽、篪、笛之乐，投壶、围棋、樗蒲、握槊、弄珠之戏。

由此可见，南北朝时期，朝鲜半岛以百济的围棋风气最浓，而百济的围棋应该是南朝时从我国传入的。南朝梁武帝时，百济"累遣使献方物（即本地产物），并请《涅槃》等经义、《毛诗》博士，并工匠、画师等"，梁武帝萧衍都"并给之"。梁朝时，吴郡人陆诩还曾应聘前往百济讲授"三礼"（儒家经典《周礼》《仪礼》《礼记》的合称）。这些使者、学者的往来，应当有围棋的传播与交流。

二、南北朝时期围棋向日本的传播

中国围棋是什么时候传入日本的，没有确切的年月可以查考。传统的比较流行的说法，围棋是通过留学唐朝的留学生吉备真备传入日本的。日本棋手也是这样认为的，享保十二年（1727）正月二十九，日本围棋四大门派掌门人——

本因坊道知、井上因硕、安井仙角、林门入签了一张承诺书:"围棋创自尧舜,由吉备公传来。"然而,吉备真备是在唐代开元五年(717)随第9次遣唐使团来到长安留学的,他独自返回日本的时间是圣武天皇天平七年(735)。据中日各种文献记载,在吉备真备出国留学唐朝之前,围棋在日本已经相当流行。

许多日本史家推断,围棋是在推古天皇(554—628)之前便随着中国的文字文物,由大陆来的移民经由新罗、百济而传入日本宫廷的。中国古籍最早记载日本围棋活动的,见于《北史》《隋书》的《倭国传》。唐代魏征《隋书·东夷传·倭国》记载云:每年正月初一,倭国(我国古代对日本的称呼)必定举行射箭游戏和饮酒,其余节日,与华夏略同,喜好围棋、握槊、樗蒲等游戏。现在的围棋史学界也认为,围棋是在隋朝之前的某一时期传入日本的,最有可能是在南北朝时期。据统计,南北朝时,日本国王遣使来华的次数为:宋朝8次,齐朝1次,梁朝1次。据日本史书《古事记》和《日本书纪》所载,刘宋时曾应日本的要求派去织工和裁缝,这些人带去围棋也是顺理成章的事情。也有学者认为围棋可能在东汉第一次传入日本,传入的是国内流行的17道棋局;东晋南北朝第二次传入日本,才是19道棋局。

第四章

唐代围棋的繁荣

    围棋发展到唐代,随着翰林院、棋待诏制度的建立,出现了最早的"职业"棋手,他们潜心钻研棋术,促进了围棋水平的提高。同时,围棋活动在文人士大夫阶层更加广泛地开展,围棋成为交往的重要媒介,还成为琴、棋、书、画四艺之一,是文人文化修养的重要体现。文人热衷于围棋的艺术性和娱乐性,不大重视竞技性,因而围棋更多带有精神的、艺术的色彩,诗歌也大量题写观棋以及弈棋时的心境。围棋的中外交流更加广泛,新罗留学生朴球曾在唐朝宫廷充任棋待诏,中唐国手与日本棋手的对弈,拉开了围棋国际比赛的序幕。

第一节　唐代宫廷、民间的围棋活动

    唐朝时,由于皇帝的参与和提倡,以及棋待诏制度的建立,围棋活动的开展更加广泛深入,宫廷、民间的弈棋活动非常普遍。

一、初唐的围棋活动

    初唐时期,唐高祖李渊、唐太宗李世民都对围棋颇有兴趣,经常参与对弈,因而宫廷围棋活动非常活跃。李渊在隋朝任太原留守时,就常和晋阳宫副监裴寂弈棋,以至于到了"通宵连日,情忘厌倦"的程度。唐朝立国以后,唐高祖李渊为了满足宫廷弈棋的需要,于武德元年(618)下诏敦煌郡进献棋子二十副,此后,敦煌郡进贡棋具成为惯例。李世民受到父亲李渊的影响,也喜好围棋,即位以后,常和朝臣弈棋。他还写有《五言咏棋》二首,表现对围棋的喜爱以及弈棋的乐趣,"舍生非假命,带死不关伤""玩此孙吴意,怡神静俗氛",认为下围棋要遇到死和活的问题,但跟人身的伤害、生死无关;戏玩围棋,有春秋时孙武、战国时吴起的兵家意味,还能怡悦心神,祛除尘俗之气。李世民写了《五言咏棋》后,弘文馆学士许敬宗、刘子翼、上官仪等还奉诏和作。这应是宫廷弈棋风气在诗歌创作上的反映。

宫廷弈棋风气盛行,必然会影响民间,所谓上行下效。初唐时,有不少士大夫好弈,有名的如王绩、王勃、卢藏用等。王绩是绛州龙门(今山西河津)人,著名诗人,作有五言长诗《围棋》,诗中认为围棋"唐尧犹不弃,孔父尚称贤""分阴虽可重,小道讵宜捐"。意思是说:尧制作围棋用以教育儿子,孔子认为下棋胜过饱食终日无所用心,寸阴虽然要珍惜,但是围棋这种礼乐政教以外的技艺也不应该舍弃。王绩的侄孙王勃,为著名的"初唐四杰"之一。他才思敏捷,能一边下围棋,一边作诗,"率下四子,成一首诗"。卢藏用,早年举进士不第,隐居终南山,武则天长安年间召授左拾遗。他多才多艺,酷爱围棋,史称"弈思精远",在士大夫中棋艺颇高。初唐时期,女性弈棋已很普遍。我国新疆吐鲁番阿斯塔那古墓群中,出土了唐初的一幅《弈棋仕女图》,图中描绘了11位妇女的逼真形象,其中心是两位贵族妇女正在聚精会神地下围棋。这应是唐初妇女下围棋的真实写照。

二、盛唐的围棋活动

盛唐时期,唐玄宗李隆基特别喜好围棋,常在宫中与大臣、亲王、宫妃对弈,推动了围棋的发展。宋人李逸民的《忘忧清乐集》中,选录有唐玄宗与弈坛高手郑观音对弈的棋谱一局。唐玄宗的大哥宁王李宪也擅围棋,玄宗常与他对弈。宋人陶毂《清异录》记载:有一次,唐玄宗问宁王:"你近日下棋的神威如何?"宁王回答说:"托陛下的圣明,或许可取。"唐玄宗非常高兴,叫拿棋盘来,两个宫女奉上玉棋局,玄宗遂与宁王对弈。唐玄宗与亲王对弈时,杨贵妃常在旁观看、助战。唐人段成式《酉阳杂俎》卷一记载：唐玄宗"夏日尝与亲王棋，令贺怀智独弹琵琶，贵妃立于局前观之"，杨贵妃看到唐玄宗将要输了，就故意把怀里抱的"康国猧子"小狗放于座侧，"猧子乃上局，局子乱，上大悦"。

三、中唐的文人士大夫围棋

中唐时期，围棋活动进一步活跃，擅长围棋的文人士大夫增多，著名诗人杜甫、白居易、元稹、刘禹锡等都会围棋。

杜甫喜好围棋，棋技不差，应该与爱好围棋的祖父杜审言的影响有关。杜甫曾与"善吟善弈，而喜与文士游"的旻上人有过对弈，其《因许八奉寄江宁旻上人》有云："不见旻公三十年，封书寄与泪潺湲。……棋局动随寻涧竹，袈裟忆上泛湖船。"杜甫曾和宰相房琯下过围棋，其《别房太尉墓》追忆两人下棋的事："对棋陪谢傅，把剑觅徐君。""谢傅"即谢太傅，指东晋的谢安。杜甫把房琯比喻为东晋既能安邦，又善围棋的谢安。杜甫的妻子杨氏，也会围棋，还能画棋局，杜甫在成都草堂所作《江村》云："老妻画纸为棋局，稚子敲针作钓钩。"杜甫在夔州观人下棋，还写有《七月一日题终明府水楼》其二云："楚江巫峡半云雨，清簟疏帘看弈棋。"

白居易在44岁贬官江州司马之前，一心"兼济天下"，因而不下围棋；贬官江州司马之后，思想消沉，只求"独善其身"，转而学会并爱好围棋。他在《与元九书》中谓自己除了读书、撰文以外，其他懵然无知，至于书法、绘画、围棋、博戏，可以与众人一起交流娱乐的技艺，一无通晓。然而，他任江州司马时所写《刘十九同宿》却云：

> 红旗破贼非吾事，黄纸除书无我名。
>
> 唯共嵩阳刘处士，围棋赌酒到天明。

诗谓年纪老大，挥舞军旗击败寇贼，不是我辈的事了；铨选官员，拜官授职，也不会有我的名字；只有和嵩阳的刘处士在一起，弈棋赌输赢，输者罚酒，直到天明。白居易表明对立功立名已不再关心，成天沉溺于弈棋赌酒。他常用弈棋来消磨时光、解闷消愁，其《官舍闲题》云："送春唯有酒，销日不过棋。"其《孟夏思渭村旧居寄舍弟》云："兴发饮数杯，闷来棋一局。"棋友来访，一定要饮酒弈棋,其《郭虚舟相访》云:"晚酒一两杯,夜棋三数局。"白居易经常下围棋,写诗就信手拈来,而且以棋为喻,其《登观音台望城》云:"百千家似围棋局,十二街如种菜畦。"其《放言五首》其二云:"世途倚伏都无定,尘网牵缠卒未休。……不信君看弈棋者,输赢须待局终头。"白居易棋技不错,曾在诗中抱怨没有敌手,其《宿张云举院》云:"棋罢嫌无敌,诗成愧在前。"

元稹,诗与白居易齐名,并称"元白",也善围棋。其《酬孝甫见赠十首》其七云:"无事抛棋侵虎口,几时开眼复联行。终须杀尽缘边敌,四面通同掩大荒。"后两句是说,一定要吃尽沿边"敌子",四面共同围起来。其《酬段丞与诸棋流会宿敝居见赠二十四韵》还描写了与棋友通宵对弈:"异日玄黄队,今宵黑白棋。……眠床都浪置,通夕共忘疲。"

刘禹锡喜好围棋,棋艺不错,结交有不少围棋高手,常与他们对弈。其《海阳湖别浩初师》云:"爱泉移席近,闻石辍棋看。"其《浙西李大夫述梦四十韵》云:"茶炉依绿笋,棋局就红桃。"其《游桃源一百韵》云:"往往游不归,洞中观博弈。"其《观棋歌送儇师西游》写到与儇师的交往:"今年访予来小桂,方袍袖中贮新势。"赞美儇师高超的棋艺:"长沙男子东林师,闲读艺经工弈棋。……行尽三湘不逢敌,终日饶人损机格。"称赞儇师走遍湘楚大地没有遇到对手,整天下棋都要让棋,有损弈棋的规格。诗中还提到了棋待诏王积薪:"自从仙人遇樵子,直到开元王长史。"所谓"开元王长史",就是开元后期至天宝初,任朝散大夫前行右领军卫长史的王积薪。

四、晚唐的文人士大夫围棋

唐代的文人士大夫,"琴棋书画"是必有的修养。晚唐人张彦远(815—907)《法书要录》卷三云:"博学工文,琴棋书画,皆得其妙。"因而晚唐时期,文人士大夫能诗善弈,非常普遍,如著名诗人杜牧、李远、张乔、皮日休、司空图、韩偓等。

晚唐诗人杜牧有两首送别王逢的诗,让我们知道了王逢是唐文宗时的围棋国手。他的《送国棋王逢》云:"玉子纹楸一路饶,最宜檐雨竹萧萧。""浮生七十更万日,与子期于局上销。"从中可知,杜牧善棋,而与国手王逢对弈时,王逢要让他"一路",杜牧希望以后经常和王逢弈棋以消磨时光。他的《重送绝句》赞扬王逢棋艺的高妙，表达对王逢别后的思念：

> 绝艺如君天下少，闲人似我世间无。
>
> 别后竹窗风雪夜，一灯明暗复吴图。

喜好围棋的李远（？—860），字求古，夔州云安（今重庆云阳）人，唐文宗太和五年（831）进士，历任杭州、忠州、岳州、江州刺史，官至御史中丞。他的好友温庭筠《寄岳州李外郎远》诗云"湖上残棋人散后，岳阳微雨鸟来迟。"李远诗中也多写自己弈棋，如"人事三杯酒，流年一局棋"，而且还差点因为所写"青山不厌三杯酒，长日唯消一局棋"两句诗丢官。宋人赵令畤《侯鲭录》记载："唐杭州缺刺史，欲除李远为守。宣宗曰：'远诗云："青山不厌三杯酒，长日唯消一局棋。"如此安能治民？'"好在有宰相令狐绹为李远辩解说："诗人托此以遣兴耳，未必实然。"唐宣宗才答应说："且令往试观之。"李远逝世后，其好友卢尚书写的哀悼诗《哭李远》也提到他喜好的围棋："才收北浦一竿钓，未了西斋半局棋。"

常与棋待诏、僧侣棋友交游的诗人张乔，字伯达，池州（今属安徽贵池）人，生卒年不详。黄巢之乱，隐居九华山，与李昭象、顾云辈为方外友。他好棋善弈，写有《送棋待诏朴球归新罗》《赠棋僧侣》《咏棋子赠弈僧》等诗。其《赠棋僧侣》云：

> 机谋时未有，多向弈棋销。
>
> 已与山僧敌，无令海客饶。
>
> 静驱云阵起，疏点雁行遥。
>
> 夜雨如相忆，松窗更见招。

诗中赞扬棋僧的计谋多在下棋时消除，棋技与山僧相当，不会令航海而来的棋手（似指新罗棋手）让一子。诗中还以战阵喻棋阵，"云阵"指军阵中一种蜿蜒曲折的横队，"雁行"指横列展开，似飞雁行列的阵势。末尾谓棋僧如果思念他，就召他去下棋。

皮日休喜好围棋，撰写有《原弈》一文，颇有影响。皮日休（834？—883？），字逸少，后改袭美，襄州（今属湖北）人。早年隐居襄阳鹿门山，自号间气布衣、醉吟先生、鹿门子等。咸通八年（867）进士及第。为著作郎，迁太常博士。后出任毗陵副使。黄巢称帝，署为翰林学士。死因不明，或说为唐军所杀，或说为黄巢所杀。其《原弈》一文，探讨围棋的起源。针对"尧造围棋"的说法，指出围棋是"害""诈""争""伪"之物，"不害则败，不诈则亡，不争则失，不伪则乱，是弈之必然也"，与奉行仁、义、礼、智、信的尧无关；认为围棋当出自战国纵横家之手，"则弈之始作，必起自战国，有害、诈、争、伪之道，当纵横者流之作矣。岂曰尧哉！"皮日休的观点是不正确的，被元人虞集在《玄玄棋经序》中否定："或者以为纵横之术者，非知道者也。"意思是说，认为围棋为纵横家所造者，不明棋道。

司空图晚年，弈棋炼丹成为主要生活内容。司空图（837—908），字表圣，自号知非子，又号耐辱居士。河中虞乡（今山西永济）人。咸通十年（869）登进士第，历官礼部员外郎、中书舍人等。晚年隐居中条山王官谷。朱温篡唐，召为礼部尚书，不赴任；次年闻唐哀帝被弑，不食而卒。司空图的诗多写到围棋，其《下方》云："细事当棋遣，衰容喜镜饶。"其《僧舍贻友》云："竹上题幽梦，溪边约敌棋。"其《题休休亭》（一作《耐辱居士歌》）表现下围棋炼丹药，不问世事的晚年逸乐生活："一局棋，一炉药，天意时情可料度。白日偏催快活人，黄金难买堪骑鹤。"

韩偓（842—923），字致尧，小名冬郎，号玉樵山人，京兆万年（今陕西西安）人。唐昭宗龙纪元年（889）进士，历任左拾遗、翰林学士、中书舍人、兵部侍郎等职。朱温专权，恨韩偓不依附自己，贬为濮州司马等职。后举家入闽依附闽王王审知而终。韩偓喜欢围棋，经常钻研棋技，其《安贫》诗云："手风慵展一行书，眼暗休寻九局图。"说明他眼明时是常看围棋九局图的。他的棋技高超，明人陈继儒《珍珠船》记载：韩偓、姚洎都为翰林学士时，扈从唐昭宗到岐地。韩偓常与两个敕使下围棋，姚洎看见两敕使要输棋了，就以手扰乱棋局，使之难分输赢，韩偓就称姚洎为"白鹦鹉"。如果下棋时姚洎不在，两敕使将要输了，就大呼"白鹦鹉"，姚洎应声而至。所谓"白鹦鹉"，出自唐人郑处诲的《明皇杂录》：天宝年间，岭南进献白鹦鹉给朝廷，养在宫中，时间一长，驯服和顺，颇为聪慧，不仅洞晓言辞，还可讽诵诗词，唐玄宗和杨贵妃皆称呼它为"雪衣娘"。唐玄宗与"贵妃及诸王博戏，上稍不胜，左右呼'雪衣娘'，必入局中鼓舞，以乱其行列，或啄嫔御及诸王手，使不能争道"。姚洎以手乱局，就像白鹦鹉飞入棋局扰乱棋阵，所以韩偓把姚洎呼为"白鹦鹉"。

第二节　唐代的棋待诏制度以及著名棋待诏

一、唐玄宗设置棋待诏

唐玄宗对围棋发展的一大贡献是在翰林院设立棋待诏。据《旧唐书·职官志》记载：

翰林院，……其待诏者，有词学、经术、合炼、僧道、卜祝、术艺、书、弈，各别院以廪之，日晚而退。

《新唐书·百官志》云：

唐制：乘舆所在，必有文词、经学之士，下至卜、医、伎术之流，皆直于别院，以备宴见。

第一条引文中的"弈"，指围棋。第二条引文中的"伎术"，指技艺、方术，包括围棋。"翰林院"是为皇帝服务的机构，翰林待诏即"天下以艺能技术见召者之所处也"。所谓待诏，是指待命供奉内廷的人，是侍奉皇上的专门人才。《资治通鉴》卷二一七"天宝十三载"云："上即位，始置翰林院，……下至僧道、书画、琴棋、数术之工皆处之，谓之'待诏'。"棋待诏与其他技艺待诏一样，各住一院，领取

唐代 19 道紫檀木围棋盘

薪俸，白天要随时等待皇帝的召唤，晚上才回到居处。翰林棋待诏是职务而非官名，因而可以由官员兼职。张如安《中国围棋史》指出："唐代翰林棋待诏乃是由皇帝直接设置的宫廷专业棋手，这在围棋史上实属首创。棋待诏亦按棋艺的高低分成若干手，这种属于专业棋士的品级，是对中古棋制的发展。棋待诏为

防皇帝随时宣诏比赛高低,不得不刻苦地钻研棋艺,不断地提高对局水平,他们实际上代表着国家级的围棋水平,有时在外交方面也发挥着一定影响。"

二、唐代著名的棋待诏

唐玄宗创立的翰林棋待诏制度,是我国围棋走向专业化、职业化的标志。唐代著名的棋待诏有王积薪、王叔文、王倚、顾师言、阎景实、滑能、朴球等人。

1. 盛唐著名棋待诏王积薪

棋待诏王积薪是盛唐最著名的围棋国手。王积薪的生卒年、籍贯均不可考,曾任朝散大夫前行右领军卫长史,官阶从六品上,兼充棋待诏。古人往往把能工巧匠、高手名师的技艺神化,唐人冯贽的《云仙杂记》谓王积薪"梦青龙吐棋经九部授己,其艺顿精"。《云仙杂记》还记载:王积薪每次出游,必定携带围棋,画纸为棋局,与棋子一起装入筒中,或挂在车辕上,或拴在马鬃上;路上即使遇到平民百姓,也要与之对弈,下赢了就取要对方的饼酒之类的馈赠品,只是吃饱而已。

唐人李肇《唐国史补》还有王积薪夜遇老妇与媳妇口弈的记载:

王积薪棋术功成,自谓天下无敌。将游京师,宿于逆旅。既灭烛,闻主人媪隔壁呼其妇曰:"良宵难遣,可棋一局乎?"妇曰:"诺。"媪曰:"第几道下子矣。"妇曰:"第几道下子矣。"各言数十。媪曰:"尔败矣。"妇曰:"伏局。"积薪暗记,明日复其势,意思皆所不及也。

这段话意谓:王积薪的棋技练成,自认为天下无敌手,往游京城,夜晚在客舍遇到一老妇和媳妇隔屋居住,而且未点蜡烛,却口弈下盲棋,最后媳妇败了,并表示服输。王积薪第二天复原棋局的形势,觉得自己的棋思达不到。《唐国史补》是中唐问世的一部极具史料价值的著作,为治史者所取信。后来,晚唐人薛用弱的小说《集异记》把此事演绎为棋待诏王积薪跟随唐玄宗逃往蜀地时,深夜遇见山中老妇与媳妇隔屋下盲棋,而此后"积薪之艺,绝无其伦"的传奇故事,传播遂广,影响遂大。

唐人段成式的《酉阳杂俎·语资》中还有王积薪与著名高僧一行对弈的记

载：高僧一行本来不会下围棋，因为在燕国公张说家里聚会，观看王积薪下一局棋后，就能与王积薪对弈并抗衡。一行还笑着对燕国公说："下围棋这玩意儿没有别的，只是争取先手而已。如果把我编的四句计算口诀念上几遍，那么人人都可以成为围棋国手。"这段记载，明显有附会、夸张之处。

作为棋待诏，王积薪除了陪侍帝王下棋，还撰写有棋艺著作。可考的有《金谷园九局图》和《凤池图》。《金谷园九局图》是开元十六年（728）前后王积薪在太原尉陈九言的别墅金谷园与围棋国手冯汪的对局谱，此谱大约在宋后亡佚。《凤池图》是王积薪在朝中的对局图谱，大约是他应中书令张说之邀在中书省的对局之作。凤池即凤凰池，本为皇帝禁苑中的池沼，因中书省临近禁苑，掌管机要，接近皇帝，故以凤凰池代称中书省。王积薪还有《棋诀》，早已广佚。宋人李逸民的《忘忧清乐集》收录有"王积薪一子解二征"棋谱，然而明代棋谱《弈正》等又称为"顾师言一子解二征图"，《弈正》晚出，恐不可信。

相传王积薪还著有《围棋十诀》，又称《十诀》：

一、不得贪胜。二、入界宜缓。三、攻彼顾我。四、弃子争先。五、舍小就大。六、逢危须弃。七、慎勿轻速。八、动须相应。九、彼强自保。十、势孤取和。

然而，《十诀》的作者有不同说法，有唐代王积薪、宋代刘仲甫两种记载。有学者还认为"十诀"说的是象棋，象棋才有"界"（楚河汉界）。今据早期文献，如南宋陈元靓《事林广记》、明刘仲达《鸿书》等，将《围棋十诀》归入王积薪名下。

唐玄宗在位期间，围棋国手不少，如冯汪、郑观音、杨季鹰和张南史等，但以棋待诏王积薪的棋艺水平最高。中唐诗人刘禹锡在诗中就称赞过王积薪的高超棋艺，后世评论唐代棋艺，必首推王积薪，明人王世贞的《弈旨》就说："唐之弈，以开元王积薪为首。"

2.中唐棋待诏王叔文、王倚

王叔文（753—806），越州山阴（今浙江绍兴）人，政治家、改革家。《册府元龟》卷869《总录部·博弈》谓"贞元末，以棋待诏翰林，顺宗在东宫，叔文尝侍棋"。刘禹锡《子刘子传》称他"以善棋得通籍"。所谓"通籍"，谓记名于门籍，可以进出宫门。这两则记载是说：唐德宗贞元末年，王叔文担任东宫太子李诵的侍读。李涌即位,是为唐顺宗,即授王叔文翰林待诏兼度支使、盐铁转运使。王叔文联合王伾、柳宗元、刘禹锡等人,推行政治改革,共有146天,史称"永贞革新"。永贞元年(805),顺宗禅位于宪宗,贬王叔文为渝州司户,元和元年(806)赐死。由于王叔文出身低微,他掌权后曾将翰林棋待诏等全部罢免。《太平御览》卷七五记载:唐顺宗朝,王叔文推行革新时,罢免了翰林院的棋待诏以及阴阳、星卜、医相等待诏32人,因为王叔文是以棋待诏身份当权的,他害怕与自己同类的人作乱,所以罢免了棋待诏。王叔文改革失败后,他罢免的棋待诏以及其他待诏,又恢复了身份。

王倚,字号里籍不详,唐敬宗宝历初年(825)为棋待诏。《册府元龟》卷869《总录部·博弈》谓:"王倚善弈,宝历初为待诏。"

3.晚唐著名棋待诏顾师言以及阎景实、滑能、朴球

顾师言是唐宣宗时的棋待诏,日本国王子来朝时,顾师言奉命与之对局,他担心有辱君命,非常紧张,战战兢兢,如履薄冰,最终战胜了日本王子,为唐王朝赢得了声誉。顾师言是中日围棋交流史上第一个与日本第一高手进行比赛的国手,他的《金花碗图》是唐代国手留下的唯一一局完整棋谱。

阎景实,唐宣宗时棋待诏。宋人李逸民撰《忘忧清乐集》收录有唐朝的棋谱《金花碗图》,为待诏阎景实与顾师言的对局,两人对弈,争盖金花碗一只。阎景实执白先行,结果,顾师言胜一子。

滑能,唐僖宗时棋待诏。五代孙光宪《北梦琐言》记载:唐僖宗时,滑能为翰林棋待诏,围棋品级很高,很少遇到敌手。有一天,一个年仅十四岁的张姓少年来拜见滑能,请求对弈,还要让滑能一子。滑能棋思缓慢,沉思良久,才下一子。张生却随手应之,一点儿不在意,然后还在庭院内悠闲散步,等待滑能再下子后,又随手应一子。不久,黄巢起义军攻打京城长安,唐僖宗逃往蜀地,滑能以棋待诏身份侍从。滑能打算从汉中一带进入蜀地。当他收拾好行装要带着家人一起走时,张生说:"你不必去了。我不是一般的棋客,天帝命我前来带你去下围棋。你快安排一下家事吧。"滑能非常震惊,妻子儿女大哭。过了一会儿,滑能奄然而逝。《北梦琐言》谓滑能虽然棋思迟缓,但棋技高超,天帝都想与之

对弈,因而派遣张生来带他升天。这样的描写,荒诞不经,主要是为了神化滑能的棋技。

朴球是新罗留学生,以客卿身份在唐朝宫廷充任棋待诏多年。

第三节　唐代围棋的对外交流

一、盛唐围棋的对外交流

盛唐时期,国力强盛,经济繁荣,政治清明,文化兼谷并包,中国、日本、新罗三国的围棋交流频繁。盛唐时的唐玄宗,对围棋的一大贡献,就是促进了中国与日本、新罗围棋的交流。

日本和州大安寺僧人辨正于文武天皇大宝年间(701—704)随遣唐使来到长安,因擅长围棋,多次被尚未登基的李隆基召进宫中对弈,获得不少奖品。唐玄宗开元五年(717),日本人吉备真备随第九次遣唐使团来长安留学,留住十八年,学会围棋,回到日本后,备受人们尊敬。据日本《江谈抄》和《珍瑰集》所记,吉备真备于开元二十三年(735)归国后积极推广围棋,旧说围棋就是他从大唐传去的,他甚至成为围棋传入日本的先驱。日本奈良正仓院藏有紫檀盒型19道围棋局,相传就是唐玄宗送给日本圣武天皇的礼物。唐玄宗曾令擅长围棋的率府兵曹杨季鹰随从使者出使新罗进行围棋交流。开元二十五年(737),朝鲜半岛的新罗国国王兴光(姓金,原名隆基,后因避唐玄宗李隆基之讳改名兴光,是新罗国第三十三代君主)逝世,唐玄宗派遣左赞善大夫邢璹摄鸿胪少卿,前往新罗吊祭。《旧唐书·新罗传》记载:唐玄宗对邢璹说:"新罗号称君子国,国人大多知晓文字书籍,类似华夏。以你的学识,又善于讲谈议论,所以选派你充当使者。到了新罗,你应该宣扬儒家经典,让他们知道大国儒教的兴盛。"唐玄宗又听说新罗人大多会下围棋,就命令擅长围棋的率府兵曹杨季鹰充当邢璹的副使。邢璹等人到了新罗,大受新罗人的敬重。新罗围棋国手的棋艺,皆在杨季鹰之下。可见唐玄宗特别看重围棋在外交活动中的作用。杨季鹰也成为我国最早到朝鲜半岛进行访问比赛的围棋国手。

二、晚唐围棋的对外交流

1.棋待诏顾师言与日本王子的中日棋战

唐宣宗大中年间(847—859),日本国王子来朝,棋待诏顾师言奉命与之对弈,这应是最早的中日棋战,也应是最早的国际围棋比赛。唐人苏鹗的《杜阳杂编》记载:大中年间,日本国王子前来朝见,进献宝器、音乐,宣宗安排乐舞杂技和珍馐美馔接待。王子善围棋,宣宗敕令棋待诏顾师言与之对弈。王子献上苍青色玉石制的围棋盘,冷暖玉石制的围棋子,说:"本国东边三万里,有个集真岛,岛上有个凝霞台,台上有个手谈池,池中生玉棋子,天然形成,黑白分明,冬温夏冷,所以叫作冷暖玉。又出产如楸玉,形状类似楸木,雕琢成棋盘,光滑明亮,可以照物。"顾师言与王子对局,下到第三十三子,胜负未决。顾师言害怕辜负皇上的使命,非常紧张,以致手心出汗,经过凝神深思,才敢落子。顾师言下的"镇神头",乃"解两征势也"。王子睁大眼睛,缩回手臂,表示服输,回头问鸿胪寺官员:"顾师言待诏是贵国第几手?"鸿胪寺官员撒谎说:"第三手。"其实,顾师言是第一手。王子说:"我希望与第一手对弈。"鸿胪寺官员说:"王子要胜了第三,才能见第二;胜了第二,才能见第一。现在急于见到第一,可能吗?"王子感叹说:"我们小国的第一,确实不如大国的第三。"如今的好事者还保存有"顾师言三十三镇神头图"。

顾师言和日本王子对弈之事,《旧唐书·宣宗本纪》也有记载:

大中二年三月己酉,日本国王子入朝,贡方物。王子善棋,帝令待诏顾师言与之对手。

日本王子是谁,日本学者有专门探讨。田村孝雄的《细说围棋》认为:与顾师言对弈的不是日本王子,而是一个日本棋士,是第十二次日本遣唐使临时加插的成员——伴小胜雄,存心想来大唐显示日本棋士的威风。但是伴小胜雄入唐是在桓武天皇延历二十三年，相当于唐德宗贞元二十年(804)，他不可能在大唐滞留四十余年才与顾师言对局。日本历史学家渡部义通的《古代围棋逍遥》认为："日本王子可能是高岳亲王(平城天皇的儿子)。高岳亲王于仁明朝承和二年(835)随第十三次遣唐使入唐，于阳成朝元庆四年(880)归国途中殁，前后在唐共45年，而大中年间(847—859)他当然在唐。"渡部义通的推测，符合"王子"身份，时间吻合，比较合理。

2. 在唐朝充任棋待诏的新罗留学生朴球

唐朝经济发达，文化繁荣，促使新罗派遣大批留学生到京城长安学习，有的留学生学会围棋后还成为棋待诏。在唐的外国留学生中，新罗留学生人数最多，仅唐文宗开成五年(840)学成归国的就有一百多人。新罗留学生崔致远还在唐考中进士，并在唐做官，他的《桂苑笔耕集》还记录了盛唐国手、棋待诏王积薪的故事。新罗留学生朴球还以客卿身份在唐宫廷充任棋待诏多年，他归国时，晚唐诗人张乔还写有《送棋待诏朴球归新罗》：

> 海东谁故手，归去道应孤。
>
> 阙下传新势，船中复旧图。
>
> 穷荒回日月，积水载寰区。
>
> 故国多年别，桑田复在无。

首联谓朴球回到海东地带，弈棋就没有敌手，回国后应感到棋道孤单；颔联谓唐朝京城在流传新的棋谱，而朴球却在新罗船中重布旧棋图；颈联谓日月旋转，照耀边荒之地，积水成海，海上也有人间；尾联谓朴球离别故国多年，不知家乡植桑种粮的田地还在否？诗歌赞扬朴球棋艺高超，对他回国后难觅敌手表示遗憾，也表达了对朴球的不舍之情。

第五章

宋代围棋活动的繁盛

　　宋代的围棋活动,虽然没有见到有像唐代那样的中日围棋比赛的文献记载,但是仍然沿袭了唐代的棋待诏制度,宫廷设置有棋待诏,出现了可与王积薪相比的棋待诏贾玄,甚至还有"出积薪上两道"的国手、棋待诏刘仲甫。喜好围棋的皇帝不少,"棋品第一"的宋太宗尤为突出,他还探索、创制出三种新的棋势,被后人称为"先皇三势"。能诗善弈的文人士大夫也不少,他们大多不重围棋的竞技性,而看重其娱乐性和艺术性,崇尚苏轼"胜固欣然,败亦可喜"的围棋观念。民间也不乏围棋高手,甚至有让国手刘仲甫畏惧而"恐贻国手之羞"的祝不疑。宋代产生了几部重要的棋艺著作,其中最重要的是徐铉的《围棋义例》、张靖的《棋经十三篇》和李逸民的《忘忧清乐集》。

第一节　宋代喜好围棋的皇帝

一、"棋品第一"的宋太宗

1. 宋太宗与棋待诏贾玄

宋太宗赵炅(原名匡义,后改光义,即位后改为炅),多才多艺,宋人叶梦得《石林燕语》说他"留意艺文,而琴棋亦皆造极品",即留心六艺群书,琴棋技艺达到最上等。他不仅自己经常下围棋,也鼓励臣僚弈棋,推动了宋代朝野围棋活动的发展。由于宋太宗嗜好围棋,宫廷的棋待诏人数不少。北宋人杨亿口述、黄鉴笔录的《杨文公谈苑》记载谓"太宗棋品第一"。

棋待诏贾玄达到极高品格,属于围棋国手,当时的人认为有如唐代的棋待诏王积薪,然而,贾玄特别喜欢喝酒,因饮酒而病死。杨希粲、蒋元吉、李应昌、朱怀辟都不是贾玄的对手。只有后来的李仲元,与贾玄相当,不久也去世。朝廷之士有蒋居中、潘慎修也擅长围棋,达到第三品。内士陈好元,达到第四品,经常侍奉宋太宗下棋。这些人与宋太宗下棋,自贾玄之下,宋太宗至少都要让他们三子,要让潘慎修四子,要让陈好元五子。潘慎修献诗云:"如今纵得仙翁术,也怯君王四路饶。"

宋太宗像

宋太宗宠爱棋待诏贾玄,谏臣劝谏也不听,甚至胜过喜欢六宫美女。宋人释文莹的《湘山野录》有记载:宋太宗喜欢弈棋,棋待诏贾玄得宠,有谏官奏请把贾玄列入放逐南州的人,并进言说:"贾玄常进献新妙棋谱,取悦迷惑皇上,以致朝政不通,政事阻滞,担心皇上安坐而失去神明。"宋太宗对谏官说:"我并非不知,只是姑且以此躲避六宫的迷惑罢了。你们不必进言。"

当然"太宗棋品第一"这样的话,是有奉承意味的。棋待诏在和皇帝弈棋时,通常会有意让棋,给皇帝留情面。据南宋人李壁《王荆公诗注》记载:棋待诏贾玄陪侍宋太宗弈棋,宋太宗让他三子,他常常输一子。宋太宗知道贾玄作假,就说:"这一局你再输,我就叫人打你。"不久,下完一局,不输不赢,宋太宗说:"你又作假。再下一局,你赢了,我赏赐给你绯色的官服;输了,我就叫人把你丢入泥水中。"局终,不胜不负,宋太宗说:"我让你子,成了平局,是你输了。"命令侍从把贾玄投入泥水中,这时贾玄大叫,说:"臣下手中还有一子。"宋太宗大笑,赏赐给贾玄绯色的官服。宋太宗也知道下棋时棋待诏有意让他,他想提升棋艺,要求棋待诏贾玄赢棋,然而贾玄还是不敢。

2. 宋太宗创制的"三势"

宋太宗的围棋技艺也确实高超,他追求棋艺的提高,深入钻研棋技,还研究出三个新的棋势。作为皇帝,能够创制新棋势,在历史上尚不多见。北宋诗人王禹偁的《筵上狂歌送侍棋衣袄天使》云:

> 太宗多才复多艺,万机余暇翻棋势。
>
> 对面千里为第一,独飞天鹅为第二,
>
> 第三海底取明珠,三阵堂堂皆御制。
>
> ……
>
> 先皇三势有深旨,岂独一枰而已矣。

诗中称赞宋太宗多才多艺,万机之暇反复研究棋势。所谓"先皇三势",即宋太宗研究出的三个新棋势:"对面千里"势,"独飞天鹅"(原诗中的"蛾",当为"鹅")势和"海底取明珠"势。南宋人吴曾的《能改斋漫录》也记载有"太宗三势":

> 太宗万机之暇,留心弈棋,自制三势:一曰对面千里势,二曰天鹅独飞势,三曰海底取明珠势。一时近臣,例以棋图颁赐。

宋太宗闲暇时喜欢弈棋,也希望他人空闲时下棋。据《宋史·世家·吴越钱氏》记载,太平兴国六年(981),吴越王钱俶生病,宋太宗派遣使者赐给吴越王文楸棋局、水晶棋子,并谕旨曰:"朕在军国大事的余暇,特别喜欢下围棋,因为你生病休假,可以用围棋消遣时光。"宋太宗赐给吴越王棋局、棋子,显然认为围棋能够修身养性,值得在王公大臣中提倡。

二、南宋好弈的宋高宗、宋孝宗

南宋王朝,偏安江南,帝王不思北进,追求享乐,嬉玩成风,纵情歌舞美女、琴棋诗酒,围棋成为他们嬉游享乐的需要。南宋的皇帝大多喜好围棋,宫廷的棋待诏也很多。南宋人袁文的《瓮牖闲评》卷八记载谓:宋高宗赵构在天下太平之时,还不到六十岁,就把朝政全部交给宋孝宗,自己留意陶冶性情,恬静涵养本真,所喜欢的只有文章、琴、棋、书、画而已。

宋孝宗赵昚受到父亲赵构的影响,笃好围棋,南宋人张端义《贵耳集》卷上云:"孝宗万机余暇,留心棋局。"

第二节　宋代国手刘仲甫及其他棋待诏

一、北宋国手、著名棋待诏刘仲甫

北宋最负盛名的棋待诏是刘仲甫,曾在神宗、哲宗和徽宗朝任棋待诏,也是宋代最著名的围棋国手。刘仲甫,字甫之,自称"江南人",大约卒于徽宗政和(1111—1118)年间。宋人蔡絛《铁围山丛谈》云:"太上皇在位,时属升平,手艺人之有称者,棋则刘仲甫,号'国手第一'。"所谓"手艺人",指技艺人,包括弈棋者。"刘仲甫棋,士大夫特以较唐开元国手王积薪,而仲甫尤出积薪上两道。"可见,时人把刘仲甫比之于唐代棋待诏王积薪,认为刘仲甫还要胜过王积薪两子。

北宋何薳的《春渚纪闻》记载有刘仲甫大败钱塘(今浙江杭州)围棋高手的趣事:刘仲甫从江西前往京城时,绕道围棋高手聚集的钱塘,在一个客舍住下,十多天后,在客舍门前挂起一面旗帜,上面写着:"江南棋客刘仲甫奉饶天下棋先。"意思是说我刘仲甫与天下所有的棋手下棋都让先。他还拿出"银盆、酒具等三百星"作赌注,说如果自己下输了,就把这些东西交给对手。消息一传出去,第二天就有几个豪富在城北的紫霄宫会聚围棋高手,并拿出与刘仲甫同样多的银子做赌注,推选棋品最高的一个棋手与刘仲甫对局。这位钱塘高手与刘仲甫下到五十余子时,众人觉得执白子的刘仲甫形势不利;再下到一百来子时,钱塘高手得意地说:"局势分明,黑子一定赢棋。"刘仲甫说"不见得"。又下了二十余子,刘仲甫忽然收起棋子棋盘,众人纷纷指责他耍赖,他拱手作揖对众人说:自己想到京城去做翰林院棋官,而钱塘高手众多,"棋人谓之一关",要过了这一关,才能继续前往京城。接着刘仲甫把刚才这局棋恢复出来,一子不误,并在似乎无关紧要处下了一了,众人迷惑不解,刘仲甫说:"这一着,要再下二十个子后才能显示它的作用。"果然,在下到二十个子后遇到了此子,这时,局势大变。局终计算胜负,刘仲甫赢了十三个子。众人都佩服刘仲甫棋技的高妙,豪富亦把作赌注的银子都送给了他。后来刘仲甫到了京城,当上了翰林棋待诏,"擅名二十余年,无与敌者"。

刘仲甫虽然是棋待诏,甚至被称为"国手第一",然而民间也有高手,让他感到畏惧,不敢公然对局。北宋何薳的《春渚纪闻》谓:近世士大夫围棋,没有超过祝不疑之上的。绍圣初年,祝不疑参加礼部考试至京城,遇到刘仲甫,两人对弈后,刘仲甫"再三叹服曰:'名下无虚士也。'"所谓"名下无虚士",意谓盛名之下没有徒有虚名的人。后来刘仲甫多次遇到祝不疑,竟然不谈围棋,"盖知不敌,恐贻国手之羞也"。蔡絛的《铁围山丛谈》甚至有记载说:刘仲甫不敌围棋高手王憨子,就害死了他,后来高手晋士明出现,大败刘仲甫,好事者认为晋士明是王憨子的后身,是替王憨子复仇的。这实为无稽之谈。

元人严德甫、晏天章撰写的《玄玄棋经》有刘仲甫、王珏、杨中和、孙侁四人共下一局棋的记载。元祐九年(1094)正月,四人相会在彭城(今江苏徐州)一家客店的楼上,即兴摆好棋盘,分为两方:杨中和与王珏一方,执黑;刘仲甫与孙侁一方,执白。白棋让先,双方共下 250 子,白胜一目。四人联手下棋,叫"下联棋",这可能与商山四皓弈棋的传说有关。沈括的《梦溪笔谈》就有介绍四人联手下棋的取胜方法。刘仲甫、王珏等四人下联棋,应是有关联棋的最早记载。据李逸民《忘忧清乐集》,刘仲甫著有《棋诀》一篇,蔡絛《铁围山丛谈》谓刘仲甫还著有《棋经》《造微》《精理》,但未见流传,可能散佚了。

二、两宋其他棋待诏

刘仲甫之后,晋士明可能做过棋待诏。晋士明(约1085—?),河东(今山西永济)人,棋艺高超。蔡絛《铁围山丛谈》记载:刘仲甫之后,相继有晋士明,围棋超群出众。宋徽宗政和初年,晋士明从河东来到京城,大约二十八九岁,棋艺在刘仲甫之上,大约高出两子有余。"其艺左右纵横,特神出鬼没,于是名声一旦赫然,即日富贵,然终不弃其故妻",士大夫多称赞他。李逸民的《忘忧清乐集》

收录有晋士明与郭范、朱逸民、王珏、李百祥等人的对局谱,《忘忧清乐集》所收唐宋时谱,多是帝王或棋待诏的棋谱,由此推断,晋士明可能做过棋待诏。

宋徽宗时的棋待诏李逸民对围棋的最大贡献是编纂了棋谱《忘忧清乐集》,书名取自宋徽宗《宫词》其八十四的首句"忘忧清乐在棋枰"。李逸民在书中自题"前御书院棋待诏赐绯李逸民重编",其中,"赐绯"表明他还得到过皇帝赐予的绯色官服。李逸民奉和宋徽宗的《宫词》写有《七绝》云:"忘忧清乐在枰棋,坐隐吴图悟道机。乌鹭悠闲飞河洛,木狐藏野烂柯溪。"诗中含有围棋的五个别称。《忘忧清乐集》大约在北宋末年编成,南宋之初刊刻,是现存唯一的一部宋谱,保存了大量的北宋以前和北宋时期的对局资料,是研究古代棋艺的珍贵文献。

南宋的棋待诏有沈之才、郑日新、赵鄂等人。宋末元初人周密的《武林旧事·诸色伎艺人》中,"棋待诏"一栏列围棋5人,象棋10人,围棋待诏的名单为:郑日新(越童)、吴俊臣(安吉吴)、施茂(施猢狲)、朱镇、童先(或作章先)。周密所记棋待诏应是宋孝宗朝的,但有遗漏,那时的棋待诏还有赵鄂。这些棋待诏多为江南人。

沈之才是宋高宗时的棋待诏。南宋人王明清《挥麈余话》记载:沈之才因为善棋得到宋高宗宠爱,当上御前侍从。有一天,宫中围棋高手对弈,高宗对沈之才说:"务必仔细。"沈之才轻率回答说:"念兹在兹。"意谓念念不忘某一件事,语出《尚书·大禹谟》。高宗气愤地说:"技艺之徒,乃敢对朕引经耶!"命令内侍官打二十竹板并逐出宫廷。沈之才因擅棋成为宫廷待诏,又因弈棋时引经回话触怒高宗被逐出,可见皇帝是既需要"技艺之徒"的陪侍,而又看不起"技艺之徒"的。

郑日新是宋孝宗时的棋待诏,外号越童,越州人。《武林旧事·诸色伎艺人》中的"棋待诏"一栏,围棋待诏首列"郑日新"。乾隆《绍兴府志》卷七《人物志·方技》引用《万历志》谓"宋郑日新,越州人,少善棋,世号越童"。

赵鄂也是宋孝宗时的棋待诏,由棋待诏而官至武功大夫。南宋人张端义《贵耳集》谓:宋孝宗在处理朝政的余暇,留心围棋,征召国手赵鄂为供奉,赵鄂由此而官至武功大夫、浙西路钤。在郊外祭祀天地时,赵鄂还上奏请求授予儿子官职,宋孝宗回复说:"下圣旨不难,但恐怕朝廷通不过。"可见棋待诏赵鄂深得宋孝宗的宠爱。

第三节　宋代擅长围棋的文人士大夫

北宋的文人士大夫大都喜好围棋。明人沈德符《万历野获编·技艺·宋时诨语》记载说：北宋最为兴盛时，士大夫嗜茶，有的沉迷于手谈，因嗜好饮茶弈棋而荒废职分应做之事，遭到弹劾丢掉官位的不少，当时的人就把茶笼视为"草大虫"，把围棋视为"木野狐"。

这些沉溺于围棋的文人士大夫，有的注重钻研棋技，重视棋艺水平的提高，也有的不重输赢，只求娱心惬意，怡情养性，忘忧消愁。然而，他们的积极参与，对北宋围棋活动的推广、发展做出了重要贡献。

一、北宋"胜败皆欣然"的文人士大夫

1. 北宋前期擅长围棋的著名诗人徐铉、王禹偁、范仲淹等

北宋时期，擅弈而又撰写有弈论的文人士大夫有徐铉、宋白、潘慎修等。

徐铉（916—991），字鼎臣，广陵（今江苏扬州）人。初仕南唐，历官翰林学士、吏部尚书，是一位好弈的重臣；归宋后，历官给事中、散骑常侍，工书善诗，精于棋道，是宋太宗身边的重要艺臣。他有不少诗文写到弈棋活动，其《棋赌赋诗输刘起居》表现弈棋时忘怀物我，不计输赢的旷达情怀："本图忘物我，何必计输赢。""不如相视笑，高咏两三声。"徐铉认为下围棋本来就是为了超脱尘俗，不应计较弈棋的胜负。徐铉还精研棋理，撰写有棋艺文章《围棋义例》（有学者误作《围棋义例诠释》），将以前和当时的围棋着法术语收集起来并一一诠释。徐铉在围棋史上有两大贡献：一是改进古图记谱法，二是规范了行棋的基本术语。

宋白（936—1012），字太素，大名（今属河北）人。建隆二年（961）进士，后任礼部、刑部、兵部、吏部尚书等要职。自幼好棋，精于棋理，所作《弈棋序》认为"散木一枰，小则小矣，于以见兴亡之基；枯棋三百，微则微矣，于以知成败之

数"。作者从品(优劣)、势(强弱)、行(奇正)、局(胜负)四个方面,全面系统地阐述了棋道,不战而屈人之兵的思想贯穿全文,说明作者对围棋的理解达到了一定的高度。

潘慎修(937—1005),字成德,泉州莆田(今属福建)人。以父荫仕南唐,为秘书省正字、起居舍人。好道工弈,入宋后,授太子右赞善大夫、太常博士,常侍奉宋太宗下围棋,棋为第三品。《宋史·潘慎修传》云:"善弈棋,太宗屡召对弈,因作《棋说》以献。大抵谓:'棋之道在于恬默(恬淡沉静),而取舍为急,仁则能全,义则能守,礼则能变,智则能兼(兼并),信则能克(取胜)。君子知斯五者,庶几可以言棋矣。'因举十要以明义,太宗览而称善。"所举"十要",已不得而知。

王禹偁(954—1001),字元之,济州巨野(今属山东)人。宋太宗太平兴国八年(983)进士,历官左司谏、知制诰、翰林学士。三次受到贬谪,作《三黜赋》以见志。宋太宗创制三个新棋势时,王禹偁正在朝中,他后来所写《筵上狂歌送侍棋衣袄天使》记录了此事,诗中有云:"筵中偶说当年事,三势分明皆记得。"王禹偁爱好围棋,以棋度日,其《秋居幽兴》谓"围棋知日影",夜晚则与妻子对弈消遣时光,其《寄耒阳喻长官》云:"夜榻围棋只孟光。""孟光",东汉隐士梁鸿之妻。梁鸿为佣工时,每当吃饭,孟光必举案齐眉,以示敬爱。王禹偁用在此诗中代指贤妻。王禹偁贬谪黄州时,写有《黄州新建小竹楼记》谓"小楼两间,与月波楼通,远吞山光,平挹江濑……宜围棋,子声丁丁然",竹楼弈棋,月光山影,江滩流水,清幽闲静,颇有仙人对局的意味。

范仲淹(989—1052),字希文,吴县(今江苏苏州)人。宋真宗大中祥符八年(1015)进士,官至枢密副使、参知政事。在政治上积极主张改革,为当时著名的政治家。公务完毕,则寄情棋枰,他的《依韵酬邠州通判王稷太傅》诗云:"恶劝酒时图共醉,痛赢棋处肯相饶。"他的《赠棋者》诗云:"静持生杀权,密照安危理。接胜如云舒,御敌如山止。……精思入于神,变化胡能拟。成败系之人,吾当著棋史。"诗中认为围棋同政治、军事有共通的道理,事情的成败在很大程度上取决于人事关系,自己应该编写一部围棋史,让人们了解围棋的精妙变化。

2. 北宋后期喜好围棋的著名诗人欧阳修、王安石、苏轼等

欧阳修(1007—1072),字永叔,号醉翁,晚年又号六一居士,吉水(今属江

西)人。宋仁宗天圣八年(1030)进士,历官翰林学十、枢密副使、参知政事等。欧阳修喜好围棋,从其"六一居士"的号即可知道。所谓"六一",他在《六一居士传》中说,就是六个一:藏书一万卷,金石遗文一千卷,有琴一张,有棋一局,有酒一壶,加上醉翁自己一人,晚年生活是"老于此五物之间"。他的《于役志》记录从京城沿汴水过淮水然后溯长江而上,前去贬所夷陵(今湖北宜昌)的行程,途中多有弈棋。如"五月壬寅,……弈棋饮酒,暮乃归""癸卯,……公期烹茶,道滋鼓琴,余与君贶弈""六月丁巳,……与安道弈""辛酉,……与春卿弈于仓亭"等。他的诗中也多有弈棋的描写,如《梦中作》云:"棋罢不知人换世,酒阑无奈客思家。"其《刘秀才昉宅对弈》云:"解衣对子欢何极,玉井移阴下翠桐。"从他的《新开棋轩呈元珍表臣》一诗可知,为了下棋,他还专门开辟一间弈棋的小屋子,其诗云:"人闲与世远,鸟语知境静。""独收万虑心,于此一枰竞。"棋轩远离人世,环境幽美,相对弈棋,忘怀尘世,万虑皆消。

王安石(1021—1086),字介甫,号半山,临川(今属江西抚州)人。庆历二年(1042)进士。嘉祐三年(1058)上万言书,提出变法主张。宋神宗熙宁二年(1069)擢升参知政事,行新法,前后两度为相。由于保守派的反对,变法失败。晚年退居金陵(今江苏南京)半山园,封荆国公,世称王荆公。他是北宋著名文学家,被列为"唐宋八大家"之一。王安石喜爱围棋,弈棋是为了"适性忘虑",不太重视棋技,因而棋艺不高。宋人陈正敏《遁斋闲览》记载说:王荆公棋品不高,与人对弈时,未曾细心思考,信手快速下子,看到将要输了,就收起棋局,说:"下棋本来就是贪图适性忘虑,如果苦思劳神,不如不下。"《苕溪渔隐》记录有王安石的绝句诗云:"莫将戏事扰真情,且可随缘道我赢。战罢两奁分白黑,一枰何处有亏成。"读此诗,便可知他说的贪图"适性忘虑"的话,是可信的。然而,黄庭坚弈棋则不然,他有诗云:"心似蛛丝游碧落,身如蜩甲化枯枝。"说明他下棋时冥思苦想,忘怀自身,特别计较输赢,与王安石不同。

王安石认为弈棋的目的在于怡情忘忧,而不在于输赢,因而下棋不愿苦苦思索,不愿殚精竭虑。《苕溪渔隐》所录四句诗就说:弈棋是游戏之事,莫要让它搅扰人的真性情,岂可因为顺应机缘就说我赢了;下完棋把黑白棋子收进两个棋盒,棋盘上哪还有成功与失败的迹象。

王安石经常与棋友对弈,其《对棋与道源至草堂寺》云:"北风吹人不可出,清坐且可与君棋。明朝投局日未晚,从此亦复不吟诗。"后两句是说,能与棋友下棋,就要不顾一切,哪怕明天把棋局扔掉,哪怕从此不再作诗,也在所不惜,要先下个痛快再说。宋惠洪(1071—1128)《冷斋夜话》云:"舒王在钟山,有道士求谒,因与棋,辄作数语曰:'彼亦不敢先,此亦不敢先。惟其不敢先,是亦无所争。惟其无所争,故能入于不死不生。'舒王笑曰:'此特棋隐语也。'""特"当为"持"之误。与惠洪差不多同时的曾慥(?—1155)所撰《类说》卷五十五也记有此事,但题目为"持棋谜",末句为"此持棋隐语也"。明人冯元仲《弈旦评》也作"持棋":"钟山道士持棋隐语,'彼亦不敢先,此亦不敢先'。"早在东汉应场的《弈势》中就有"持棋"一词:"持棋相守,莫敢先动。""持棋"也就是北宋徐铉《围棋义例》训释围棋术语三十二字中的"持",徐铉云:"持,和也。两棋相围,而皆不死不活曰持。……盖取其鹬蚌相持之义,故曰持。"所谓"持棋",即今天所说双活。棋局已成双活之势,黑白双方自然不敢争先了。"舒王"即王安石。政和三年(1113),宋徽宗追封王安石为舒王。请求谒见的道士颇有棋趣,弈棋还让人猜棋谜,王安石对围棋也很在行,能够准确猜出。惠洪《冷斋夜话》还记载:王安石晚年退居金陵钟山时,常与门人薛昂下棋赌诗,输棋则赋梅花诗一首。王安石输了,就写了一首《与薛肇明弈棋赌梅花诗输一首》,而薛昂输了,自己却写不出诗,只好请王安石代作。后来薛昂到金陵当官,有人就此事写诗嘲讽他:"好笑当年薛乞儿,荆公座上赋新诗。而今又向江东去,奉劝先生莫下棋。"

词与辛弃疾齐名的苏轼,弈棋也不重输赢,其"胜固欣然,败亦可喜"的围棋观,颇有影响。苏轼(1037—1101),字子瞻,号东坡居士,眉山(今属四川)人。宋仁宗嘉祐二年(1057)进士。曾上书陈述王安石新法之弊,后因作诗讥刺新法下御史狱,贬黄州(今湖北黄冈)。哲宗时任翰林学士,曾出知杭州、颍州(今安徽阜阳),官至礼部尚书。后又贬谪惠州(今广东惠阳)、儋州(今属海南)。苏轼会不会下围棋?他自己说"不会"。宋人彭乘《墨客挥犀》谓苏轼自己曾说"平生有三不如人,谓着棋、吃酒、唱曲也"。他的《观棋并引》也说"予素不解棋",意即我向来不懂棋。然而,苏轼的诗词多写到围棋,特别是饮酒弈棋,如其《司马君实独乐园》云:"樽酒乐余春,棋局消长夏。"其《阮郎归·初夏》也写到下棋:"碧纱窗下水沉烟,棋声惊昼眠。"北宋诗人、著名画家文同写有《子平棋负茶墨小章督之》,文同是苏轼的表兄,子平即子瞻也就是苏轼,这是文同后人惧怕党祸牵连,删改文同集中涉及苏门文字的缘故。从文同此诗来看,可知苏轼曾与文同对局赌棋,因输给文同茶和墨,文同写诗催要。

苏轼的棋艺不高,不常下棋,但是其《观棋》诗中"胜固欣然,败亦可喜"两句,特别有名,对宋代文人士大夫影响很大,在古代棋史上也很有影响。《观棋》有序云:"予素不解棋,尝独游庐山白鹤观,观中人皆阖户昼寝,独闻棋声于古松流水之间,意欣然喜之。自尔欲学,然终不解也。儿子过乃半且能者,儋守张中日从之戏,予亦隅坐竟日,不以为厌也。"从诗序可知:苏轼游庐山白鹤观,看见古松流水的幽美景色,听见清脆响亮的围棋落子声,非常高兴,因而欲学围棋;他的儿子苏过略通围棋,儋州太守张中每天与之弈棋,他自己在旁观看,一整天也不感到厌倦。苏轼能够整天观棋而不厌,可见他是懂棋、会棋的。他的《观棋》诗云:

赵孟頫《苏轼像》

> 五老峰前,白鹤遗址。
>
> 长松荫庭,风日清美。
>
> 我时独游,不逢一士。
>
> 谁欤棋者,户外屦二。
>
> 不闻人声,时闻落子。
>
> ……
>
> 胜固欣然,败亦可喜。
>
> 优哉游哉,聊复尔耳。

诗歌表现了苏轼喜欢风日清美、古松流水、清幽寂静的环境,特别喜欢在这种环境之中弈棋,说明苏轼向往清闲自适、悠然旷逸的人生境界;"胜固欣然,败亦可喜"两句,表现出他旷达超脱,不以得失为怀,随意自适的弈棋态度。苏轼的这种态度,对后世文人有很大影响。明代茶陵诗派领袖李东阳的《弈说》云:"古之不善弈者曰苏子瞻,其言曰'胜固欣然,败亦可喜',用是知不工于弈者,乃得弈之乐为深。人之达于是者,可与言弈也。"清人王先谦的《观弈次子粹韵》也云:"我如东坡翁,有味在无争。"

诗与苏轼并称"苏黄"、书法与苏轼、米芾、蔡襄并称"北宋四大家"的黄庭坚"颇喜弈棋"。黄庭坚(1045—1105),字鲁直,自号山谷道人,晚号涪翁,洪州分宁(今江西修水)人。治平四年(1067)进士,任国子监教授,知太和县,召为校书郎,任秘书丞兼国史编修官等职。宋哲宗绍圣二年(1095),以修《神宗实录》不实的罪名,贬官涪州别驾。宋徽宗即位,一度起用,后又被除名羁管宜州。黄庭坚年轻时就喜好围棋,多有观棋、弈棋之诗。如其《观叔祖少卿弈棋》云:"世上滔滔声利间,独凭棋局老青山。心游万里不知远,身与一山相对闲。"其《赠赵言》云:"白云劝酒终日醉,红烛围棋清夜深。"其《慈孝寺饯子敦席上奉同孔经父八韵》云:"晴云浮茗椀,飞霰落文楸。"这两句写一边喝茶,一边弈棋的悠闲惬意。茶碗中映着蓝天上的白云,棋子落在棋局上就像急速飞落的冰霰。意境优美,比喻巧妙。黄庭坚最让人称道的围棋诗是《弈棋二首呈任公渐》,其一中的"坐隐不知岩穴乐,手谈胜与俗人言",意谓弈棋时就不知道隐居的快乐,弈棋也胜过与俗人交谈。这两句描写下围棋的乐趣,是广为传颂的名句;其二中的"心似蛛丝游碧落,身如蜩甲化枯枝"两句,谓下棋思考时,心思有如蛛丝般细微,在万里碧空中游弋,给人一种缥缈虚无之感;身体好像蝉蜕一般僵化,附着在枯枝之上,给人凝重停滞之感。这两句描写弈棋时冥思苦想,僵直不动的状态,生动巧妙,入木三分。黄庭坚曾因读了韦曜的《博弈论》而不想再弈棋。他的《书〈博弈论〉后》云:"涪翁放逐黔中,既无所用心,颇喜弈棋,……偶开韦昭《博弈论》,读之喟然,以为真无益于事,诚陶桓公所谓牧猪奴戏耳,因自誓不复弈棋。"所谓"牧猪奴",指赌徒。但是在贬谪黔中(今重庆彭水)期间,生活凄苦,心灵孤独,只有弈棋才能忘却忧愁苦闷,而获得暂时的慰藉和解脱。后来贬谪到宜州期间,几乎是天天下围棋。

孔平仲弈棋,赢了就作诗。孔平仲,字义甫(一作毅父),临江新淦(今江西新干)人。治平二年(1065)进士。历官秘书丞、集贤校理、户部员外郎等。孔平仲与唐宋八大家之一的曾巩友好,常与他下棋饮酒,并作诗唱和。曾巩的《和孔平仲》云:"双烛纵谈樽酒绿,一枰销日纸窗深。""一枰"指棋局,"销日"指消磨时日。孔平仲认为围棋"欣然趣自得,其乐胜书画"。他的棋技高超,经常赢棋,赢了就写诗记录,并嘲讽对手。棋友董承君常被他嘲笑,如其《嘲承君》《一胜篇》《承君输棋八路》《承君输十三筹》等。其《一胜篇》云:"我与承君棋,结局赢一路。太多亦何用,停则无胜负。""赢一路"即赢一子。他的《承君输十三筹》云:"欲知输筹数,计月乃闰年。""筹"为竹签、筹码一类的东西,用于记输赢的局数。"闰年"为十三个月,呼应"十三筹"。棋友张子厚常自夸棋艺,与孔平仲对弈,结果大败,孔平仲作《戏张子厚》嘲讽:

> 子厚夸善棋,益我以五黑。
>
> 其初示之赢,良久出半策。
>
> 波冲与席卷,揉揉见败北。
>
> 我师如玄云,汗漫满八极。
>
> 子厚若残雪,点点无几白。

诗谓张子厚自夸善棋,与我对局,非要给我增加五个黑子(即让我五子),起初我故意表现出弱势,过了一会儿,我使出一点儿计谋,棋势或如水波冲击,或如海浪席卷,一会儿牵制,一会儿驱逐,结果他输得一塌糊涂。棋盘上乌压压多是我的黑子,好像漫无边际的黑云,而张子厚的白子则所剩无几,如残雪点点。此诗不仅仅是戏谑、嘲笑张子厚输棋,而且也炫耀了自己棋技的高超。

北宋的文人士大夫中,棋艺最高的要数吕溱、祝不疑。吕溱,字济叔,扬州(今属江苏)人。宋仁宗宝元元年(1038)进士,官至枢密院直学士。明人陈继儒《珍珠船》云:"欧阳永叔每夸政事,不夸文章,蔡君谟不夸书,吕济叔不夸棋,……大抵不足则夸也。"吕溱的棋技能与唐宋八大家之一的欧阳修的文章、北宋四人书法家之一的蔡襄(字君谟)的书法并列,可见其水平之高。祝不疑的棋艺颇高,声名远播,连宫廷的棋待诏也有耳闻,甚至令第一国手、棋待诏刘仲甫畏惧,不敢与之对局,"恐贻国手之羞"。祝不疑弈棋能让大国手、棋待诏敬畏,真所谓"高手在民间",古代围棋史上少有。

北宋仁宗皇祐(1049—1054)年间,出现了一部划时代的棋艺经典著作《棋经十三篇》。李逸民的《忘忧清乐集》最早收录此书,署名为"皇祐中张学士拟撰",南宋陈元靓《事林广记》则谓《棋经十三篇》的作者是张靖。有学者认为,该书作者应是张靖,因"拟撰"的"拟"是"仿拟"的意思,即仿拟《孙子兵法》十三篇的体例,著名学者余嘉锡、围棋史专家李松福等人也认为作者为张靖。《棋经十三篇》总结千余年来的棋艺经验,全面、系统地论述了围棋的基本理论和实践技艺,对棋手特别是初入门径者具有很强的指导意义。

二、南宋以棋解忧的文人士大夫

南宋的文人士大夫,受到统治者偏安享乐思想的影响,向往风雅清脱的生活,而弈棋正好成为忘忧遣闷,陶冶性情的生活方式。喜好围棋,棋艺高超的主要有王十朋、范端臣、陆游等人。

王十朋力主抗金,收复中原,但不为所用,只好弈棋解忧。王十朋(1112—1171),字龟龄,号梅溪,温州乐清(今属浙江)人。绍兴二十七年(1157)进士第一,累官国史院编修、起居舍人、侍御史、吏部侍郎等,以龙图阁学士致仕。喜好围棋,晚年尤甚。其《弈棋》诗云:"光景老尤惜,忍销柈弈间。娱宾欠丝竹,一局战清闲。"黄岩有隐士赵十朋好酒嗜棋,写有《绝句》云:"四枚豚犬教知书,二顷良田尽有余。鲁酒三杯棋一局,客来浑不问亲疏。"诗中的"豚犬",本指猪和狗,此用以谦称自己的儿子;"鲁酒",鲁国出产的酒,酒味淡薄,此用作薄酒、淡酒的代称。这四句诗意谓:我有四个儿子,都教他们读书;家有两顷良田,吃穿有余。我自己则饮酒弈棋,如有客来,不管远近亲疏,拉来一起喝酒下棋。王十朋读到这首诗很高兴,立即酬和一首云:"薄有良田种斗升,两儿传授读书灯。客来一局三杯酒,王十朋如赵十朋。"意谓略有良田能够收获升斗粮食,有两个儿子都让他们灯下读书,如有客来就下一局棋喝几杯酒,王十朋就像赵十朋。这事成了棋坛趣话。

范端臣的棋艺很高，名气颇大。范端臣，字元卿，生卒年不详，兰溪(今属浙江)人。高宗绍兴年间进士，官至中书舍人。南宋人洪迈《夷坚志》谓"范元卿，以棋品著声于士大夫间"，经历过的庠序(指学校)、馆阁，无人不知。范端臣之弟范端智也擅长围棋，棋技与范端臣相当，但常以棋赌博。

南宋著名爱国诗人陆游也喜好围棋，所写诗歌涉及围棋的不少。陆游(1125—1210)，字务观，号放翁，越州山阴(今浙江绍兴)人。宋孝宗即位，赐进士出身，曾任镇江、隆兴通判。乾道八年(1172)，入四川宣抚使王炎幕府。宋光宗时，除朝议大夫、礼部郎中。后被劾去职，归老故乡。闲暇时光，陆游以围棋消闲解闷。他的《晨起》云："此身犹着几两屦？长日惟消一局棋。"意谓此身还能穿几双鞋，漫长的白天只有通过下棋来消遣。他的《春日》云："排闷与儿联小句，破闲留客战枯棋。""排闷"，即排遣烦闷。"破闲"，犹消闲。陆游常与僧人道士对弈。他的《用短》云："畦地闲栽药，留僧静对棋。"他的《夏日北榭赋诗弈棋欣然有作》云："悠然笑向山僧说，又得浮生一局棋。"他的《村居》云："能酿人家分小榼，爱棋道士寄新图。""小榼"，即小酒杯。"新图"，即新棋谱。陆游常在疏竹、古松、花下弈棋，环境清静幽美，令人心旷神怡。他的《书怀》云："消日剧棋疏竹下，送春烂醉乱花中。""消日"，指消磨时光；"剧棋"，指游戏弈棋。他的《冬晴日得闲游偶作》云："诗思长桥蹇驴上，棋声流水古松间。"他的《明日开霁益凉复得长句》云："蛱蝶飞来停酒榼，石榴飘落糁棋枰。"意谓蝴蝶飞来停歇在酒杯上，石榴花飘来散落在棋盘上。陆游通过描写棋声的稀疏来表现弈者的冥思苦想，颇有意味，他的《山行过僧庵不入》云："茶炉烟起知高兴，棋子声疏识苦心。"陆游以棋为喻，巧妙妥帖，常用弈棋比喻世事变化无常。他的《放歌行》云："人间万事如弈棋，我亦曾经少壮时。"他的《秋晚》云："世事无穷似弈棋，不如常采故山芝。"陆游专咏围棋的诗不多，但涉及围棋的诗歌数量，可以说是古今之冠。

第六章

元代棋坛的沉寂

　　元代棋坛比较冷寂,没有出现著名的围棋国手,只有严德甫、晏天章编撰的《玄玄棋经》影响较大,它是我国古代围棋的集大成式著作,堪称我国古代综合性棋艺著作的光辉典范。

第一节　好弈之帝元文宗

　　元朝是蒙古贵族统治,受汉族先进文化的影响,喜好围棋的帝王模仿汉族政权的惯例,在宫中设置专职棋官,名为"国师"(大约元代不称"棋待诏"而改称"国师"了),以满足帝王弈棋和观棋娱乐的需要。元文宗不但常召国师对弈,而且还重视围棋的治国作用。虞集的《玄玄棋经序》记载说:天历年间,虞集曾在翰林院为官,担任奎章阁侍书学士。元文宗在朝政之余暇,随意地涉猎各种技艺,常召国师对弈,虞集侍奉于左右。元文宗在下棋时对虞集说:"从前你的本家虞愿,曾经对宋明帝说围棋不是君主所应喜好的,确实如此吗?"虞集回答说:"自古以来,圣人制作器物,蕴含精深微妙的义理,各种器物,尽其所用,没有无益的学习。所以,孔子认为下围棋总比闲着好,孟子认为学习围棋,如果不专心致志,则学不好。况且围棋的技法与国家政令的规划、军队布阵的谋划,有相通之处,学习弈棋能够产生居安思危的警觉。"元文宗听了虞集这番话,十分赞同,并采纳其说,还让虞集在棋具上镌刻"周天画地,制胜保德"的铭文,铭文的意思是:棋子像圆天,棋局像方地上的画线,制服对方以取胜,保持自己的美德。由于元文宗与大臣虞集的倡导,围棋在当时较为流行。

第二节　好棋善弈的文人士大夫

　　元朝国祚不长,围棋的成就不大,棋坛较为沉寂,没有出现像唐代王积薪、宋代刘仲甫那样的著名国手,喜好围棋的文人士大夫中,有名的有刘因、虞集、黄庚、叶颙等人。

　　刘因是元代著名诗人,曾诏征为赞善大夫,不久即辞归。他下围棋不计较胜负,"输赢都付欣然",具有苏轼那样旷达放逸、淡泊忘机的情怀。他的《对棋》诗云:"直钓风流又素琴,也应似我对棋心。"意谓姜太公直钩垂钓而意不在鱼,陶渊明持有素琴却性不解音的心态,就像我对围棋的心态。他的《老大》诗云:"客来恐说闲兴废,茶罢呼棋信手拈。"他的《清平乐·围棋》下阕云:"输赢都付欣然,兴阑依旧高眠。山鸟山花相语,翁心不在棋边。"正因为心不在棋,信手下子,随意洒脱,所以输赢都很高兴。

　　虞集是元代文坛巨擘,官至翰林直学士兼国子祭酒,奎章阁侍书学士。他喜好围棋,深明弈理,晚居临川(今属江西),名弈之士,多有造访;他有诗描绘高雅脱俗的棋人(仙人、真人)和弈境(橘中、商山),反映出作者对棋道的定位;他晚年还为严德甫、晏天章编辑的《玄玄棋经》作序,在序言中强调儒家的正统与道家的玄妙,与围棋起源于战国纵横家的说法大异其趣。

　　诗人黄庚善围棋,写诗多有涉及。黄庚,字星甫,号天台山人,天台(今属浙江)人。出生宋末,早年习举子业,元初未实行科举考试,就"放浪湖海,发平生豪放之气为诗文"。其《棋声》诗云:

　　何处仙翁爱手谈,时闻剥啄竹林间。

　　一枰子玉敲云碎,几度午窗惊梦残。

　　缓着应知心路远,急围不放耳根闲。

　　烂柯人去收残局,寂寂空亭石几寒。

　　首联描写竹林里不时传来剥啄的棋声,却不见下棋之人,因而作者怀疑是神仙在下棋。颔联描写棋盘上的黑白玉石棋子,就像天上敲碎的黑白云朵;中午时分窗前弈棋的落子声,多次惊破他人的睡梦。颈联描写落子缓慢,棋声稀疏,可知下棋之人思考时间的久长;急切围吃,棋声密集,下棋之人不断听到落子声,耳朵难得空闲。尾联描写弈棋结束的情景:下棋的人离去,棋盘上留着残局,只见空亭幽寂,石桌清寒。尾联运用"烂柯"之典,以景结情,意味悠长。

　　隐逸诗人叶颙极好围棋,颇有闲雅和幽趣。叶颙(1300—1374),字景南,金华(今属浙江)人,终生隐居。民国年间金华永康胡宗懋编纂《续金华丛书》,收入叶颙诗集《樵云独唱》六卷,校勘后写有跋文说:元代金华同时有两个叶颙,一个隐居,一个为官。……以"景南"为字的叶颙,隐居金华的叶宅畈,幼年起尽心于学问,看到时事不好,"乃居芙蓉峰顶,自号云顶天民,寄情吟啸"。

　　叶颙写有《围棋》诗云:

　　围棋白日净,举袂清风吹。

　　神机众未识,妙着时出奇。

　　我老天宇内,白雪凝须眉。

　　坐阅几输赢,历观迭兴衰。

　　古今豪杰辈,谋略正类棋。

　　局终一大笑,惊起山云飞。

　　诗中把围棋的计谋与豪杰的谋略,围棋的输赢与朝代的更替相联系。第一、二句写弈棋的惬意。天气晴朗之时,两人对弈,举手落子,清风拂袖。第三、四句写弈棋运用奇谋妙计。谋略机巧,众人不识;嘉谋妙着,不时出奇。接下来的四句写作者自己年纪老大,须眉尽白,看惯输赢,历经兴衰。最后四句表达作者对弈棋输赢、朝代兴替的看法。作者认为古今的英雄豪杰,争夺权势地位,运用谋略正如弈棋。末尾两句,表现出作者洒脱、旷达、豪爽的性情。"局终一大笑",说明作者把弈棋的输赢、豪杰的谋略,根本没有放在心上。

　　顺便提一下元代的民间围棋高手"地仙丹"。元代的民间围棋高手,见诸记载的甚少,有个外号叫"地仙丹"的,号称"国手"。元人蒋子正(一作蒋正子)《山房随笔》记载谓:永嘉的余德麟与道士聂碧窗下围棋,余德麟经常输棋,他就叫来有"国手"之称的"地仙丹",欺骗聂碧窗说:我有个仆人很会下围棋,本想与他对弈,但我不敢。聂碧窗就让余德麟把"地仙丹"叫来,与之对局,聂碧窗连输数局。余德麟在一张纸上写下 10 个字:"可怜道士碧,不识地仙丹。"聂碧窗看了大笑,并说:我本来就怀疑他不平常。

第七章

明代围棋的蓬勃发展

　　明代棋坛生机勃勃,明太祖、明成祖都好弈,特别是文人士大夫,大多善弈,不仅棋技高超,常与国手对弈,而且多撰写有棋艺著作。明代中期出现的永嘉、新安、京师三大棋派的鼎立,把明代围棋的发展推向了高峰。明末出现的过百龄,则是明代弈坛最负盛名的国手。特别值得一提的是,明代出现了极为珍贵的棋子——"永子"。明代中期,云南永昌(今保山)人李德章用当地的玛瑙、玉石等原料融化成汁液,采用滴制法炼制出"永子"。明人谢肇淛《滇略》云:"永昌人……以玛瑙合紫石粉而煅之以成棋子,莹润细腻甲于天下。"清人刘昆《南中杂说》云:"滇南皆作棋子,而以永昌为第一。其色以白如蛋清,黑如鸦青者为上。……烧棋之人,以郡庠生李德章为第一,世传火色,不以授人也"。"永子"被敕令为地方上贡朝廷的贡品,也受到围棋高手和文人士大夫的推崇,被称为棋中圣品。

第一节　明代擅棋的帝王和文人士大夫

一、喜好弈棋的明太祖、明成祖

明代喜好围棋的帝王要数明太祖朱元璋和明成祖朱棣。朱元璋自己经常和大臣弈棋,却严厉惩处民间博弈者,甚至关进逍遥楼饿死,因而使民间围棋活动一度冷落。朱棣好棋胜过其父朱元璋,不但喜欢弈棋,而且喜欢观棋。

明太祖朱元璋喜欢围棋,朝政余暇,常与臣僚对弈。明人王文禄《龙兴慈记》记载有太祖与开国功臣刘基(字伯温,封诚意伯)弈棋之事,但其中关于刘基"观乾象有变",半夜用金瓜椎击打宫门找太祖弈棋而实为救驾的记载,却是传奇手法,不可轻信。《元明事类抄》还记载有太祖与刘基弈棋时以围棋对对子的事,太祖出以"天作棋盘星作子日月争光",刘基对以"雷为战鼓电为旗风云际会",气势恢宏,表现出帝王宰辅的气魄。据传二人对出的对子还有"围棋饮酒一着一酌,弹琴赋诗七弦七言""一角棋枰寻橘中真乐,双奁黑白得盘底仙机"等。清人魏瑛《耕蓝杂录》有明太祖弈棋不假思索,却能必胜一子的记载:

明太祖智勇天纵,于艺事无所不通,惟于弈棋不耐思索。相传其与人对弈,无论棋品高低,必胜一子。盖每局必先着,辄先于枰之中间,孤着一子。此后,黑东南则白西北,黑右后则白左前,无不遥遥相对,着着不差。至局终,则辄饶一子也。帝王自有真,非凡手所能拟议矣。

这段话明显在吹捧明太祖。所谓"天纵",即天所放任,意谓上天赋予,常用以谀美帝王;"艺事",指技艺;"不耐思索",即不愿意思索。下棋不愿意思索,却能"必胜一子",还谓帝王自有天性,不是一般棋手所能比拟的。这样的溢美之言,不可全信。

据《莫愁湖志》记载,明太祖朱元璋还曾在南京三山门外的莫愁湖畔与中山王徐达赌弈。据说朱元璋与开国功臣徐达在莫愁湖边对弈,徐达将朱元璋的棋子吃掉,棋枰显出"万岁"二字,朱元璋顿时龙颜大悦,遂下诏将湖赐给徐达,并下旨在湖畔修建一座楼,还亲自书写"胜棋楼"三字赐给徐达。这个传说也不可信,双方对弈时,不可能使棋子在棋盘上呈现"万岁"二字。不过,"胜棋楼"却成为南京的一处名胜。

明太祖虽然自己经常弈棋,却严厉惩处不务正业、游荡懒惰的赌博之徒,使民间弈棋一度冷落。明人周漫士《金陵琐事》记载:

明太祖造逍遥楼,见人博弈者、养禽鸟者、游手游食者,拘于楼上,使之逍遥，尽皆饿死。

明人顾启元的《客座赘语》有更详细的记载：民间传说淮清桥北边有座逍遥楼，是明太祖下诏修建的，专门用来关押那些游荡懒惰、嗜好赌博的人。根据陈沂《维祯录》记载，明太祖厌恶游手好闲，赌博成性者，凡是不事生产，游荡赌博的人，都抓捕来关押在这座楼里，并把这座楼叫作"逍遥牢"。

明太祖严厉施行务本逐末的政策，打击"不务耕种""不事生产"的游惰赌博之民，动用酷刑，实属罕见。这对当时的棋类发展形成一定的打压，致使当时的弈棋活动冷寂萧条。

明成祖朱棣比其父朱元璋还热衷围棋。当他还是燕王时，明太祖就征召弈师相礼（号子先）、楼得达等陪侍他弈棋。洪武三年（1370），朱棣被封为燕王，明太祖征召相礼入京，命与年仅11岁的燕王对弈，同时被征召入京的还有楼得达。相礼以"天下无敌手"自居，非常自负，看不起楼得达。明太祖命两人对局比赛，密令中官将一张纸片压在棋局下，准备赐给获胜者。相礼大意轻敌，几局下来，楼得达累胜，赢得了纸片上画的冠带告身。所谓"冠带"，比喻封爵、官职。所谓"告身"，指古代授官的文凭。相礼懊悔莫及，闷闷不乐而归。

朱棣为燕王时，还曾与刘基的次子刘璟对弈。《明史·刘基传》记载：刘璟是刘基的二儿子，少年时喜欢读书，精通儒家典籍，擅长弈棋。燕王朱棣曾与刘璟对弈，朱棣说："你不让我一点儿吗？"刘璟严肃地说："该让的地方就让，不该让的地方就不让。"朱棣无言以对，只好默不作声。朱棣当上皇帝后，征召刘璟，刘璟称病不至，朱棣就派人将其抓捕入京。刘璟见到朱棣，还是称"殿下"，并且说：百代以后，殿下仍然逃不出一个"篡"字。朱棣下旨把刘璟关进监狱，刘璟上吊自杀。刘璟刚正不阿，指责朱棣的帝位是篡夺来的。

朱棣即位后，不但喜欢弈棋，还喜欢观棋。据《明史·盛寅传》记载，盛寅是明代有名的医师，曾给明成祖诊脉，治好了他的风湿病，被授以御医。一次，盛寅正和另一御医在御药房弈棋，恰逢明成祖驾到，两人吓得要命，赶忙收拾棋局，伏地谢罪。没想到，明成祖不但没有怪罪他们，还让他们继续下棋，自己坐在一旁观战。盛寅连赢三局，明成祖看了很高兴，就命他作诗，盛寅立刻就做成一首,成祖更加高兴,赏赐给他一个象牙棋枰和一首词。

二、明代好弈的文人士大夫

1.明太祖至英宗时,文人士大夫除了刘基、刘璟父子善弈,还有钱允升、唐理等人。

有"棋仙"之称的钱允升(约1350—1431),字仲益,无锡(今属江苏)人,博览经史,长于诗,曾任杭州录事、太常博士、翰林院修撰。棋艺高超,待诏宫中,明成祖尝呼之为"棋仙"。钱允升写有《弈棋诗》表明自己对围棋的喜好:"我老无所好,所好唯弈棋。每遇对手敌,竟夕不告疲。"意谓自己年纪老大,没有什么爱好,唯一的爱好是下围棋;遇到棋技相当的对手,下个通宵都不会疲倦。"方当得意时,如病逢良医。又如好饮人,妙趣只自知。"意谓每当下棋称心如意时,就像久病的人遇到良医,又像喜欢饮酒的人,妙趣只有自己知道。

山西洪洞广胜寺明应王殿西壁《弈棋图》

有"吴中第一高手"之称的唐理,字孟淳,无锡(今属江苏)人,官至陕西河渠提举。酷好围棋,棋技过人。据《无锡县志》记载,唐理尝于阳羡山中遇到蜀地雅州的买茶道士,与之对局三日三夜,棋技大进,遂成为吴中第一高手。唐理家有竹素园,楸枰满四座,妻妾都能弈棋。唐理还把棋技传授给他的女婿,后来其女婿棋力与他相当,还能与他一争胜负。

2.明宪宗至武宗时,文人士大夫中的著名棋手有李东阳、赵九成、范洪等。

明人王世贞《弈旨》谓:明武宗正德年间,宰相府的李东阳(谥文正)、杨一清(谥文襄)、乔宇(谥庄简)诸公,都好围棋。明人冯元仲《弈旦评》云:

正德之李文正、杨文襄、乔庄简,士大夫中之冠军也。

李东阳(1447—1516),字宾之,号西涯,湖南茶陵人,英宗天顺八年(1464)进士,授编修,累迁侍讲学士,充东宫讲官,礼部侍郎兼文渊阁大学士,孝宗弘治八年(1495)入内阁,参预机务。李东阳政治地位很高,又是京中艺文领袖,家中门生云集,座客常满。他酷爱围棋,继承了苏轼的围棋观,弈棋不看重输赢,主张为陶情娱乐而下棋。其《棋说》云:

> 古之不善弈者曰苏子瞻,其言曰:"胜固欣然,败亦可喜。"用是知不工于弈者,乃得弈之乐为深。人之达于是者,可与言弈也。世之善喻世者,必以弈。以弈观世,鲜有不合者也。

李东阳的《与李中舍应祯同饮时旸邸归叠前韵》也说:"胜欣败亦喜,有技岂必工。"尽管如此,李东阳弈棋也不是信手而下,还是深思熟虑,也有颇觉"下子难"之时,其《雪夜观水精棋戏作》云:"雪月光中夜未阑,楸枰乱落水精寒。情贪白战停杯久,眼入空明下子难。"诗中的"楸枰",即棋盘;"水精",即水晶,指水晶棋子;"白战",指互相搏杀。这四句诗意谓,雪后的月光之夜,两人对弈,棋盘上黑白棋子纷乱,贪图搏杀很久没有拿杯喝茶,看得明白透彻时难于下子。

李东阳也十分重视棋德,其《题邵翁棋墅卷》云:"弈棋虽细事,可以观小德。非无胜负争,亦足较曲直。"意谓下棋虽然是小事,但可以观察弈者的德行,并非只是争夺胜负,亦可以看出其是非观念。李东阳与杨一清(官至吏部尚书,以武英殿大学士参预机务)、乔宇(弘治中擢太常少卿,改兵部尚书,参预机务)并称为"京中士大夫三冠军",鄞籍国手范洪游京师时,三人都与之对局,欢乐和洽。

明孝宗弘治年间的国手赵九成,鄞县(今浙江鄞州)人,据《宁波府志》记载:赵九成以棋技高超游览京城,京城的所有棋士与之对局都输了。明孝宗召至宫中,让赵九成与高手对弈,果然棋技超过同辈,他的行棋谋算,多出古棋谱之外。明孝宗说:"真是国手!"随即任命为鸿胪寺官员,按班行位次侍奉皇上。明代宫廷未设置"棋待诏"这样的职位,赵九成的职责应该与唐、宋"棋待诏"的性质相同,即专门侍奉皇帝下棋。

明武宗正德年间的国手范洪,字元博,别号全痴,鄞县(今浙江鄞州)人。据《宁波府志》记载:范洪,居住于鄞州城南,生而聪慧奇特,性情清正耿直。自小即为科举考试而准备学业,然而屡试不中,遂有隐居之志,以弈棋自娱。后来挟技游览京城,当时李东阳、杨一清、乔宇执政,经常请他去对弈,非常欢乐和洽。

范洪对达官贵人不阿谀奉承,因此李东阳等人也"见礼益甚"。他与别人对弈,常根据对手棋品的高低,不求大胜,也不输棋,遂有"国手"之名。当时的人以金忠的占卜、袁珙的相术、吕纪的绘画、范洪的围棋为"四绝"。范洪为李东阳等人所推崇并不是偶然的,他的技艺和人品都可作为棋手的楷模。对于围棋国手来说,如果只是技艺高超,而人品低下,则难免为人诟病。

3. 明世宗至神宗时,文人士大夫中的知名棋手有王世贞、陈继儒等。

撰写有《弈旨》《弈问》的王世贞(1526—1590),字元美,号凤洲,又号弇州山人,江苏太仓人。明世宗嘉靖二十六年(1547)进士,官至南京刑部尚书。明代著名文学家,"后七子"诗派领袖。王世贞喜好围棋,曾邀请当时的国手李釜(字时养)为门客,并与李釜论弈。王世贞还是历史上第一个系统研究围棋史的人,所撰《弈旨》历述千余年来弈坛棋手和大事,尤详于明代弈坛,对永嘉、新安、京师三大棋派的特点以及各派棋手的变化有中肯的评价,极力推崇李时养、颜伦、鲍一中、程汝亮为明代第一品。

与著名棋手颇有交谊的陈继儒(1558—1639),字仲醇,号眉公,又号麋公,松江华亭(今属上海)人,隐居终老。工诗善文,兼善书画,名重一时。他与明代著名棋手李釜、雍皞如、苏具瞻等都有交往,曾为雍皞如的《弈正》、苏具瞻的《弈薮》作序。

第二节　明代中期永嘉、新安、京师三大棋派的鼎立

明世宗嘉靖至明神宗万历年间,是明代围棋的鼎盛时期,棋坛高手辈出,流派纷竞,以地域而形成永嘉派、新安派、京师派三大流派,鼎足而立,三派中有四大家(鲍一中、程汝亮、颜伦和李釜)被认为是第一品的国手。王世贞的《弈旨》记载:永嘉派的代表人物有鲍一中、李冲、周源和徐希圣。鲍一中在范洪之后,因出生较晚,未及与范洪对弈较量,但棋品超过范洪。杨一清称呼鲍一中为"小

友"，并为他在江淮间传扬声誉。李冲出生较晚，渐渐地与鲍一中同列。周源又比李冲出生晚，徐希圣又比周源出生晚，慢慢地都能与鲍一中对弈较量，可惜徐希圣早死。徽派的代表人物有汪曙、程汝亮。婺源汪曙的棋技要差鲍一中一子，程汝亮比汪曙年纪小，但棋技超过汪曙。京师派的代表人物有颜伦、李釜。颜伦弈棋善于判断结局，不差一子，足迹遍天下，无能敌者。而李时养比颜伦年轻，与颜伦对弈较量，颜伦爱惜声誉，不再应战，远走吴中。永嘉即浙江温州，因而永嘉派又称浙派；徽派又称新安派，徽州就是古新安。三派的划分，主要是依据地域而不是棋艺风格。

王世贞的《弈旨》还谈及三派中一些棋手的技艺特点：

譬之用兵，鲍如淮阴侯有搏沙之巧，李则武安君横压卵之威，颜则孙吴挟必胜之算，程则诸葛修不破之法。虽奇正时出，攻守异势，要之，皆称善师者矣。

王世贞以用兵之法比喻三派主将的棋艺特点：鲍一中的棋技有如淮阴侯韩信囊沙（用袋子装沙）破敌的机巧。据《史记·淮阴侯列传》记载，楚汉相争时，韩信与楚将龙且作战，用袋子装沙，堵住潍水上流，等楚军过河之时，挖开沙袋，放水冲淹，大败楚军。李冲的棋技则有战国时赵国大将李牧置敌于累卵（堆叠的蛋，比喻极其危险）之境，一压即碎的威势。《史记·廉颇蔺相如列传》记载：赵王以李牧为大将军，李牧于宜安进攻秦军，大破秦军，秦将桓齮败走，赵王封李牧为武安君。颜伦的棋技则有春秋时兵家孙武和战国时兵家吴起持有的必胜之谋。程汝亮的棋技则有诸葛亮修成的严谨缜密而不露破绽之法。

一、永嘉派的主将

永嘉派的开宗领袖是鲍一中，字景远，约生于明武宗正德五年（1510），永嘉（今浙江温州）人。如王世贞《弈旨》所说，鲍一中生于范洪之后，没有机会和与范洪对弈，但他的棋艺比范洪高。杨一清与他友善，称他为"小友"，并为他在江淮间扬名。由于鲍一中的名声很大，当时江淮间的文人都知道他。《西游记》的作者吴承恩就与鲍一中交情深厚，写有《围棋歌赠鲍景远》云：

海内即今推善弈，温州鲍君居第一。

我于二十五年前，已见纵横妙无匹。

当时弱冠游淮安，后来踪迹多江南。

品流不让范元博，收奖先蒙杨邃庵。

能棋处处争雄长，一旦遇君皆怅惘。

甲第公侯饰马迎，玉堂学士题诗访。

吴承恩在诗中写道，鲍一中的棋品超过范洪（字元博），得到过宰辅杨一清（号邃庵）的褒奖；有的围棋高手跑来与他一争高下，一旦对局就输棋，觉得很失落；当时的王公贵族都迎接他到府上弈棋，文人学士都写诗称赞而且拜访他。

稍晚于鲍一中的永嘉派主将李冲，棋艺与鲍一中可相抗衡。王世贞《弈旨》记载：永嘉郡守编写郡志，记载技艺曰："鲍一中，弈品第一，李冲次之。"李冲不满意，认为自己的棋品不低于鲍一中，郡志就不记载。王世贞《弈旨》还记载"最后冲且老矣，与时养战，大败，数避匿"。吴承恩写有《后围棋歌赠小李》云：

昔年鲍景远，吾尝赠之诗。

纵横妙无匹，谓是棋中师。

今年邂逅得小李，未知与鲍谁雌雄。

诗中的"小李"可能是李冲，因吴承恩写有《围棋歌赠鲍景远》赞美鲍一中，李冲就向吴承恩"苦苦索诗攀鲍例"，吴承恩就又写《后围棋歌赠小李》，说他今年偶然遇到小李，不知他与鲍一中的棋技，谁高谁低。诗中还称扬"嗟君此手信绝伦，满堂观者惊犹神"。

永嘉派的另两员主将周源、徐希圣，事迹不详，棋艺皆"骎骎角鲍者"，意谓渐渐地可与鲍一中较量。

二、新安派的主将

新安派的开山宗师是汪曙，婺源（今属江西）人，与鲍一中同时，棋力"不及鲍者一子"，著有《弈隅通会》，重刻过《玄玄棋经》。汪曙之后的程汝亮，字景明，号白水，歙县（今属安徽）人。年龄小于汪曙，但棋艺过之，乃是新安派杰出的领袖。程汝亮少游吴中，与京师派挟技南下的李釜进行多番角逐，初不敌之，后来成为李釜的劲敌，博得吴中棋艺评论家的一致推崇。可惜早卒，逝世时三十多岁。传世有《程白水遗局》。王世贞《弈旨》谓程汝亮与李时养、颜伦、鲍一中四人"以当明第一品无愧也"。

三、京师派的主将

京师派的领袖是颜伦、李釜。明人冯元仲《弈旦评》云："京师派，则有颜伦、李釜，若而人为之冠。釜，即时养。颜，即'决局不差一道'者也。"颜伦，字子明，或说号橘园，是京师派的开创者，与永嘉派的鲍一中南北齐名，弈棋能预判输赢若干子。王世贞《布衣李时养墓碣铭》云："当是时，天下之名弈，南则鲍某，北则颜伦，而识者差为颜左祖。"王世贞认为，虽然鲍、颜南北齐名，但行家却略微偏祖颜伦。王世贞还谓颜伦最初独霸北方弈坛达十年之久，其《后围棋歌赠李时养》云："燕中国手颜子明，十年坐制中原盟。"颜子明，或误作"阎子明"，因"颜"与"阎"音同而字误。沈榜《宛署杂记》云：

都下……嘉、隆之间，因有八绝之号，……阎橘园围棋绝。阎讳子明，与人对局，布势十余着，即能预定输赢子若干。或棋穷日夜，令次第再布原局，无一遗忘者。

清人英廉等编《钦定日下旧闻考》引《燕山丛录》云：

阎子明善围棋，下子十余，便知胜负。所在终日对局，令再布，不差一子。隆、万间推第一。

颜伦晚年惨败于二十岁游京师的余姚人岑乾之手。孙𬭁的《述棋赠汪生绍庆》云：

> 颜叟京师技，足迹天下遍。
>
> 晚与岑生角，一败至欲窜。
>
> 岑乃吾姚人，儿时精弈算。
>
> 随父游上国，尔时方弱冠。
>
> 自弈胜颜后，声名胜里谚。

岑乾弱冠之年随父游京城，与颜伦对弈，遂大败颜伦，此后，岑乾的名声就像民间谚语一样广泛传播。颜伦主要是年老体弱，精力不济，因岑乾觉得与之对弈取胜，并非易事，他曾对友人说："与颜弈，必谢人事，养十日精力乃可。"

李釜，字时养，里籍不详，活动于北京、江苏、安徽一带。最初，李釜的棋艺远在颜伦之下。后来，棋技大进，达到与颜伦争先的水平，形成了京师派双雄并峙的局面。李釜在京城，因棋艺超绝，不仅受到达官贵人的争相邀请，而且宦官也常邀约他下棋饮酒。王世贞《布衣李时养墓碣铭》云："李子既以弈名，燕中贵人争延致之，而诸常侍尤数李子坐而弈，且饮食也。""诸常侍"，指宦官。"数"，意谓亲近。宦官尤其亲近李釜并时常邀请他弈棋、宴饮。然而，"两雄不并立"，当李釜的棋技超过颜伦时，颜伦罢弈护名，遂远走吴中。王世贞《布衣李时养墓碣铭》云："李子始出其下远，已而渐与之敌，至争先，颜虞（料想）其不胜也，为罢弈。"王世贞《弈旨》也云："颜伦……足迹遍天下，无能当者。而李釜时养晚出，遂与之角（较量），伦护名，不复肯应，乃游吴中。"颜伦离去，李釜成为嘉靖至万历年间最负盛名的京师派国手。他曾击败永嘉派的李冲，又与程汝亮、岑乾、方新等名手屡次角逐，战绩甚优，被推为海内第一品。李釜晚年离开燕京，游历江南，定居松江，与王世贞、王世懋兄弟交情深厚。王世贞和李釜探讨棋理、棋艺，撰写了《弈旨》《弈问》，并亲笔书写赠送给他。王世懋写有《赠弈者李生》云：

> 李生晚自燕台至，妙解直与颜相持。
>
> 自言三载渡淮后，方幅所遇无藩篱。
>
> 嗟我平生好奇士，眼中往往多长技。

王世懋在诗中赞美李釜精通棋技，与颜伦相当，所经之地没有遇到敌手，并慨叹自己平生喜好奇士，眼中常常看到别人最擅长的本领。

余姚人岑乾大胜京师派领袖颜伦，标志着全国弈坛三派鼎立的局面开始被打破，以余姚岑乾、扬州方新、福建蔡学海等为代表的新一代少壮派开始渐次崛起，预示着一个群雄混战的时代即将到来。

第三节　晚明时期的苏、浙、皖、闽棋坛

继明代中期永嘉派、新安派、京师派三派鼎足而立、相互竞争的局面之后，

晚明时期,棋坛的中心仍然是江南和北京,但繁荣区域已经出现了从江苏、浙江、安徽、北京扩展到福建、湖南、湖北等地的趋势,形成了战国纷争、群雄并起的局面。

一、晚明时期江苏棋坛的著名棋手

晚明时期,江苏棋坛的著名棋手有方新、王寰、过百龄等。过百龄的棋艺超群绝伦,为棋坛霸主。

"于弈有神解"的方新,扬州(今属江苏)人,幼年即知弈。《重修扬州府志》记载:

六七岁时,父与客弈,抱至膝上,新指客某道可攻,父不听而客胜。此收局,客折(判断)之曰:"本不可攻也。"新再布如前,指攻之,客大败。

方新成年以后,棋技大进,同郡无人可敌。王世贞偕同李釜路过扬州时,曾邀方新与李釜对局。《江都县志》载:"时养者,海内称第一品也。新初逊李一子,翌日,则已雁行也。"意谓方新刚开始与李时养下棋时,要差他一子,第二天就与他同列了。方新与越之岑乾、闽之蔡学海为鼎立海内的"新生代"三虎将,然而,《扬州府志·人物·艺术》记载谓"胜恒在新,两生护名,匿不与弈"。意谓赢棋的常常是方新,岑乾、蔡学海爱惜名声,就躲匿而不与方新对弈。

有学者认为方新即晚明时名噪一时的国手方渭津。冯元仲《弈旦评》谓"广陵之方渭津""巧而善战,颇屈于大局"。钱谦益《棋谱新局序》有"方渭津在虞山与林符卿对局"以及"渭津下一子如钉着局上,不少挪动,亦未尝有错互。"的记载,而且还记述了方渭津对局时全局在胸、气定神闲的风采:

渭津为人,渊静闲止,神观超然。对弈时,客方沉思努目,手颤频赤,渭津闭目端坐,如入禅定。良久,客才落子,信手敌应,两棋子声响铿然,目但一瞬尔。

被称为"天下第一手"的王寰,字伯宇,号玄所,六合(今属江苏)人,生于隆庆末。冯元仲《弈旦评》谓"及六合之王玄所""局小,但善守而能收局,乃极高之低手"。《六合县志·附录·方技》记载:王寰聪慧过人,俊美秀丽,自幼即醉心于围棋,名声渐起,与新安方子振交战后,称霸海内,"王公大人争识之,谓之'王六合',遂为天下第一手"。明人谢肇淛《五杂俎》谓"六合有王生,足迹遍天下,几无横敌"。

二、晚明时期浙江棋坛的著名棋手

晚明时期,浙江棋坛的著名棋手有岑乾、邵甲、僧野雪等。

岑乾,字小峰,余姚(今属浙江)人,因击败年迈的京师派领袖颜伦而饮誉天下,成为著名棋手。岑乾儿时即精弈算,有一次随父游杭州,竟整天独自外出,说是有"群儿呼与弈",自此棋艺日进。据孙钅广的《述棋赠汪生绍庆》诗记载:岑乾曾与扬州的方新、祝生在易水岸的道院邂逅,对局竞争,似乎方新技高一等,当地的爱弈者闻讯,有四五人前来观棋并设宴款待他们,依次与他们对弈,离去时都留恋不舍。

可惜岑乾去世太早,享年不到四十。岑乾被王世贞推为明中叶的六大国手之一,其《布衣李时养墓碣铭》云:"前李子弈而敌者鲍与颜,后李子弈而敌者程、岑与方国手六人耳。"六人指李釜、鲍一中、颜伦、程汝亮、岑乾、方新。

与岑乾同时的余姚人邵甲,棋力与岑乾仅差一子,岑乾非常忌惮他。县志谓邵甲"中年弈陡进,日新月异,最后止让乾一道,乾甚忌之,先乾卒"。

僧野雪,永嘉(今浙江温州)人。俗姓郑,出家为僧,人称郑头陀,万历至崇祯年间的棋坛宿将。清代褚人获《坚瓠五集》云:

永嘉僧野雪,以弈称。一日在许无念宅,与吴嗣仙对枰。嗣仙称第一手,沉思而后下一子。野雪殊不顾,对客闲谈,随手应敌,无不取胜。

三、晚明时期安徽、福建棋坛的著名棋手

晚明时期,安徽棋坛的著名棋手有方子振、苏之轼、江用卿等,福建棋坛的著名棋手有蔡学海、陈生等。

安徽棋坛的方子振,新安(今安徽歙县)人。明人胡应麟《甲乙剩言》记载说:方子振八岁就喜欢下围棋,当时已在私塾读书,常常很快就做完规定课目,对私塾老师说:学生还有余力,请先生让我学习围棋。私塾老师不允许,以至于鞭打惩罚,后来不能禁止,常于书桌下放置棋盘布筹运算。"年至十三,天下遂

无敌手"。《甲乙剩言》还记载说：方了振小时于月下遇见一老人，于唐昌观教他棋技，"因布局于地，与对四十八变，每变不过十余着耳，由是海内遂无敌者"。方子振以弈名冠海内，因而致富，入赀（交纳钱财以取得官爵功名）为上舍（"监生"的别称，在国子监肄业者统称"监生"），进入广东宪幕（刑狱机构的幕僚），因而退出了江淮弈坛的主战场。

安徽棋坛的苏之轼，字具瞻，休宁（今属安徽）人。幼年学弈，九岁即有声誉，十五六岁遂称"国手"。程光祚《弈薮序》说他一出道就与围棋名家分庭抗礼，海内遍有"小苏"之名。挟技游南京、北京等地，棋名显赫。明人徐大化《送具瞻老词丈还新都》诗云："独占胜场看得意，人人指点说苏郎。"苏之轼著有《弈薮》六卷，又曾注疏《棋经十三篇》。

安徽棋坛的江用卿，字君辅，婺源（今属江西）人。幼即工弈，年岁渐长，棋技大进，才布局就能预料局终胜负。相传少游天台，遇异人传授，故弈法不依傍旧谱，奇创变幻，如有神助。挟技游吴会、荆楚间，为公卿所重，棋艺少有敌者。曾与永嘉僧野雪对弈，技胜一筹。

福建弈坛的蔡学海、陈生，王世贞《弈旨》云："今后进中，闽有陈生、蔡生，越有岑生，扬有方生鼎立。而蔡与岑尤张甚，皆未可量也。"意谓现在的后辈中，闽地有蔡学海、陈生，越地有岑乾，扬州有方新，鼎足而立。而蔡学海和岑乾的棋技特别高超，不可估量。

第四节　明末最负盛名的国手过百龄

一、过百龄的生平

明末清初弈坛最负盛名的国手是过百龄。过百龄（约1586—1660），或作伯龄、柏龄，名文年，江苏无锡人。过百龄不但围棋"声称足以动当世"，而且象棋棋技也高超，达到上中水平，是当时少有的双枪将。其同乡晚辈秦松龄写的《过百龄传》云：

百龄名文年，为邑名家子。生而颖慧，好读书。十一岁时，见人弈，则知虚实、先后、进击、退守之法。曰："是无难也。"与人弈，弈辄胜。于是间党间无不奇百龄者。

《过百龄传》还记载说：当时内阁大学士叶向高（号台山），棋品为第二，经过无锡的锡山，寻找棋艺相当的棋手对弈。乡里先生就推荐了过百龄，过百龄前往，叶台山看见是个十来岁的童子，感到很惊奇。两人对局，叶台山总是输棋，有乡里先生对过百龄悄悄说："叶公是达官贵人，你应当让他，故意输棋给他，为何总是赢他？"过百龄听了很不高兴地说："下棋本是不足道的技艺，然而，违背正道去奉承他人，我觉得是可耻的。更何况叶公是个贤德的人，怎么会因为输棋而怪罪一个小孩呢？"叶台山听了，更加看重过百龄，还想把他带到京城去，过百龄以学业未完的理由推辞了。从此，过百龄的名声，传遍江南，他也殚精竭虑地钻研棋艺。

二、过百龄大败国手林符卿

数年之后，过百龄接受京城诸公卿的邀请北上，在京城三胜名誉京师的老国手林符卿。据《过百龄传》记载：过百龄到了京城，有个名叫林符卿的国手，一直在达官贵人中间下棋，看见过百龄年少，就没有把他放在眼里。有一天，这些达官贵人聚会宴饮,林符卿就对过百龄说:我与你同游京城,未曾对弈较量棋技,今天我愿尽力和你赌一局,好让诸位大人高兴高兴,不然,这些大人还要我们有什么用呢? 在场的达官贵人都说"好",并且都争着拿出赌注,大约有钱一百缗(古代通常以一千文为一缗)。过百龄推辞说"不敢",林符卿更加高傲,非要比个高低,过百龄只好和林符卿对局。第一局还未下到一半,林符卿就面红耳热,而过百龄却随手应子,旁若无人。一共下了三局,林符卿都输了。达官贵人哗然,有人说:林君一向称霸棋坛,今天遇到过百龄,夺走了他的棋坛霸主地位。"于是百龄棋品遂第一,名噪京师"。

被过百龄击败的林符卿,字号、里籍不详,少年即以善弈出名,与方子振并驰,后纵横弈坛,为群雄之冠。冯元仲《弈旦评》云:

林符卿遂出而为诸人冠。符卿尝与余言:"四海之内,不知几人称帝,几人称王? 非徒胜我者不可得,即论敌手,阒其无人。吾不取法于人与谱,而以棋杆为师。即神仙复出,自三子而上,不敢多让矣。"

后来过百龄与林符卿大战百余局,负少胜多,遂成为明末第一国手,确立了在棋坛的霸主地位,享誉棋坛达四十年之久。

过百龄在熟悉当时流行的定式镇神头、金井栏、大小金网等套路的前提下,创造性地采用了倚盖起手式、大压梁式等新的着法,终结了以林符卿为顶点的旧式套路时代,为围棋发展开辟了一条新的道路。

三、过百龄的棋艺著作

过百龄撰写的棋艺著作有《官子谱》《三子谱》《四子谱》。《三子谱》《四子谱》均为让子棋谱。所谓"让子",即黑方先在棋盘上放置两个以上(可多至二十五个)的子,再由白方投子。此时,白方称为"授子",黑方则称为"受子"。终局计算输赢,黑方须还给白方被让子数的一半。《四子谱》全书分为五部分:镇神头起手式、大压梁起手式、倚盖起手式、六四起手式、七三起手式;还对这些"起手式"的各种变化,做了详细介绍。《四子谱》对后世棋坛产生了很大影响。

第八章

清代围棋发展的顶峰及其衰落

　　清朝是我国围棋发展由鼎盛而急剧衰落的时期。顺治时期,围棋国手争雄竞霸,过百龄、周懒予、周东侯、汪汉年等人各擅胜场;康熙、雍正、乾隆时期,在著名国手黄龙士、徐星友之后,以梁魏今、程兰如、范西屏和施襄夏四大家的棋艺活动为中心,特别是"棋圣古今推第一"的施襄夏和范西屏,达到了我国古代围棋的最高水平;嘉庆、道光时期,特别是道光年间鸦片战争的爆发,帝国主义列强的入侵,使我国逐渐沦为半殖民地半封建国家,棋道衰落,围棋的水平整体下降;晚清时期,棋坛虽有"十八国手"和陈子仙、周小松两大国手,但与乾隆时期相比,围棋水平从巅峰而一落千丈。1909 年间,日本棋手高部道平访华,揭开了近代中日围棋交流的序幕,也让我国围棋高手惊醒,知道了中日两国围棋的巨大差距,从而促成了中国围棋的一系列重大改革。

第一节　顺治朝棋坛的群雄争霸

一、顺治朝棋坛的争雄局面

　　王燮《弈墨序》云:"甲申以还,清明鼎革,海内国手凡十数辈,往来江淮之间,十余年未尝虚席。……诸子争雄竞霸,累局不啻千盘。""甲申"是顺治元年,即 1644 年,清朝正式取代明朝。王燮指出,清初改朝换代以后,围棋文化的中心仍在江南,海内国手十多人往来于江淮之间十余年,国手之间争雄竞霸,对局累计不止一千盘。然而大多数棋手在江南成名以后,挟技北上,游走于京城公卿之门,棋名更著,也促进了北方围棋的发展,形成了名家之间争雄竞霸的局面。李耀东《中国围棋史》说:

自明末过百龄崛起称雄以来,吾国弈学,日趋精进。有明天启、崇祯间,迄于清康熙之初期,五十年来,棋坛名手,先后继出,称霸争雄。此期之弈史,无异于吾国政治史上之有周末战国时代也。迄黄龙士异军突起,局面翻新,始征服群雄而成帝业。

明末过百龄之后,到康熙初期黄龙士成名之前,弈坛著名的棋手有过百龄、盛大有、汪汉年、周东侯、周懒予、程仲容、李元兆等,其中周懒予、周东侯、汪汉年的造诣最高。

二、顺治朝棋坛的高手名家

1. 棋名显赫的周懒予

周懒予,本名嘉锡,字览予,讹"览"为"懒",人称"懒予",浙江嘉兴人。生于明末,清初棋名甚大。据周篔《采山堂集·周懒予传》记载:周懒予的祖父周慕松就是一名围棋高手,周懒予五六岁时就看他的祖父下棋,逐渐学会了一些攻守应变的本领。周懒予十四五岁时,棋术已经相当高明了,当地的豪门望族经常下赌注请四方的围棋高手来同他比赛,他总是获胜,常常提着赢来的钱物回家。周懒予与人下棋,当一局棋下到一半时,他就告诉对手说:你已经输了多少目了。下完后数子,果然和他说的一样。在弈坛称雄多年的老前辈过百龄,几乎没人能与之抗衡,但周懒予却能和他分庭抗礼,而且胜多负少;每当周懒予和过百龄对弈时,观棋的人便很多,人们将两人对局的棋谱录了下来,后世称为"过周十局"。由于周懒予能下赢过百龄,棋名更加显著。山阴(今浙江绍兴)人唐九经曾邀请国内著名围棋高手到杭州对弈,来了十九人,因为当时周懒予的名声最大,所以高手们都把目标对准他,都想击败他,十多天的对弈,高手们轮番与周懒予对局,但始终都没有战胜他,结果是周懒予大获全胜。周懒予的高明之处在于能够始终掌握住先手而不丢失。

周懒予的围棋声誉甚高,但他并不因此满足,自喜得意,而是具有艺无止境、精益求精的追求。周懒予棋风绵密,在对弈中善于创新,著名的"应双飞燕以两压"的着法就是他推广开来的。徐星友《兼山堂弈谱》云:"倚盖起于周(懒予)过(百龄),……其着法莫详于懒予。""应双飞燕两压,其着法始于懒予,最为醇正。"徐星友对周懒予的评价很高,也指出了他对围棋发展的贡献。

2."顺治间国手"周东侯和汪汉年

周东侯和汪汉年齐名。周东侯,名勋,安徽六安人。汪汉年,其名不详,安徽歙县人。两人同时,棋力相当,徐星友《兼山堂弈谱》谓两人初遇于扬州,棋技不相上下,都很自负,以为称雄一代,后来都输给了周懒予,才翻然醒悔。然而他们刻苦钻研,对棋艺精益求精,终于成为著名棋手。顺治十六年(1659),周东侯、汪汉年与国手盛大有、程仲容于杭州棋会对弈,汪汉年的《眉山墅隐》收有对局全谱。周东侯在康熙年间与异军突起、棋力强劲的黄龙士(字月天)有过对弈。邓元鏸《周东侯二子四子谱序》云:"昔黄月天年十八即成国弈,一时名手当之,无不披靡,唯周东侯与敌。"意谓那时的名手与黄龙士对弈,无不溃败,只有周东侯可与相敌。徐星友《兼山堂弈谱》还谓当时的黄龙士,"诸家遇之,辄望风披靡,唯东侯刻意追新,喜出偏锋,屡战不屈"。周东侯与黄龙士于弈乐园对局约三十局,其中有一局共下了322手,下成和棋;其中还有一局,双方斗巧争奇,各逞新招,具有"机趣横生,有一波未平一波又起之妙"。时人称誉曰"龙士如龙,东侯如虎"。

周东侯不仅棋技高超,而且在棋艺理论上也有独到见解。他认为:"局中义理之所在,务须推移尽变,若稍存余蕴,必不能淋漓酣畅。高手以胜负泥(阻滞)于胸中,故往往中止。"(汪汉年《眉山墅隐》)"善弈者在未落子先,至落子经营,已入第二法门。况后半局而经营惨淡,岂上乘见解乎?"(邓元鏸《周东侯二子四子谱序》)意思是:棋局中蕴藏着许多变化和道理,因此,一局棋一定要下完,使它的变化都呈现出来,这样才下得淋漓尽致,有的高手由于顾虑胜负,常常在中盘就不下了;善弈者在落子之前就有一番设想和谋划,到落子之后又会有另一番考虑和谋划,如果一局棋下到中途停止,前边的思考就白费了,这不是高明的做法。

汪汉年的棋艺颇得时人称扬,徐星友《兼山堂弈谱》云:"洒然自得,独运神理。""横见侧出,游刃有余。当此境者,惟汉年最为擅场。"诗人孙枝蔚的《赠汪汉年弈师》称扬说:"西京亦有杜夫子,天下曾为第一人。"把他比喻为西汉时最负盛名的围棋国手杜夫子。

邓元鏸《弈评》评价周东侯、汪汉年的棋风云:"周东侯如急峡回澜,奇变万状,偏师奇突,是其所长。……汪汉年如羲之染翰,挥洒自如。"

3.棋路各异的盛大有、汪幼清、李元兆

盛大有,名年,江苏苏州人。擅画,棋名甚高,《白鹤外史》谓"盛大有年,吴下弈手第一"。康熙七年(1668),年事已高的盛大有遇到黄龙士,与之对弈,盛大有七局全负。盛大有棋风强悍,秉性执拗,与对手易发生争执,常为同道所讥。徐星友《兼山堂弈谱》就对其棋技多有指责。黄龙士的评价较为公允:"盛当局面窘迫之际,亦有生机,本领自有过人处。"近人黄俊《毗陵名人小传稿》也认为"然与百龄同开有清一代弈家先河,数典亦不可忘祖也"。

汪幼清(? —1662),名一廉,新安(今安徽歙县)人。生长于围棋之乡,以擅弈闻名。与清初诗坛盟主、著名学者钱谦益有生死之交,钱谦益《棋谱新局序》云:"幼清节侠奇士,从余于行营(出征时的军营),万马之中,单骑短棰,冲锋突刃,以捍余于濒死。"钱谦益指出汪幼清弈棋具有"善用败局""出奇制敌"的特点,"幼清沉雄精悍,绝伦逸群,……人谓幼清之棋,不畏其不误,而畏其误。小误则小胜,大误则大胜"。汪幼清汇集自己和高手对弈的棋谱四十余局,编为《弈谱新局》,钱谦益为之作序。

李元兆,江苏苏州人。据《弈选诸家小传》记载,他曾用心揣摩、钻研过百龄负于周懒予的对局棋谱,然后去嘉兴找周懒予对弈,十局而胜六局。李元兆说:"周怯野战,吾故以野战胜之。"所谓"野战",指不按棋谱对弈。然而徐星友校其成局,认为"野战之言未尽符也"。今传有与盛大有、周懒予、周东侯、曹元尊等对局棋谱。

第二节　康熙朝著名国手黄龙士和徐星友

顺治朝的弈坛,过百龄、周东侯、汪汉年、周懒予都是一代国手;康熙初,棋手黄龙士出现,立刻技压群雄,成为首屈一指的大国手;康熙中叶,黄龙士去世,棋坛上最负盛誉的是大器晚成的国手徐星友。

一、弈坛霸主黄龙士

黄龙士(1651—?),名虬,字龙士,又名霞,字月天,泰州(今属江苏)人。天资聪颖,自幼学弈,11 岁即以善弈著称。据杜濬《变雅堂文集》记载,黄龙士十来岁时,父亲就带着他走南闯北,让他下棋来维持一家人的生活。父子二人北游时,一位将军喜欢黄龙士年幼技高,留居幕府,供其饮食,厚赐金帛,达一年之久。后来黄龙士因思念母亲,才返回家乡。康熙七年(1668),十八岁的黄龙士战胜颇负盛名的南方国手盛大有,成为赫赫有名的大国手。他与七十老翁盛大有对弈七局,连战连捷,获得全胜。当时名手何闇公、卞邠原、程仲容等,也先后败在他的手下,只有周东侯勉强能够与之抗衡,后来周东侯也不敌他了。吴峻《弈妙序》谓"国初时东侯为冠,龙士以幼年一出而驾乎上,其艺之妙,殆天授也"。从此,黄龙士取代周东侯夺得了弈坛的霸主地位。黄龙士成年以后,多游历于江淮一带,曾在崇川吴时亮家教棋,并写成《弈括》一书。然而黄龙士年寿不永,中年去世。有人认为,因其棋艺太高,为人所忌,遂诱以声色,伤精劳神,致疾而亡。

黄龙士著有《弈括》《黄龙士全图》二书,他在后一书《自序》中对布局、攻防、形势判断、战略战术做了较全面的论述,是他棋艺理论与实践经验的总结。

黄龙士棋艺高妙,同时高手,莫不服膺,弈坛棋家,推崇备至,评价颇高。邓元鏸《黄龙士先生棋谱序》云:

范、施后起而最著,周、黄实为之先声。周为东侯,黄即龙士,并称绝艺擅名。……龙士用思尤密,深入奥突,别具聪明。……或当危急存亡之际,群已束手智穷,能于潜移默运之间,益见巧心妙用,空灵变化,出死入生。试披对局之图,尽是惊人之作,可谓得未曾有矣。

吕耀先《黄龙士先生棋谱序》也云:

先生年十八即成国弈,……先生之弈,绵密深稳,出奇制胜,往往别臻妙境,殆所谓身有仙骨者欤。

从邓元鏸、吕耀先的评价可知,绵密深稳,空灵变化,出奇制胜,神妙自然,是黄龙士的行棋风格。

二、棋坛盟主徐星友

徐星友(1644?—?),名远,钱塘(今浙江杭州)人。擅长书画,尤精于弈。潜心钻研棋技,以至于三年不下楼。黄龙士独霸棋坛时,徐星友还只是二流棋手,他师从黄龙士,黄龙士也尽心指导他。黄龙士最初要徐星友让他四子,进而要他让三子下十局,使徐星友在对弈中处于绝对的劣势,因而殚精竭虑,极力抗争。十局的艰难对弈,徐星友获益良多,棋艺大进,一举成为一流棋手,继而成为黄龙士之后的国手。"受三子局"亦被后人称为"血泪篇",意谓下得十分艰苦。

徐星友成名之后,挟技远游京城,战胜自称棋无敌手的高丽使者,也击败了前辈国手周东侯,声名益著。徐星友与周东侯对局,周东侯负二子,当时观战的戏剧家孔尚任写有《燕台杂兴三十首》其一云:

疏帘清簟坐移时,局罢真教变白髭。

老手周郎输二子,长安别是一家棋。

诗后自注云:"周东侯弈局国手,武林徐星友来京,自谓过之,有贵公悬金币为寿,早食方罢,即命对局,踌躇一子,历时数刻。予窃旁观,日移午矣,周老输二子,袖手而去。"黄龙士逝世后,徐星友遂成为棋坛盟主,称霸棋坛近 20 年。徐星友往来大江南北,足迹遍天下。晚年在京城遇到年轻的高手程兰如,败在程兰如手下,遂回归钱塘,教棋著书,著有《兼山堂弈谱》等。

徐星友在围棋史上的地位十分重要,具有承前启后的作用。他成为棋坛霸主之时,前承黄龙士,后接梁魏今、程兰如、范西屏和施襄夏四大家,是将清代围棋的两大兴盛期连为一体的关键人物。他的棋风特点,徐润周《棋人棋事·徐星友》的评价颇为精当:

　　星友棋风,向来被认为属于平淡一派。其理论所宗尚见于评语者,如下列种种:"冲和恬淡,浑沦融洽""其弃也乃所以为取,其退也乃所以为进""制于有形,不若制于无形,有用之用,未若极于无用之用""善战而胜,曷若不战而屈人""闲淡整密,大方正派"。此中论旨,大致告诫:不要躁率易动,沾滞局促;要平和中正,深细绵密,自处于不败之地;静以待动,就能不战屈人。

　　康熙年间的棋坛,除了黄龙士、徐星友两位巨匠之外,著名的棋手还有吴贞吉、卞邠原、何闇公、周西侯、凌元焕等。

第三节　雍乾时期围棋的鼎盛以及梁、程、范、施四大家

一、雍乾时期棋坛的鼎盛

　　雍正、乾隆时期,围棋出现了空前繁荣的景象,古代围棋发展到了鼎盛时期,围棋理论完备,博大精深,名手众多,大家并出,在大约 70 年的时间里,有姓名可考的著名棋手就有三四十人。特别是先后崛起、两两对峙的梁魏今和程兰如、范西屏和施襄夏四大家,是围棋发展到鼎盛时期的杰出代表,在中国古代围棋史上享有无比崇高的地位。傅云夔《梁程棋谱十四局序》指出:本朝围棋极盛,国手如林,梁魏今、程兰如两先生,被称为围棋"圣手",先于范西屏、施襄夏而并驾齐驱,有如李白和杜甫、周瑜和诸葛亮齐名。

　　邓元鏸《梁程棋谱十四局序》云:

　　本朝国弈,以梁、程、范、施四大家为最著,……四大家之弈,高深远到,突出前贤。

梁、程、施、范四大家时代,中国围棋已经攀上了座子时代的最高峰,范、施尤称高峰中的高峰。

二、梁魏今、程兰如、范西屏和施襄夏四大家

1.同为"国弈"的梁魏今、程兰如

梁魏今、程兰如在四大家中年辈较长,成名于康熙后期,扬名于雍正及乾隆初年。

梁魏今(约1680—?),一作会京、魏金,山阳(今江苏淮安)人,回族。自幼学棋,年轻时曾与徐星友对弈数局,互有胜负,不相上下。程兰如击败徐星友驰名棋坛后,梁魏今和他对局尤多,现存棋谱30余局,邓元鏸从两人对局中辑出十四局,编入《四大家棋谱》,其中程胜十局,梁胜四局,但胜负的差距不大,有的仅半子之差。梁魏今对后辈范西屏和施襄夏都有过指导。他曾经带着施襄夏到过乌程(今浙江吴兴)的岘山,在泉边启发施襄夏的棋思,以流泉喻棋理云:"行乎当行,止乎当止,任其自然而与物无竞,乃弈之道也。子锐意深求,则过犹不及,故三载未脱一先耳。"(施襄夏《弈理指归自序》)施襄夏心领神会,棋技大进,可以同许多先辈高手分先抗衡。施襄夏说:我少年时代就与梁、程二位前辈有了交往,他们让我先下,下过数局之后,感到收获颇大。邓元鏸在《弈评》中说:"梁魏今如鲁灵光殿,岿然独存。"并引吕耀先之语云:"梁魏今如幽燕老将,神完气壮。"鲍鼎《蜗篨弈录》云:"程、梁对局最为细腻风光,不必标新立异,而落落词高,令人有阳春白雪之叹。"梁魏今的棋风,以奇巧多变为最大特点。施襄夏《弈理指归序》云:"奇巧胜者梁魏今。"

程兰如(约1692—?),名慎诒,又名天桂,字纯根,新安(今安徽歙县)人。程兰如出生在围棋之乡,自幼喜好围棋,初拜当地棋手郑国任为师,不久就艺过其师,郑国任因此退出弈坛。壮年游京城,与前辈国手徐星友对弈10局,相传因主事者忌徐星友盛名,怂恿众国手暗中帮助程兰如,加之徐星友年过六旬,而程兰如正值壮年,徐星友屡败,遂退归武林(今浙江杭州)。程兰如胜徐星友后,棋艺独步一时,曾是范西屏、施襄夏最强劲的对手。龚炜《巢林笔谈》云:"有施

生襄夏、范生西屏皆浙中年少,与新安程兰如鼎足,莫出其上者。"然而,若干年后,程兰如年纪大了,遂被范西屏和施襄夏击败。鲍鼎《国弈初刊序》记载有程兰如"争天下国手"而不敌范西屏之事:当初程兰如在某藩王府第与众多高手争夺"天下国手"之名,除程兰如外,同时还来了 17 人,范西屏最年轻。程兰如已经战胜了 16 人,最后轮到范西屏,一局棋下了两天没有下完。程兰如看了棋局形势,经过计算,发现自己最终要输半个子。由于范西屏是个穷士,程兰如对范西屏说,如果他让半个子,就送给他"五百金",范西屏就答应了。程兰如就夺得了"天下大国手"的称号,那时的达官贵人,拿着钱财争相迎接程兰如,程兰如因此棋名显赫。范西屏后悔莫及,打算前往报复,程兰如听说范西屏要来,就立即躲避而前往他处,如果两人恰好遇到,程兰如则以年老推辞而不与对弈。

乾隆十九年(1754),程兰如年逾六旬,携新秀韩学元、黄及侣在扬州晚香亭对弈一月有余,他精选其中 15 局,评定为棋谱,用以记录那时的雅集,这就是《晚香亭弈谱》。施襄夏曾"盛推此谱与徐星友所著《兼山堂》同为弈学大宗"。

程兰如的棋博大深厚,棋路清晰,以着法浑厚见称。邓元鏸《弈评》云:"程兰如如齐楚大国,地广兵强。"施襄夏谓程兰如"以浑厚胜"。

程兰如象棋棋艺的造诣尤为精湛,李斗《扬州画舫录》云:"程兰如弈棋不及施、范,而象棋称国手。"可见,程兰如是继过百龄之后弈坛的又一位"双枪将"。

2. 同为"棋圣"的范西屏和施襄夏

梁魏今、程兰如、范西屏和施襄夏四大家中,范西屏和施襄夏的成就最高,是雍正、乾隆弈坛的双子星座,被称为"棋中李杜"。两人同时同里同学,棋艺旗鼓相当,同享"棋圣"荣誉,同臻座子时代的绝境,达到了古代围棋的最高水平。邓元鏸有诗对两人评价颇高:"范施驰誉在雍乾,如日中天月正圆。棋圣古今推第一,后无来者亦无前。"

范西屏(1709—1769),名世勋,浙江海宁人。其父嗜弈,不理生计,以至家道败落。受父亲的影响,范西屏从小喜好围棋,并师从邑中名手张良臣学弈,随后又拜山阴名手俞长侯为师。俞长侯棋艺三品,范西屏 12 岁便与老师齐名,曾受先和俞长侯对弈七局,俞长侯连败,自知不是敌手,从此师徒不再对弈。范西屏"年十三即成国手""十六岁以第一手名天下"。袁枚《范西屏墓志铭》记载说：雍正、乾隆年间，天下太平，士大夫闲暇时，争着备办彩色丝织品以作馈赠礼物，招来围棋高手与范西屏对弈较量，以之作为娱乐。毛祥龄《墨余录·弈艺》记载：乾隆初，朝中权贵热衷弈棋，因此四方的善弈之士，全部聚集京城，以海宁人范西屏最为杰出。邓元鏸《合刻〈弈理指归图〉〈桃花泉弈谱〉序》云："范西屏先生复选择变化即其心得，著《桃花泉弈谱》，戛戛独造，不袭前贤。"

　　施襄夏（1710—1771），名绍暗，字襄夏，号定庵，浙江海宁人。幼年体弱多病，喜欢安静。范西屏师从俞长侯学弈，12岁即与其师齐名，让施襄夏十分羡慕，就也拜俞长侯为师学弈，一年后，便能与范西屏对子（对子即对局不让子）争先了。施襄夏曾向前辈国手徐星友请教，受三子对弈，徐星友赠以《兼山堂弈谱》，施襄夏深入钻研多年，获益良多。施襄夏游湖州，在知府唐敬堂的官署中遇到前辈国手梁魏今、程兰如，受先对弈，颇得辅导之益。施襄夏经过刻苦努力的学习，终于成为一代名师。乾隆十七年（1752），施襄夏客居扬州，与棋手对弈并教授弟子，四年后写成《弈理指归》一书。乾隆三十二年（1767），施襄夏客居苏州，著《弈理指归续编》授门士李良。邓元鏸《合刻〈弈理指归图〉〈桃花泉弈谱〉序》说：海宁施襄夏先生所著《弈理指归》，博大深微，对于以前棋谱中重复出现的、务虚少实的，则删去不收录，围棋的义理，阐述得比较全面。

　　范西屏和施襄夏是同乡，年龄相近，未出名前，常在一起下棋。杭世骏《海域杂吟》诗自注谓：范西屏、施襄夏两人，棋品都是海内第一手，林凤溪当海宁县令时，曾经邀请两人到官署一决胜负。林凤溪为海宁县令，时在雍正十一年至乾隆元年，范、施两人均是二十余岁。鲍鼎《国弈初刊序》说：施襄夏、范西屏年轻时，在京城对弈十局，施襄夏输了七局，就嫉妒范西屏，并闭口不谈此事。乾隆四年（1739），浙江平湖（别称当湖）士大夫张永年聘请范西屏、施襄夏到家中教棋，范、施二人在张家中对弈十三局，后人称为"当湖十局"。"当湖十局"是范西屏、施襄夏两人一生中最为精妙的杰作，也是我国古代对局中登峰造极之局，创造了清代围棋，也是整个中国古代围棋的最高峰。同代棋手对"当湖十局"评价很高，钱保塘《范施十局序》云：

善围棋者,世谓之棋圣。若两先生者,真无愧棋圣之名。虽寥寥十局,妙绝千古。

施襄夏的棋艺比范西屏略逊一筹,陆以湉《冷庐杂识》云:

本朝弈国手首称范西屏世勋,施襄夏绍暗次之,皆海宁人。范著《桃花泉棋谱》,施著《弈理指归》,并行于世。

袁枚《范西屏墓志铭》记载两人对弈时的情状:施襄夏下棋时皱眉沉思,有时到太阳偏西未下一子;范西屏却游玩歌唱,落子后就睡觉打鼾。袁枚曾经看见过两人对弈,范西屏全局僵死,旁观者都推测无法挽救了。一会儿,往复提吃一子,则全盘皆活。袁枚还感叹:哎呀,范西屏之于围棋,可谓棋圣啊!

范西屏和施襄夏的棋艺、棋风各擅其妙。范西屏不拘常套,灵活变化,奇妙敏捷;施襄夏邃密精严,含蓄深厚,操算深远。邓元鏸《弈评》云:

施定庵如大海巨浸,含蓄深厚;范西屏如崇山峻岭,抱负高奇。

邓元鏸《范施十局序》云:

国朝名手如林,海宁范西屏、施定庵两先生尤为杰出。西屏奇妙高远,如神龙变化,莫测首尾。定庵邃密精严,如老骥驰骋,不失步骤。论者方(比)之诗中李、杜,洵(诚然)为至当(最恰当)。

邓元鏸认为弈论家把棋中范西屏、施襄夏比喻为诗中李白、杜甫,确实是最恰当的。

第四节　清初至清中叶爱好围棋的文人士大夫

清初的文人士大夫,面对王朝兴替,惆怅苦闷,只好到幽深玄远的棋境中寻求寄托,消愁忘忧。降清出仕的士大夫,以弈棋消遣度日,打发时光;隐居不仕的士大夫,则以手谈来逃避现实,保持民族气节。

一、归顺清朝，喜欢观弈的钱谦益、吴伟业

归顺清朝的钱谦益就喜好围棋，尤其喜好观弈。钱谦益(1582—1664)，字受之，号牧斋，晚号蒙叟，又号东涧遗老，江苏常熟人。明末清初文坛领袖，学者称虞山先生。明万历三十八年(1610)进士，授编修。崇祯初，官礼部侍郎，与温体仁争权，削籍归乡。南明弘光朝，起用为礼部尚书。清顺治二年(1645)，降清后授秘书院学士兼礼部侍郎、明史副总裁。半年后托病还乡，隐居不仕。康熙三年(1664)卒。

钱谦益爱好围棋，喜欢与著名棋手交游。国手过百龄、方渭津、林符卿、汪幼清等都与他有交往，他的《京口观棋六绝》有序云："为梁溪弈师过百龄而作"，他还曾为汪幼清的《棋谱新局》作序，介绍明末清初国手方渭津、汪幼清的对弈活动及其人品和棋风，并且记述了他与汪幼清在战乱中结下的生死情谊。

钱谦益继承了唐宋以来文人士大夫的传统，特别喜欢观棋。其《棋谱新局序》云：

余不能棋而好观棋，又好观国手之棋。少时，方渭津在虞山与林符卿对局，坚坐注目，移日不忍去，……中年与汪幼清游，时方承平，清簟疏帘，看棋竟日夜。

钱谦益写的观棋诗有 30 首之多，内容极为丰富。有的观棋诗描写其观棋雅兴，其《后观棋六绝句》其五有云"楚江巫峡多云雨，总向疏帘一局看"，化用杜甫《七月一日题终明府水楼二首》其二"楚江巫峡半云雨，清簟疏帘看弈棋"，表现雨天观棋的悠闲惬意。有的观棋诗表现看见双方难分胜负时下子的艰难，其《观棋绝句为汪幼清作》其三云："老夫袖手支颐看，残局分明一着难。"有的观棋诗赞扬高手弈棋的谦让、大度，其《观棋绝句六首》其四云："渭津老手解论兵，半局偏能让后生。"

清初仕清的著名诗人吴伟业也喜欢观弈。吴伟业(1609—1672)，字骏公，号梅村，太仓(今属江苏)人。明崇祯四年(1631)进士，官至少詹事；入清，被迫出仕，为国子监祭酒。他写有《观棋和钱牧斋先生》六首，其四云："可怜一子难饶借，杀却抛残到那边。"意谓要扑杀一子时，不会宽容，吃掉之后就抛到另一边。吴伟业大约由吃掉后扔到一边的棋子，想到自己受到的冷落排挤。

二、入清不仕，喜好围棋的王夫之、李渔

入清之后隐居终老的王夫之特别喜好围棋，常以之忘忧解愁。王夫之（1619—1692），字而农，号姜斋，衡阳（今属湖南）人。曾任南明桂王府行人司行人。南明亡，隐居衡阳石船山，潜心著述达四十年，世称船山先生。他曾作《围棋铭》云："子入奁，局折纸，将欲何为，勿宁此事。"意谓棋子收入棋盒，用纸折成棋局，将要做什么，不如下围棋。可见他对围棋的酷嗜。他写给僧人惟印的《与惟印书》云：

公以弈为游戏，与余品皆最劣。然终日欣然对局不倦，王积薪必无此乐也。……古今人当推我与公为最上国手，辄复前韵，以一绝终之："看局如暝烟，下子如流水。着着不争先，枫林一片紫。"

书信中说：因为你以下棋为游戏，你和我棋品都最低。书信中的绝句意谓：自己看局模糊，有如傍晚的烟霭，落子快速，有如急流而过，弈棋不求争先，不计输赢，以棋为戏，就像看见枫林红叶的愉悦。

爱好围棋的著名戏曲理论家、文学家李渔（1611—1680），字谪凡，号笠翁，明亡前多次应试落第，入清后，无意仕进，从事著述和指导戏曲演出。他特别喜欢观棋，认为"善弈不如善观"。其《听琴观棋》云：

弈棋尽可消闲，似难借以行乐；弹琴实堪养性，未易执此求欢。……故喜弹不若喜听，善弈不如善观。人胜而我为之喜，人败而我不必为之忧，则是常居胜地也。……或观听之余，不无技痒，何妨偶一为之，但不寝食其中而莫之或出，则为善弹善弈者耳。

从李渔表达的观棋观点来看，他颇有苏轼"胜亦可喜，败亦欣然"的旷达超逸情怀。

三、清代中叶擅弈的袁枚、毕沅、李汝珍等

乾隆时期的著名诗人袁枚好弈，与棋圣范西屏颇有交谊。袁枚（1716—1798），字子才，号简斋，钱塘（今浙江杭州）人。乾隆四年（1739）进士，历官溧水、江浦、江宁等地知县。三十三岁时，因父亲逝世而辞官，于江宁（今江苏南

京)小仓山购置花园,从事诗文著述,历时近五十年,室名随园,因又自号随园主人。袁枚也喜欢观棋,写有《观弈》2首以及《飞泉亭观霞裳与澄波上人对弈》等诗。他自己也常与人对弈,其《随园杂兴》云:

> 花下开酒觞,觞华作棋戏。
>
> 一杯醉扶床,一局败涂地。

诗中的"酒觞"即酒杯,"觞华"即酒上浮起的泡沫。花下饮酒弈棋,虽然酒醉棋输,也是乐事。袁枚的棋技还是不错的,他观棋还能看出一些门路,如其《观弈》就云:"肯舍原非弱,多争易受伤。中间有余地,何必恋边旁。"袁枚与学生刘茂才(字霞裳)对弈最多,其《霞裳舟中和诗》云:

> 饭后围棋例几回,私心不敢把窗开。
>
> 昨宵底事输先着,为有奇峰数朵来。

诗谓晚饭后照例要和霞裳对弈几局,心想不能把船窗打开;昨晚下棋为何输了,就是因为船窗开着,有几座像花朵的奇异山峰移过,我看山去了。霞裳离去后,袁枚非常思念他,期盼与他再次弈棋。其《送霞裳之九江》云:

> 新共扬州看明月,谁知转眼赋西征。
>
> 残棋再着知何日,怕听秋藤落子声。

袁枚曾为国手范西屏、地方高手徐星标撰写墓志铭,为中国围棋史留下了宝贵的文献资料。他对范西屏特别喜欢,其《范西屏墓志铭》谓"有清弈国手曰范西屏""余不嗜弈而嗜西屏",并把范西屏与孔子的高徒颜回、曾参并称。袁枚所写徐星标墓志铭,谓徐星标和其父徐培云均是"国手",颇有溢美之词,"当是徐星标一生嗜弈而未能以弈名,儿子为达成父亲之愿请袁枚作铭",当然,古人撰写墓志铭本来就有"谀墓"之习。

著名学者毕沅也好围棋,还曾受到大国手范西屏的指导。毕沅(1730—1797),字纕蘅,一字秋帆,自号灵岩山人,镇洋(今江苏太仓)人。乾隆二十五年(1760)进士,授翰林院编修,后官至湖广总督。毕沅的祖父毕见峰喜好围棋,曾邀请范西屏来家弈棋,毕沅的《秋堂对弈歌序》记载云:已故祖父喜好围棋,不管寒冷、暑热,都不曾撤去。范西屏先生到太仓,经常住在我家,寄居心远堂的西斋。每次对弈，州中善棋的人全部都来，围着观看像一堵堵墙。当时我刚二十岁，陪坐旁观，抽空与范西屏先生对弈，他让我三子，并说：你如果跟我学棋，可以达到"次国手"水平。祖父担心影响学习，常常禁止我学棋。

范西屏对毕沅"让子"，其实就是指导棋，是当时培养后进的一种较为切实有效的方法。毕沅也喜欢观棋，写了不少观棋诗。其《观棋绝句四首》其二云：

　　　　胜固欣然败勿嗔，几番落子费逡巡。

　　　　旁观尽有高明手，白眼看他当局人。

诗谓下棋赢了固然高兴，然而输了也不要生气，几番下子让人迟疑，旁观多有高明棋手，轻蔑地（"白眼"，用"阮籍能为青白眼"之典）看着对局人。其《后观棋绝句四首》其三云："我本旁观袖手客，到来偏作局中人。"观棋情趣、围棋观念与苏轼差不多，应是受其影响。

平湖世家张永年曾邀请范西屏、施襄夏到家授弈。张永年，字丹久，号月骞，浙江平湖人。朱攸《三张弈谱序》记载：张永年先生，少年读书，有志于世，交游都是当时有名望的人。晚年闭门弈棋自娱……先生好弈，达到妙境。乾隆四年（1739），范西屏、施襄夏受邀来到张永年家教棋，张永年棋技较高，与范、施二人对子对弈，长子张世昌（字振西，号敦坡）、次子张世仁（字无若，号香谷）则与范、施二人受子对弈，留有《三张弈谱》传世。范、施二人曾于此对弈十三局，留下了著名的《当湖十局》。张永年玄孙张金圻写有《坐隐居谈弈理》诗记其事："当湖客舍十三局，旁观当作传灯录。念我先人雅好棋，棋中授受见而知。"诗中说旁观的人把"当湖十三局"当作《传灯录》，即记载禅宗传法的著作，可见旁观学弈者的看重。

著名小说家李汝珍精于围棋，颇得当时棋手的推重。李汝珍（1763—1830），字松石，号松石道人，直隶大兴（今属北京）人。19岁随兄李汝璜到海州（今江苏连云港），不久娶许乔林堂姐为妻，除两次去河南做官外，其余时间都居住在海州。李汝珍博学多才，精通文学、音韵等，著有小说《镜花缘》。许乔林《受子谱序》云："松石二兄博雅多能，不屑以弈名，而通国之善弈者咸推服之。"从《镜花缘》中也可看出李汝珍对围棋的擅长，第72回《看围棋姚妹谈弈谱》不仅举出了"双飞燕""倒垂莲""镇神头""压大梁""小铁网"等围棋局势,而且还列出有弈谱警言和棋场俗语。乾隆六十年(1795),李汝珍于海州举行公弈,10人"对弈",分为5个"对局",最终,下成和棋。李汝珍《受子谱·公弈》云:"夫以二人终年对弈,纵使千局,亦难一和,而况十人高下错落,心思之不同乎?斯亦奇乎!"李汝珍编有《受子谱》二卷,收让子谱250局。许乔林《受子谱序》云:

> 尝集近时诸名手受子谱,自二子至九子,得百二局有奇,钩心斗角,精妙轶伦,洵为弈家最善之本。初学得之,而门径可寻;即高品浏览,亦觉益人神智。

《受子谱》刊行后,深受文人以及弈界的推崇。

第五节　晚清时期围棋的衰微

一、晚清围棋的迅速衰微

乾隆之后,嘉庆、道光年间,经济萧条,社会动荡,清王朝已显示出由盛而衰的征兆;道光二十年(1840)爆发的鸦片战争,使中国开始沦为半殖民半封建社会,白银的大量外流,给中国人民带来了极其深重的灾难,清王朝的国运不断衰落。时代大变,造成了晚清棋道的衰落。棋手不得不为衣食劳碌奔波,无暇潜心钻研棋艺,棋界后继乏人,围棋水平整体下降。王蕴章的《天香石砚室弈选序》就说:

> 虽然余尝窃论夫弈之盛衰矣。弈莫盛于有清一代,而其衰也亦于有清一代为最。极盛于施、范,中衰于陈、周,非施、范能盛之,陈、周能衰之也。施、范生于国家全盛之秋,民丰物阜,心无分骛,一枰黑白,若将终身,其以弈名世也固宜。降至陈、周,世变稍稍乖矣。士或怀才不得逞,则奔走为衣食计,手谈坐隐,余事蓄之。

宣统年间李子干在《手谈随录》中也指出了鸦片战争以后中国围棋每况愈下的社会原因:"近年以来,流风顿歇。或者世运益繁,生计益艰,人口谋生之不惶,遂无暇于艺事。"所谓"流风",即弈棋的风气;所谓"世运",指社会动荡;所谓"艺事",即围棋棋艺。

二、晚清十八国手以及陈子仙、周小松

1. 晚清十八国手

从嘉庆到同治年间,棋坛出现一批著名棋手,一般称为"十八国手"。通常认为"十八国手"是:任惠南、僧秋航、申立功、金秋林、潘星鉴、沈介之、董六泉、黄晓江、林越山、赖秀山、施省三、程德堂、钱贡南、楚桐隐、李湛源、周星垣、李昆瑜、徐耀文。这十八位棋手是这一时期代表我国棋艺水平的高手,虽然称为"国手",但棋艺造诣与康熙时期的黄龙士、乾隆时期的范西屏、施襄夏有明显的差距。"十八国手"的事迹流传不多,仅择要介绍任惠南、僧秋航、潘星鉴、李湛源等人。

任惠南,"惠南"亦作"渭南",名丙,江宁(今江苏南京)人。在"十八国手"中年岁较长,早年曾得到名手李步青的指点,青年时期已被誉为国手。雍正、乾隆以来,秦淮河畔多有国手设局,任惠南是其中的杰出代表。民国黄俊《弈人传》引《画舫余谈》记载:楼阁靠着清流,烟茶齐备,楼阁主人多摆设棋局,以供棋手较量棋艺。城中国手如姜楚老、陈东山、杨歧昌辈,排日在局,以待来者。楼阁主人根据棋局胜负,抽取钱财。"流风余韵,渭南犹承袭之,寿至八十余,弈艺亦为同辈诸人首屈一指"。任惠南曾客广东巡抚幕中,有与潘星鉴、林越山等人的少数对局谱流传。

僧秋航(?—1863),名愿船,号秋航,江苏仪征人。初居扬州,与沈介之同为周祖培门客,指导过后来成为国手的周小松。道光年间寄居京城梁家园寿佛寺,饮酒食肉,不持戒律,以弈为禅,对局极多,与沈介之、李湛源并称为"京师三国手"。震钧《天咫偶闻》卷七记载:

都中国手,向推秋航为巨擘。年九十余,以弈为日课,自僧卒,都中遂无国手。

潘星鉴,名耀远,字景斋,号星鉴,江苏宜兴(一说苏州)人。道光时,曾设局京城,若与他对局,至少须付白银五两为彩金,可见他在当时声誉颇高。晚年落魄,年仅四十,殁于京城。周小松《餐菊斋棋评》云:"潘景斋、任渭南、金秋林、申

梅溪四君,余未及见,皆一时名手。虽棋路不同,同归于善。"

　　李湛源,名许清,字海门,号湛源、湛园,江苏南通人。早年与殚精学弈而半年不下楼遂成国手的同乡周星垣齐名。后居京城,衣敝履破,不修边幅,然而因棋名甚著,王公贵族乐与之游。道光十五年(1835),与董六泉同撰《如松斋弈录》;道光二十一年(1841)至扬州,与后来的国手周小松对弈。李湛源是"京师三国手"中最为孤傲的人。《清朝野史大观》记载:湛源性情放纵,不受拘束。咸丰、同治年间,弈风大盛,王公大人经常邀请高手对弈以为娱乐,而高手和这些王公大人对弈,也有意让他们,因为贪图他们的钱财,不得不这样。唯独湛源不肯与王公大人对弈,他衣着随便,不戴冠帽,打着赤脚。有高官找他对弈,屡次输棋,高官派人暗中送给他钱财,求他让棋一二局以求脸面有光,湛源假装同意,等到对局,赢棋如故,高官派人责问他,湛源大声说:我本来就不贪图你的钱财! 本为围棋高手,但不凭借弈棋获取衣食钱财的,只有湛源一人。

　　金秋林和申梅溪也在"十八国手"之列,都活跃于嘉庆、道光年间。金秋林,名桂,江苏吴县人;申梅溪,即申立功,号梅溪,江苏苏州人。弈坛有潘星鉴与任渭南、申立功、苏贤书等人的对子局流传。

2.晚清棋坛的杰出代表陈子仙、周小松

　　晚清弈坛最杰出的代表是双峰并峙的陈子仙和周小松,两人并称"晚清两大国手"。两人活跃于道光至光绪年间的弈坛,与"十八国手"中较晚出的李昆瑜、徐耀文是同时人,但年龄更小。

　　陈子仙(1821—1870),名毓性,浙江海宁人,是范西屏、施襄夏的同乡。其父酷爱围棋,受其影响,陈子仙从小好棋,12岁在乡里就有弈名。其父曾带他到常州拜访老国手董六泉,时董六泉已年逾花甲,须发尽白,而陈子仙则头挽小辫子,系以红丝绒,棋枰对坐,一红一白,相映成趣,传为佳话。陈子仙长大后,曾与许多著名棋手对局。同治四年(1865),陈子仙在汉阳名胜晴川阁与国手徐耀文对局,江汉棋界名流纷纷前来观战,题诗撰文以记其事,并将棋谱、诗文合编为《晴川会弈偶成》,棋界称赞为继范西屏、施襄夏当湖对局以后罕见的围棋盛会。同治九年(1870),陈子仙应安徽巡抚英翰之邀与周小松对弈多局,棋谱

选入《皖游弈萃》中。钱保塘《范施十局序》云：

近时吾乡陈毓性子仙，年十二即以国手名东南，与江都周鼎小松齐名。惜年甫逾四十而卒，余未即见。往在都门见周小松，亦极言子仙之工。

周小松（1820—1891），名鼎，江都（今江苏扬州）人。他比陈子仙年长而学弈稍晚，年轻时得到前辈国手僧秋航的指导，在受二子的情况下与秋航对弈百余局，棋艺大进。21岁成为国手，与董六泉、李湛源、黄晓江、周星垣、李昆瑜、陈子仙等国手多次对弈切磋。他交游广泛，当时的官僚和上层文人如曾国藩、隆懃、薛福辰、英翰、王先谦、孙毓汶、刘铭传、方浚颐等均与他有交往。据日本安藤如意《坐隐谈丛》记述，他的名声甚至布及日本、琉球。周小松与陈子仙曾于扬州相逢，两雄对局，各极其长，堪称劲敌。陈子仙去世后，周小松的棋艺举世无匹，主盟棋坛达20年。周小松撰有《餐菊斋棋评》《皖游弈萃》《新旧棋谱汇选》等多种棋书，而《餐菊斋棋评》影响最大，棋家认为堪与徐星友的《兼山堂弈谱》媲美。

周小松逝世，中国失去了封建社会的最后一名国手，弈坛的整体水平更加下降。棋史家一般认为，由此直至清末民初的二三十年间，是中国围棋的极衰时期，也是中国围棋没有"国手"的时期。这时期的知名棋手有：浙江高手金明斋，曾与周小松对弈10局，被让2子；"弈名噪于都下"的刘云峰，曾与来到京城的周小松对局，被让2子而且多输；因酷爱弈棋，受弹劾丢掉县令官职的合肥人张乐山，曾在南京与日本棋手高部道平多次对局，负多胜少；扬州高手陈子俊，据传与周小松经常对弈，又曾与张乐山分先对弈20余局，胜负大致相当，还曾与日本棋手高部道平对局，被让2子。

三、晚清四大围棋丛谱

清代不仅围棋发展到鼎盛时期，而且弈学也非常发达，其成就为以前各朝无法相比。邓元鏸《弈潜斋集谱·国朝弈谱目录跋》云："弈学以国朝人为极，自国初迄今，凡得弈谱四十三种，虽未敢云详尽，然遗者鲜矣。"晚清时期虽然棋道衰微，但围棋著作的整理出版却成绩显著。围棋著作品种繁多，内容丰富，有不少具有重要价值。光绪年间，邓元鏸编纂的《弈潜斋集谱》，鲍鼎编纂的《蜗簃弈录》，王存善编纂的《寄青霞馆弈选》，黄绍箕、蒯光典编纂的《海昌二妙集》，人们习称这四部著作为"晚清四大围棋丛谱"。"晚清四大围棋丛谱"是深入了解、研究中国围棋史及清代围棋技艺的重要文献。

第六节　日本棋手高部道平访华以及中国围棋的改革

一、日本"四段"棋手高部道平访华

晚清时期，中国围棋衰落，当时日本的围棋活动却蓬勃兴起。日本明治维新以后，秀甫、秀荣、秀哉先后执棋界牛耳，"方圆社""本因坊"两大围棋门阀英才辈出，日本的围棋水平已经远远超过了中国。

1909 年间，日本棋手高部道平来到中国，在保定走访担任翻译的日本友人中岛比多吉时，认识了当时在保定担任陆军学堂总办的段祺瑞，高部道平战胜了包括段祺瑞在内的所有中国围棋高手，并且将对手纷纷降至让子。当段祺瑞和中国围棋高手得知高部道平只是一名日本的"四段"棋手时，大为震惊。

高部道平（1882—1951），生于日本东京，17 岁入日本"方圆社"深造，曾先后师事名手岩崎健造和本因坊秀荣，22 岁获"四段"称号。27 岁时，参加日本围棋组织"围棋同志会"，随即来到中国。1909 年至 1910 年间，任商部右侍郎的棋手杨士琦出使江南，他召集南方围棋名手在南京与高部道平对局，结果王彦卿、陈子俊等知名棋手均被高部道平让二子对弈，双方互有胜负。棋界人士认为，"四段"的高部道平，棋力不弱于已故国手周小松。南京对局后，上海名手范楚卿与高部道平对子、受二子对局，结果大败；镇江籍名手、棋界耆宿丁学博与高部道平受二子连弈两局，胜负各一。1910 年 10 月，高部道平在南京杨士琦府邸"韬园"让中国名手张乐山二子对局，高部道平以三子半获胜；后来，高部道平又在"南洋劝业会"让张乐山二子对局，前后对弈共七八十局，张乐山仅胜 13 局。一个日本"四段"棋手，轻松击败中国的一流高手，这使中国棋手清楚地认识到当时中日围棋实力的悬殊，也激发了棋手们强烈的民族自尊心，促进了中国围棋的改革。

二、中国古代围棋"座子"的废除

"四段"的日本高部道平击败众多的中国一流高手,震惊了中国棋坛。人们知道了长期闭关自守、故步自封带来的严重危害,反思中国古谱着法的不足,开始关注日本围棋,学习日本棋法,以此为借鉴来提高中国的围棋水平。但中国、日本围棋的着法、规则不尽相同,其中首先就是中国围棋的"座子"问题。

中国古代围棋的"座子"制度,东汉就已经盛行。所谓"座子",指对弈双方在开局之前,按规定要先在对角"星"的位置上固定放置黑白各两个子,行棋次序是白先黑后。"座子"又称"势子""角子"或"岳",中国古代以棋盘象征大地,大地上的"岳"(高山)不可动摇。这一规定,在中国流传了不下 2000 年,而日本在约 16 世纪永禄年间(1558—1570)已经废除"座子"制度。清人黄遵宪的《日本国志》在记述日本围棋时就说"唯行棋而不行岳",就注意到了日本和中国在围棋对局时的不同。"座子"的设置,使围棋的边角变化受到了很大的限制,影响了围棋战略战术的发展,更不利于中国棋手掌握日本围棋技术。清人黄铭功《棋国阳秋》云:"日人对弈,不置角子,即其破陈式之道。华人与之对局,古谱公式,废然无所用之。"可见废除"座子"制度已经势在必行。

清末宣统年间(1909—1911),我国的围棋名手已经开始进行废除"座子"制度的探索。如宣统年间李子干编印的棋谱《手谈随录》,共收录清末棋手对局 130 余谱,其中就有最早与高部道平交流的陈子俊和丁礼民废除"座子"分先两局,虽然只有两局,但说明"座子"制度已经动摇。在吴祥麟、黄瀛仙合编的《周小松受子谱》中,收有张乐山与吴祥麟在上海的对弈 10 局,均由吴祥麟先行棋。在这 10 局中,采用了每两局中一局设置"座子",一局废除"座子"的对局形式。这 10 局对弈,时间应在 1910 年年底至 1912 年年底之间。因为张乐山 1910年 10 月在南京"韬园"与高部道平受 2 子对弈,1912 年在上海广慈医院逝世。在《周小松受子谱》中,还收有陈子俊和吴祥麟于宣统三年(1911)的对弈 6 局,其中 4 局废除"座子",2 局置有"座子"。历经五六年后,废除"座子"的对局已占绝对优势,后来遂通行于棋界。废除"座子"制度,是中国围棋史上的一次重大改革,始于清末,完成于民国初期。

第九章

韩国围棋简史

我国南北朝时期,围棋传入朝鲜半岛;唐朝时期,朝鲜半岛上的围棋活动非常活跃,而且和唐朝多有围棋交流活动。朝鲜半岛在李朝时期流行"巡将围棋","巡将围棋"的特点是有 17 个座子,这导致了朝鲜半岛围棋水平的停滞不前。日本统治朝鲜半岛时期,李朝的围棋高手金玉均借鉴日本围棋,对"巡将围棋"进行改革,去掉了座子。二战结束后,韩国围棋迅速发展,水平不断提高,出现了被称为"韩国现代围棋开山鼻祖"的赵南哲以及一批世界一流棋手。

第一节　韩国围棋的传入

韩国围棋是从我国传入的,传入时间大约在我国的南北朝时期,至迟在南朝刘宋末年(479)之前。我国南北朝时期,朝鲜半岛是百济、高句丽、新罗三国鼎立的局面。朝鲜人所撰《朝鲜史略》记载有一件发生在公元 475 年(相当于我国南朝宋后废帝刘昱元徽三年)的事:高句丽的长寿王巨琏招募擅长围棋的僧人道琳,让他通过下围棋取得百济盖卤王的信任,进而蛊惑百济王滥用民力,大兴土木,弄得百姓疲敝,仓廪空虚时,高句丽王就趁机出兵,攻占了百济的首都,杀死兵败的百济王。这个史事说明,这一时期围棋已经传入朝鲜半岛的高句丽、百济,而且受到国王、僧侣的喜爱。

我国古籍还有商代的箕子东走朝鲜半岛的记载,民间还有箕子用八卦占卜发明围棋的传说,有人据此推测,箕子可能会把围棋带去朝鲜半岛。箕子是商末贵族,殷纣王的叔父。旧题西汉伏生撰《尚书大传》记述箕子因反对殷纣王的暴虐而被囚禁,周灭商后,箕子被周武王释放,后来远走朝鲜半岛。《史记·宋微子世家》也有记载谓"武王乃封箕子于朝鲜而不臣也",即是说周武王把朝鲜半岛分封给箕子而不要求箕子对他称臣。相传箕子还曾隐居箕山(今山西陵川县境内的棋子山),经常卜筮占卦,夜晚观察星象,白天用山上犹如棋子的黑白两色石子陈设记录,推演天文,后来就发明了围棋。箕子东走朝鲜半岛,应该会带上围棋。然而,箕子发明围棋并带去朝鲜半岛,仅是传说、推测而已。

第二节 百济、高丽和新罗时期的围棋

朝鲜半岛从围棋传入到我国唐末之时,高丽、百济和新罗三国围棋非常盛行。

我国唐代编纂的史书最早对朝鲜半岛的围棋活动进行记载。唐代李延寿的《北史·百济传》记载谓"百济之国……尤尚弈棋",唐代魏征等人编撰的《隋书·东夷传·百济》也谓"有……围棋、樗蒲、握槊、弄珠之戏"。通过这些史书的记载可知,在唐代之前的南北朝以及隋朝时期,朝鲜半岛上百济的围棋活动非常活跃。百济与南朝文化交流密切,显然是受到了南朝尚弈风气的影响。

在我国唐朝时期,朝鲜半岛上高丽国的围棋活动也十分活跃。《旧唐书·高丽传》记载:"高丽者,……好围棋、投壶之戏。"《新唐书·高丽传》也记载:"高丽,……俗喜弈、投壶、蹴鞠。"高丽史书还记载有一位叫"泉男生"的人,是当时唯一一位有姓名可考的围棋手,据说他"琴棋两玩,雁行与鹤迥同倾",意谓既会弹琴又善弈棋,有时还一边弹琴一边下棋。围棋在高丽的盛行程度,由此可见一斑。

公元 675 年(即唐高宗上元二年),新罗在唐王朝的帮助下统一了朝鲜半岛,社会的统一安定为围棋活动的繁荣发展创造了良好的条件。据《旧唐书·新罗传》记载,公元 737 年(即唐玄宗开元二十五年),新罗王兴光去世,唐玄宗派遣鸿胪少卿邢璹为使者前往新罗吊祭。因听说新罗国喜好围棋,唐玄宗又命擅长围棋的率府兵曹参军杨季鹰为副使,共同前往新罗。经过对弈,新罗的围棋国手都败在杨季鹰手下。新罗国王非常敬重杨季鹰,给唐朝使者赠送了非常珍贵的礼物。

新罗还经常派遣留学生前来唐王朝都城长安学习,包括学习围棋技艺,甚至有新罗留学生棋艺高超而被唐王朝征召为棋待诏的。新罗留学生朴球就因擅长围棋而以客卿身份在唐充任棋待诏多年,他返回新罗时,晚唐诗人张乔还专门写了《送棋待诏朴球归新罗》一诗为他送行,诗中还担心朴球回到新罗后找不到棋技相当的对手。

朝鲜半岛在我国唐朝以后到李成桂建立朝鲜王朝(公元 1392 年,即我国明代洪武二十五年)之前,与我国的围棋交流活动似乎不多,加上围棋史料、围棋著作的缺乏,这一时期的围棋史难以考述。

第三节　李朝时期的围棋与巡将制

从 1392 年李成桂建立朝鲜王朝到 1910 年日本吞并朝鲜半岛,历史上把这一时期称为李氏朝鲜,或者简称为李朝(公元 1392—1910 年,相当于我国明代洪武二十五年至辛亥革命时期)。李朝是朝鲜半岛最后一个封建王朝,围棋成为士大夫及贵族阶层消遣娱乐的一种方式,棋手还不是一种专门的职业。这一时期,朝鲜半岛的围棋水平逐渐下降,甚至一度落于日本之下。到了李朝后期,由于中日两国均开始闭关锁国,李朝与中日两国的文化交流中断,只有前往北京的"燕行使"与前往日本江户的"通信使"等少数使者与国外存在围棋交流。

在这种情况下,朝鲜半岛的围棋活动陷入无法与外界交流的境地,国内的围棋水平也停滞不前。

李朝时期的贵族以讲究繁文缛节著称,这种风气自然影响到作为贵族娱乐活动的围棋,由此形成了朝鲜半岛流行的"巡将围棋"。到了 20 世纪,朝鲜半岛仍然保留着围棋的"巡将制度",它的棋规与中日围棋有较大差异,主要体现在两个方面:

一是座子。即双方在对弈之前要先摆放座子,而"巡将围棋"的座子多达17 个,其中黑子九个,白子八个,然后由白方开局,黑方随后。日本奈良正仓院所藏"木画紫檀棋局",一般认为是唐玄宗送给日本圣武天皇的礼物,但也有人根据圣武天皇记录礼品的簿册"奉货账",认为当是李朝贡品,因为这个紫檀棋局在十九道棋盘上镶有 17 个星位。这种座子制度与当时的中日围棋都不相同,中国传统围棋的座子,黑白两方各在对角线上放置二子,共有四子,而日本则大约在 16 世纪永禄年间(1558—1570)已经废除了"座子"制度。李朝"巡将围棋"过多的座子,严重束缚了棋手的思考和限制了边角变化,这导致了李朝围棋在近代的衰落。

二是胜负计算法也有独特之处。李朝围棋沿用中国数目法,却又规定终局后双方所围地域内的冗子均要取走,再比较目数的多少。这样一来,单劫的价值有可能大大增加,单官也可能有目。

第四节　日本统治时期的李朝围棋

1910 年,日本占领朝鲜半岛,把李朝置于自己的统治之下,李朝宫廷名存实亡。朝鲜半岛在日本的统治下,围棋活动继续前一时期的衰落。

日本统治朝鲜半岛时期,李朝出现了一位重要的围棋高手金玉均。金玉均出身贵族,嗜好围棋,是李朝的亲日派,曾在日本流亡十年。他曾与十六世及二十世本因坊(本因坊最初是日本京都寂光寺的七坊之一,后来作为姓氏,又是围棋门派掌门人名称)秀元、十七世及十九世本因坊秀荣、十八世本因坊秀甫、二十一世本因坊秀哉四位本因坊交好,结下了深厚的情谊。他曾在流放地小笠原群岛与秀荣连续对弈三月,一时之间使小笠原群岛弈风大盛。金玉均在李朝时下的是传统的巡将围棋,流亡日本后则立即去掉座子,改下日式围棋。这位改革急先锋,预示李朝巡将围棋在向现代化转型的年代走到了尽头。

二战时期,日本围棋已经领先于世界,李朝围棋远远不及日本围棋的水平。当时日本棋手木谷实访问李朝,在授二子的情况下横扫李朝国手,无人能敌。李朝棋手权秉郁请求木谷实授三子对局,最终仍以木谷实获胜告终,而权秉郁不久竟因此郁郁而终。由此可见当时李朝围棋水平与东邻日本的差距。

李朝围棋的变革与突破,是在二战结束后摆脱日本的统治才开始的。

第五节　赵南哲与韩国现代围棋的开端

二战即将结束时,朝鲜半岛分为韩国与朝鲜两个国家。此时给韩国围棋带来巨大变化、迅速发展的是被称为"韩国现代围棋开山鼻祖"的赵南哲。而赵南哲的老师,正是横扫李朝围棋国手的日本著名棋手木谷实。

赵南哲生于1923年,祖上几代都是江源道的名门望族。他很小就到日本学习围棋,后来拜木谷实为师,棋艺大进。赵南哲在日本入段,是木谷实门下第三个入段的弟子。二战结束后,年仅二十岁的赵南哲以日本棋院初段的身份回国,决心在韩国推广现代围棋。当时的韩国棋手只能以酒馆或茶楼为活动场所,靠赌彩棋来维持生计。在这种情况下,没有人愿意下棋为生,更没有人愿意教棋,赵南哲就在手推车上装着棋盘到处去普及现代围棋。后来他回忆起这段时光,还自嘲和早晨卖蔬菜的没有两样。韩国围棋正是在他这样的付出下逐步变化、发展的。

　　赵南哲怀着"棋道报国"的信念,创办了汉城棋院。棋院立下三大宗旨:一是废止"巡将围棋",以现代围棋代替,以便将来参加国际比赛;二是把围棋作为健全的国民娱乐进行普及,禁止赌棋;三是努力把棋院发展成类似日本棋院的机构。1950 年,在赵南哲的组织下,韩国第一次举办了现代围棋定段比赛。1955 年,赵南哲说服韩国总统李承晚,组织职业棋手代表团前往台湾进行国际对抗赛并取得了胜利,这大大鼓舞了韩国围棋界的士气。在他的长期努力下,"巡将围棋"被废止,段位制度被确立起来,并且开展新闻棋战,韩国围棋终于走上了发展的正轨。同时,他还认为普及现代围棋不能套用日本的围棋术语,必须用本国语言进行改造,于是他一边翻译日本围棋术语,一边自己创造词汇,推出了韩国围棋界的理论名著——《围棋概论》。当时在韩国围棋界引起巨大轰动,也使更多的人参加到围棋活动中来。

　　赵南哲对韩国围棋做出了巨大贡献,表现在十个方面:一、创办汉城棋院;二、废除巡将制;三、禁止赌棋;四、推行棋手职业化;五、推行段位制;六、组织现代正规赛事;七、创立本国的围棋术语;八、所著《围棋概论》开启了韩国现代围棋研究;九、推动韩国与其他国家、地区进行围棋交流,积极学习他国的先进棋艺和围棋理论;十、建立韩国的围棋人才培养机构和制度。

　　在赵南哲的不懈努力下,韩国围棋在二十年内迅速发展,出现了曹薰铉、李昌镐、李世石等世界一流棋手,围棋水平提升到与中国、日本抗衡的地位,并形成中、韩、日三头并立的格局。从传统的继承与突破、现代围棋的开创与确立来说,赵南哲是韩国围棋的关键性人物,他宣告了韩国古代围棋的结束,揭开了韩国现代围棋的新篇。

第十章

日本围棋简史

　　日本围棋大约是在我国的南北朝时期从中国传入的。传入之后,主要是在宫廷、贵族和僧侣阶层流行。平安时代,是日本围棋的迅速发展时期,不但出现了第一位棋圣,还产生了最早的中日围棋国际比赛。战国至江户时代,是日本围棋的繁荣时期。这一时期,围棋门派的形成,"棋所"的设立,御城棋制和段位制的确立,对围棋的发展具有极大的推进作用,围棋水平达到了日本古代的最高峰。明治维新以后,日本围棋一度衰微,但随着"方圆社""同志会"以及两大棋院的成立,加上中国天才围棋手吴清源东渡日本而且成为"昭和棋圣",日本围棋进入了近代最辉煌的新布局时代。

第一节　日本围棋的传入及其迅速发展(七世纪至室町时代)

一、日本围棋的传入

　　日本围棋也是从中国传入。《大日本百科事典》(1980年版)认为:远在公元一至四世纪间,围棋就从中国经由朝鲜半岛传入日本,至大和时代(250—538)已经流行于统治阶级之间了。但此说系推考而来,并无确凿证据。

　　有学者认为围棋大约是在佛教传到日本时传入的,或在佛教传入之前就经由朝鲜半岛传入日本了。佛教传入日本的时间,有不同说法。据《日本书纪》的记载,公元552年(即我国南朝梁承圣元年),佛教从百济传入日本;据《上宫圣德法王帝说》《法隆寺伽蓝缘起并流记资材帐》的记载,佛教于公元538年(即我国南朝梁大同四年)传入日本。

日本享保十二年(公元1727年,即我国清朝雍正五年)正月二十九日,日本围棋四大门派的掌门人本因坊道知、井上因硕、安井仙角、林门入共同签了一张承诺书,上面写着:"围棋创自尧舜,由吉备公传来。"这也是日本民间曾流行的一种说法,认为围棋最早是由日本古代著名学者吉备真备(695—775)在唐留学后,于日本圣武天皇天平七年(735)带回日本的。但据信史所载,公元685年日本天武天皇就曾召公卿上殿手谈。继而又有公元689年持统天皇禁止围棋和公元701年文武天皇解除禁令的记录。此后日本现存最早史书即公元712年完成的《古事记》中还多次出现以"碁"字作地名、人名的例子,而日文中的"碁"即特指围棋(亦称"围碁")。另外,公元718年公布的《僧尼令》中也谓"惩罚博戏,独优弈碁"。这些记载都早于吉备真备归国的公元735年。显而易见,围棋"由吉备公传来"的说法,是不能成立的。

日本史学家认为,围棋应是在推古天皇(554—628)之前随着中国的文字文物,由大陆来的移民经由新罗、百济而传入日本的。我国的围棋史专家认为,围棋最有可能是在我国的南北朝时期传入日本的,我国南北朝时期,日本遣使来华的次数颇多。

二、奈良时代围棋在宫廷的盛行

日本的奈良时代(710—794),相当于我国唐朝的中期。这个时期,我国唐朝经济发达,文化繁荣,日本派遣来唐的使者也很多,遣唐使带回了大量先进的技术和文化,围棋棋艺也是其中的重要部分。日本天平年间(公元730年左右),圣武天皇在派往唐朝的留学生中特意加添了一个叫少胜雄的人,专门去学围棋,少胜雄学成回国之后,弈棋人才不断增加,围棋开始兴盛起来。

奈良时代,由于有几位天皇喜好围棋,围棋在宫廷非常盛行。从四十五代圣武天皇到四十九代光仁天皇,这几位天皇都喜欢弈棋。专门保存古物的奈良正仓院就存有圣武天皇在位时使用过的棋局。天平胜宝年间(749—757)，孝谦天皇非常喜欢下围棋，曾下令犯赌博罪者罚做苦工百日，但弈棋则不予限制。上有好者，下必甚焉，影响所及，棋道大昌，围棋在日本逐渐成为一种朝仪，做官的非通此道不可。宫中弈棋还曾因争棋引起打杀，日本史书《续日本纪》记载：公元738年，宫中的大伴宿弥、连东两人，利用政务之余的闲暇时间下棋，引起争论，大伴宿弥用刀砍杀连东。这一时期，已经出现职业棋师，并出入宫中。日本和歌总集《万叶集》(编纂于公元759年)中就收录有棋师的两首作品。

三、平安至室町时代围棋的迅速发展

1.平安时代围棋的大发展

日本平安时代（794—1192），又称为"平安京时代"，相当于我国中晚唐至南宋末期。平安时代，围棋在日本社会各阶层开始流行，但主要还是流行于贵族阶层和僧侣阶层。平安时代的日本棋坛发生了很多重要事件，如中日围棋出现了国际比赛，日本出现了第一位围棋棋圣，还产生了专门的围棋诗歌和棋艺著作。这是日本围棋的大发展时期。

平安时代，不论宫廷、民间，围棋活动都较为活跃。公元894年，日本看到唐王朝逐渐衰落，文化丧失了先进性，于是废止遣唐使，开始发展自己独特的国风文化。对日本围棋来说，作为文化活动的一个部分，遂从学习、模仿中国棋艺转而变为自己独立发展。这个时期，日本围棋除了在贵族、僧侣阶层流行，还受到上流社会妇女的青睐。从日本广泛流传的《源氏物语》《枕草子》等古典文学作品中，我们可以了解围棋在当时的贵族和僧侣阶层的流行程度。僧侣喜好围棋，后来在日本围棋界，有很多著名棋手出自僧侣。

平安时代，中日两国国手首次对战，开启了最早的围棋国际比赛。据唐代苏鹗《杜阳杂编》记载，唐宣宗大中年间(847—859)，日本王子与唐朝棋待诏顾师言对弈，至三十三手后，顾师言下出镇神头之着，日本王子主动认输。对于这段记载，一些日本围棋史家出于"围棋上国"意识而不愿承认，但是《旧唐书·宣宗本纪》也有记载："大中二年三月己酉，日本国王子入朝，贡方物。王子善棋，

帝令待诏顾师言与之对手。"

平安时代,菅原道真创作出颇有影响的围棋诗,这与围棋的普及、发展有关。菅原道真(845—903)是一个以博学多才著称的公卿,公元894年,被任命为遣唐大使,但是他建议终止遣唐使团并得到天皇的同意,于是持续了二百余年的遣唐使历史至此告终。菅原道真曾用汉文写有围棋诗,《菅家文草》中收有他创作的四首,分别作于青年、中年、晚年三个不同时期。其中的《山家晚秋》写他与友人对弈,并称围棋为"坐隐";《围棋》一首,运用了"烂柯"的典故;《观王度围棋》一首,提到唐代著名棋待诏王积薪,并谓王积薪是王度的本家。由此可见,我国围棋文化对日本的巨大影响。

平安时代的醍醐天皇(897—930在位)时期,日本出现了一位有名的棋圣宽莲。这位棋圣就是剃头匠出身的橘良利,后来在仁和寺出家为僧,法名宽莲。宽莲最初对围棋仅略知一二,当了和尚之后,每天除了诵经念佛,无所事事,遂潜心钻研围棋,棋技迅速提高,后来全国上下无一人能和他下对子棋,日本棋界人士都推崇他是第一位棋圣。

醍醐天皇喜好围棋,听说宽莲大名,便召他进宫较量棋艺。陪侍天皇下棋是一种荣耀,然而宽莲却不太在意,偏要让天皇二子。但他在行棋时,又意下成细棋,最后只赢一目。这一来,天皇虽然输了,却还有面子。天皇高兴之下,便赐给他一个御用的金枕头,又暗中让侍卫拦住他检查,把金枕头收回来。又一次下棋时,宽莲预先制作了一个大小相仿的木枕头,外边贴以金箔,藏在身上。天皇果然又赐金枕头,他就真假对换,真枕贴身藏着,捧着假枕慢慢走出来。侍卫又来没收时,他装作气愤的样子,将假枕头丢到旁边的一口枯井里,趁侍卫打捞之时溜出宫中。回去之后,他立即把金枕头打碎卖了,用卖的钱在仁和寺旁边修建了一座弥勒寺,并自任方丈。醍醐天皇对宽莲的行为也不计较,仍然经常召他进宫对弈。后来,在宽莲的悉心指导下,醍醐天皇棋艺进步,真正达到了宽莲授先二子的水平。

延喜十三年(913),宽莲写成围棋理论著作《棋式》一书,并献给醍醐天皇。这是日本最早的一本棋著,可惜没有流传下来,《群书类丛》里辑录了散佚的一些内容。

2.镰仓至室町时代围棋的持续发展

日本镰仓时代(1185—1333,相当于我国南宋末期到元朝晚期),围棋在社会上持续发展,并在武士中传播开来。在紧张的战争空隙,武士们也迷恋黑白棋子,通常要下下围棋,用以放松情绪,拓展思维。这大概也是围棋的思维方法与战争的战略战术相通的缘故吧。

公元1199年,日本棋圣玄尊法师编写成《围棋式》一卷,浅近易懂,为围棋在日本的普及开辟了道路。《围棋式》是日本现存最早的完整棋书,在日本围棋史上具有重要的地位和影响。

日本室町时代(1336—1573,相当于我国元代晚期到明代中期),围棋在日本各个阶层广泛流行,技艺高超的棋手备受人们尊重,围棋得到了极大的普及和发展。

7世纪到室町时代的七百多年,是日本围棋的迅速发展时期。从7世纪围棋传入日本到因涉赌被禁,再到奈良时代围棋在宫廷的盛行,然后到平安至室町时代的普及与飞跃发展,尤其是终止遣唐使之后围棋走向独立发展并形成全国性的活动,其间虽然有波折,但是为日本围棋的繁荣打下了坚实的基础。

第二节 日本围棋的繁荣期(战国至江户时代)

一、战国时代围棋的盛行及其变革

日本的战国时代,一般指自室町时代爆发的应仁之乱(1467)至安土、桃山时代(1573—1603)百多年间政局纷乱、群雄割据的历史。战国时代是日本封建领主混战的乱世,按照惯常思维推想,弈棋的人数会大量减少,然而恰恰相反,此时围棋在日本却迎来了新的发展契机。因为掌握天下权势的三大枭雄织田信长、丰臣秀吉和德川家康都酷爱围棋,颇有棋力,而且优待围棋高手,对围棋的发展具有推动作用。此外,下棋可以忘忧消愁,满足人们的好胜欲,在战火纷飞的乱世,真正爱棋的人也不会放弃围棋。这一时期,日本围棋繁荣发展,在武将中特别盛行,僧侣中也出现了围棋大家。

日本专业棋手兼围棋史专家中山典之根据赖山阳所著《日本外史》统计,战国时代的武将中有30%—50%是围棋爱好者,战国三杰织田信长、丰臣秀吉和德川家康都具有相当的棋力。寂光寺僧人日海(1559—1623)棋技高超,先后侍奉于织田信长、丰臣秀吉和德川家康三代将军,是日本围棋战国时代到江户时代的代表性棋手。织田信长与日海对局时受五子仍不是对手,出于钦佩,誉称其为"名人"。这是日本围棋史上的第一位"名人"。后来,丰臣秀吉看重日海,为其设立名人棋所,享受固定俸禄。日本职业棋士的历史,就是从这时开始的。此时,日海改名为"本因坊算砂",开本因坊一门。丰臣秀吉死后,德川家康召日海去了江户。

战国时代,日本围棋的一大变革,就是座子制的取消。日本现存最早的对局谱,是日莲上人与弟子吉祥丸于建长五年(1253)对弈于松叶谷草庵的一局棋,这局棋是日本现存的唯一采用"座子制"的对局,并且为五个座子。但有人认为这是后人伪托之作,因为此谱初载于1829年出版的棋谱《古棋》。在现存为数不多的日本围棋古谱中,还有战国武将真田昌幸和真田信幸永禄四年(1561)于信州上田城的对局谱,以及武田信玄和高坂弹正永禄九年(1566)于长远寺的对局谱。两谱极为珍贵,并有一个共同特点,就是在开局前,双方均未在四角星位放置座子,而且黑子先行。这意味着日本围棋至迟在战国时代,已经取消了座子制,盘面变得更加开阔,行棋较少受到限制,也更加富于变化。

二、江户时代:古代围棋发展的最高峰

江户时代(1603—1868,相当于我国明万历三十一年至清同治七年)是日本历史上武家(指武士系统的家族、人物,与"公家"相对)统治封建时代的最后一个时代,因为德川家康在江户城(今东京)设立德川幕府,也称幕府时代。在结束了全国的纷乱自立和相互攻杀之后,日本处于统一和平时期,由于统治者酷好围棋,而且大力扶植棋手,极大地推动了围棋的发展,围棋门派的形成,"棋

所"的设立、御城棋制、段位制的确立，标志着围棋的职业化、制度化。棋手既有基本的生活保障，又形成了平等竞争的氛围，从而有力地促进了围棋的繁荣，日本围棋发展到了古代的最高峰。日本围棋界一般认为，由江户时代开始，日本围棋的水平已经超过中国。

1. 本因坊和四大棋家

僧人日海被德川家康召去江户后，任德川幕府首任"棋所"。所谓"棋所"，是德川幕府赐予围棋最强手的荣誉称号。"棋所"的职责是总理围棋事务，指导将军弈棋，掌握围棋等级证书的颁发权等。官府每年支付给"棋所"禄米五百石。日海原名加纳与三郎，法名为"日海"，原住京都寂光寺七坊之一的本因坊，改名"本因坊算砂"后，"本因坊"为姓，"本因坊算砂"为棋家之名，继而"本因坊"又成为棋派掌门人名称，算砂遂成为本因坊的鼻祖。本因坊一共世袭了二十一世，江户时代的围棋名人共有10位，本因坊就有7位，足见其围棋水平之高、影响之大。

本因坊家为江户时代的围棋四大家之首，另外三家为井上家、安井家、林家，合称"棋所四家"。四大家中，井上家与安井家平分秋色，林家为末。江户时代的10位围棋名人中，除了本因坊7位，井上家有2位，安井家有1位。最后，林家最先并入本因坊；之后，安井家因无好子嗣继承而断脉；本因坊家则因二十一世秀哉(1874—1940)引退，将"本因坊"之名转让给日本棋院而结束。"本因坊"遂成为围棋"本因坊战"的头衔战名。

2. "御城棋"制度与"棋所"之争

江户时代，德川家康确立了"御城棋"制度。"御城棋"指四大棋家的棋士每年一次聚会于江户城，在天皇或将军面前对局，进行"御前比赛"。比赛规定：每年十一月六日报名，十一月十七日开始比赛；参赛者必须是四大棋家的家元(棋家头领)、迹目(各棋家对预定继承人的称呼)，以及达到四家协议标准(一般是七段以上)的其他棋士；出席棋士按惯例有十枚银币、衣服和茶食等赏赐，对局期间禁止外出。

"御城棋"是棋界最隆重的聚会，也是四大棋家展现实力的最好机会，各家围绕"棋所"头衔展开了反复激烈的争夺战。"御城棋"制度促进了各家之间的相互了解,促进了日本围棋水平在竞争的基础上不断发展,使这一时期成为日本围棋史上的重要里程碑。

宽永三年(1626),中村道硕继承本因坊算砂的"棋所"身份后同安井算哲对弈于德川秀忠御前,一般认为这是"御城棋"的正式开始。元治元年(1864)"御城棋"正式结束。

宽文八年(1668),安井算知依靠官场势力被任命为"棋所",引起围棋界的不满,本因坊三世道悦(1636—1727)要求争棋。这次争棋是日本围棋史上最激烈的对抗战之一,从 1669 年起至 1675 年止,双方酣战二十局,结果以算知负十二局、胜四局、和四局而惨败,于 1676 年交出"棋所"称号,由道悦出任。

3."名人"称号的出现

最初的围棋"名人"指日海,是织田信长惊叹其棋技非凡而赐予他的。后来,丰臣秀吉因酷爱围棋而为日海成立"棋所",作为在"棋所"位上的最强棋手,也被称为"名人"。

德川幕府时期,"名人""棋所"称号的确定是极其严格的,产生只有三种途径:一是官方任命,二是协同相荐,三是争棋获胜。这一时期,围棋的最高段位九段只能有一人,即为"名人""棋所"。通常成为"名人"后,都身兼"棋所"。江户时代到明治初期,"名人"一直是唯一的九段,此制度一直持续到日本棋院成立后举行"大手合"(升段赛)比赛,才被打破,其间维持了约两百年。

道悦出任"棋所"的第二年,将本因坊传给弟子道策(1645—1702)就引退了。延宝五年(1677),让四家皆无可挑剔而被推举为"名人"的只有本因坊四世道策,于是道策被推举为"名人""棋所",并被公认为"棋圣"。这时日本围棋的"名人"称号,才从形容词变成特定意义的名词,并且成为至高无上棋力的象征。

道策一反传统的偏于力战的着法,开创了延续至今的重视全局协调的近代布局理论。天和二年(1682),道策授四子与访日的琉球国第一名手、王子亲云上滨比贺对局,大败对手,显示了当时日本围棋的最高水平。

道策之后,井上四世道节、本因坊五世道知(1690—1727)先后任"名人""棋所"。享保十二年(1727)道知去世,这以后"棋所"长期空位。明和三年(1766),本因坊九世察元(1733—1788)与井上六世春硕争棋,第二年,察元以五胜一和的压倒优势战胜对手,即位"名人"。明和七年(1770),本因坊九世察元被批准出任"棋所"。

4. 段位制的确立

日本围棋的段位制,相传为本因坊四世道策所创,但并无信史记载,后人只能根据文献资料做一些合理的推测。

道策任"棋所"时期,即从延宝五年(1677)到元禄年间(1688—1704),是日本围棋的第一个黄金时代,仅是本因坊家的内弟子就有三十多人,其中有著名的"六天王"等。为了正确评定众多弟子的棋力,有必要建立一个较为合理精细的围棋等级制度,后人把段位制的创建归功于"棋圣"道策,有一定的道理。

日本围棋史家林裕认为,段位制是以"上手"(七段)为基准制定的。这就是说,从"上手"往上定二级,即名人、上手间之手相(手合)或"半名人",以及"名人",这是日本最早的围棋等级。从"上手"往下分六级,即六段到初段。合起来正好是九个等级。这可从江户时期免状(段位证书)的格式得到印证。

段位制以"九段"即"名人"为最高,其次是"八段"即"半名人",再其次是"七段"即"上手",以下各段没有专门名称,最低是"初段"(一段)。每一段相差半子(从大正十三年即 1924 年开始改为一段差三分之一子)。

日本围棋的段位制,仿效中国古代的"围棋九品"创设而成,但中国以"九品"为最低,日本则以"九段"为最高,两者的顺序正好相反。段位制的确立,使棋手的棋力有了具体的评判标准,也使棋手间的比赛有章可循。

5. "双璧"时期

19 世纪初叶至中叶,日本围棋步入全盛时期。本因坊十一世元丈(1775—1832)和安井八世知得(1776—1838)堪称棋逢对手,棋技相当,两人商定平分秋色,同居八段准名人地位。后人称赞说"元丈、知得共立'名人'之位,两雄之技在伯仲之间,故竟同止于八段"。元丈和知得被誉为棋界的"双璧"时期,也是日本古代围棋发展的最高峰时期。

后来,本因坊十二世丈和(1787—1847)与井上十一世幻庵因硕(1798—1859)因任"名人""棋所"而明争暗斗的时期,应是古代围棋最高峰的延续。

据文献记载,天保十二年(1841),日本有七段以上的棋手8人,六段棋手6人,五段棋手10人,五段以下棋手257人。弘化年间(1844—1848)见于记载的棋手共有431人。自此,围棋开始从武士、僧侣之间的高雅游戏转向平民化、日常化,走进普通百姓的生活。在幕府的保护下,日本围棋作为一种国技,竞技水平在亚洲国家已处于领先地位,甚至可以说是世界最高水准。

第三节　日本围棋的壮大期(近代)

明治元年(1868),明治天皇建立新政府,随即进行政治改革,建立君主立宪政体,开始了明治维新运动。明治维新是日本从封建社会进入资本主义社会的转折点,是日本近代史的开端,到1945年第二次世界大战日本战败,是日本近代史的结束。这一历史时期,包括明治时代(1868—1912)、大正时代(1912—1925)和昭和时代(1925—1989)的前二十年,日本围棋经历了从衰微而又逐渐走向强盛的过程。

一、四大棋家的衰落和方圆社的成立

日本进入明治维新时代,社会变革,幕府灭亡,传统文化受到冲击,政府无力顾及围棋,四大棋家沿袭二百余年的俸禄被取消了,围棋赖以生存的根基不复存在,遂逐渐走向衰微。本因坊家首先走向衰落,这时是本因坊十四世秀和时期。秀和曾多次与井上因硕争棋,都获得胜利,于弘化五年(1848)袭本因坊十四世并升八段。然而,在安政六年(1859)申请"名人""棋所"时,却因幕府体制行将崩溃而未能如愿。幕府崩溃以后,本因坊不仅失去了赖以生存的俸禄,而且连200年前幕府赐予的约351坪宅地也差点被新成立的东京府没收。

面对围棋的衰落,棋界一些有志之士为弘扬棋道,重新组织了新型的围棋社团——方圆社。方圆社由本因坊家弟子村濑秀甫、十二世本因坊丈和第三子中川龟三郎、井上家弟子小林铁次郎三人于明治十二年(1879)创办。方圆社是一个围棋普及和研究的团体,每月定期举行研究例会,重视发展会员和募集资金。据传方圆社成立不久,四方棋手闻风而至,鼎盛的时候全国各地的会员达千人以上,而在成立后第二年发起的募捐行动中,竟然募集到约3万日元的巨额资金。此外,方圆社还独自举办比赛,发放段位证书,出版杂志(方圆社社报《方圆新报》,后改名为《围棋新报》),指导业余棋手,形成了与本因坊对峙的局面。

二、两强对峙和三足鼎立

在方圆社成立之后,本因坊十七世、十九世秀荣为振兴本因坊而竭心尽力。明治二十五年(1892),秀荣组织"围棋奖励会",创办《围棋奖励杂志》。明治二十八年(1895),在当时的豪商、高田商会主慎藏氏夫人民子的巨额资助下,秀荣创立了"四象会"。作为"四象会"的日常活动,秀荣定期邀请四段以上棋手举行研究聚会,还给予参加者往返路费。"四象会"一直持续了近10年,在日俄战争期间(1904—1905)解散。明治三十八年(1905),秀荣在犬养毅、福泽舍次郎等人的援助下,又组织"日本围棋会",自任会长,名誉会员有犬养毅、福泽舍次郎、涩泽荣一、岩崎久弥等一大批知名人士。

本因坊在秀荣的不懈努力下振兴起来,改变了方圆社成立后初代社长村濑秀甫时期以绝对优势压倒本因坊的状况,形成了本因坊和方圆社两强对峙的局面。

20世纪初,任方圆社副社长的石井千治因与社长岩崎健造意见相左,于明治四十年(1907)脱离方圆社,集合岩佐銈、高部道平、野泽竹朝、女棋手喜多文子等数十人,在高田民子等人的资助下组织"围棋同志会"。"围棋同志会"通过创刊会志《围棋世界》,模仿方圆社定期举行研究例会等活动,很快发展成为一个强大组织,围棋界进入本因坊家、方圆社、同志会三足鼎立的时代。

明治四十五年(1912),岩崎健造因年迈宣告引退,他把社长位置让给了因与自己不和而从方圆社出走的石井千治,显示出宽广的胸怀。石井千治不负所托,复归之后就任社长,振兴了方圆社,棋界再次进入本因坊与方圆社两强对峙的时代。

本因坊和方圆社都位于当时日本政治文化的中心地东京,其势力范围主要集中在关东地区。这一时期,关西棋坛虽然也有以井上家为代表的一些棋手在开展活动,但他们势单力薄,无法与关东棋坛相提并论。

三、两大棋院的成立

大正十二年(1923)9月1日,日本关东地区发生7.9级大地震,死亡及失踪人数逾10万,房屋倒塌无数,给东京一带造成毁灭性的灾难。本因坊二十一世秀哉煞费苦心建立的中央棋院,被大火烧成废墟。由雁金准一、高部道平、铃木为次郎、濑越宪作四位棋手于1922年发起成立的围棋组织"稗圣会"也损失惨重,会馆烧成灰烬,财产损失精光。然而,关东大地震却给围棋界带来一次重组的契机。

震灾过后,以中央棋院为首以及"稗圣会"的部分成员提出"棋界大同团结"的口号,最终得到方圆社的响应,而且得到了有名的财阀大仓喜七郎的慷慨资助。大正十三年(1924)7月,在中央棋院、方圆社、稗圣会三家的基础上组建而成的日本棋院应运而生。日本棋院的设立是日本棋坛划时代的大事,它给棋界注入了新的活力。自设立以来,它一直是日本规模和影响都最大的围棋组织。现在除在大阪、名古屋、北海道设有分部外,还在世界许多国家和地区设有支部。棋院组织棋艺研究、培养棋手、举办比赛、授予段位、发行围棋杂志和书籍,为日本围棋的振兴做出了重大贡献。

昭和二十年(1945),日本棋院会馆在战火中烧毁,战乱中棋手为保命而四处逃难。日本棋院关西支部筹集到100万日元,买下了在大阪天王寺细工谷的民房作为关西棋院会馆,不久又受到财团法人的认可,于是"财团法人关西棋院"的招牌在1948年正式挂出。昭和二十五年(1950),关西棋院正式独立于日本棋院,成为日本关西棋坛的重镇。

战后,日本棋院和关西棋院成为日本围棋界的领头羊。昭和时代,中国棋手、韩国棋手纷纷到日本留学,向日本棋手学习。中韩日三国棋手在日本相逢对弈,必然会催生一些新思想和新技法,于是日本迎来了近代围棋最辉煌的新布局时代,也称"清源时代"。

四、新布局时代

昭和八年(1933)秋冬,来自中国的天才棋手、19 岁的吴清源和日本棋手 24 岁的木谷实在日本信州的地狱谷温泉共创"新布局法",掀起了围棋界的创新之风,日本围棋步入新布局时代。

吴清源(1914—2014),原名吴泉,出生于福州,后来举家迁居北京。他的父亲吴毅非常喜爱围棋,曾留学日本学习法政,经常出入方圆社。吴清源受父亲的影响,小时就喜欢围棋,并表现出过人的天分,有"围棋神童"之誉。1928 年,只有 14 岁的吴清源通过考核,受到日本棋院的资助东渡日本学棋。吴清源抵达日本后,经过弈棋考试被评为三段。他刻苦钻研,棋艺日新月异。

1933 年,吴清源升为五段,他和木谷实开创了新布局时代。当时的围棋比赛,黑棋没有贴目(在对局中,由于黑棋先手,在布局上占有一定优势,为了公平起见,在最后计算双方占位的多少时,黑棋必须扣减一定的目数或子数),执黑先行的好处为广大棋手所熟知,而吴清源在段位不断提升以后执白的次数越来越多,渐渐认为若按传统的下法,总是觉得白棋落后于人,而那时的木谷实也萌生了类似的想法。两人交流之后一拍即合,遂在秋季大手合(升段赛)中开始使用新布局,两人的比赛成绩分居前两位。1933 年 10 月,吴清源在"名人胜负棋"中运用"新布局法"对阵本因坊二十一世秀哉,由于秀哉屡次提出打挂(暂停),回去和弟子们研究,一局棋下了三个月时间,后来吴清源以两目之差败给了秀哉。然而,吴清源运用的"三三、星、天元"三连星布局法,完全颠覆了以前的传统观念,震惊了日本围棋界。后来,吴清源和木谷实在地狱谷温泉疗养时合著《新布局法》(安永一主笔)出版。吴清源和木谷实打破了日本传统围棋理论的束缚,成为当代围棋理论的开拓者。

昭和十一年(1936),吴清源加入日本国籍。昭和十四年(1939),吴清源升为七段。自 1939 年至 1956 年,吴清源在《读卖新闻》举办的"升降十番棋"中连续战胜当时的顶尖棋手。1939 年对木谷实十番棋,1941 年对雁金准一十番棋

（对弈到吴清源以四胜一负领先时，因顾及名誉问题，雁金准一退出比赛），1946年和1950年对桥本宇太郎两次十番棋，1943年、1951年和1952年对藤泽库之助三次十番棋，1953年对坂田荣男十番棋，1955年对高川格十番棋。在以上十番棋比赛中，吴清源将全部对手降格，创下了震古烁今的伟大战绩，被誉为"昭和棋圣"，在日本围棋界开创了长达20余年的"吴清源时代"。

昭和三十六年(1961)，吴清源遭遇车祸，后来又患上肺结核，从此退出各项重大比赛。于是吴清源时代宣告结束，日本围棋由近代进入当代。

吴清源对围棋的贡献主要在三方面：一是提出新布局理论，打破日本传统围棋局限于角地的观念，创造向边与中腹快速展开的"新布局法"；二是革新旧下法，独创了以"大雪崩内拐"为代表的许多吴清源定式；三是提出"二十一世纪围棋"——六合之棋，重视整体、和谐和创新。

下编 围棋与文化

围棋文化

第一章

围棋与《周易》文化

　　《周易》是我国最古老的文化典籍之一，是我国思想学术文化的源头之一。《周易》又称《易经》，简称《易》，本为卜筮之书，以卦、爻辞指告人事吉凶祸福，是供巫史算卦用的专门著作。相传伏羲氏画八卦，周文王演绎八卦作卦辞，周文王之子周公又阐述文王思想作爻辞。《周易》分为"经""传"两部分，"经"由八卦重叠演化而成的六十四卦、组成六十四卦的三百八十四爻以及卦辞、爻辞组成，相传孔子阐发"经"的义理而为之作"传"。

　　东汉史学家班固最早以《易》解"弈"，其《弈旨》就根据《周易》来解释围棋。《易经》之"象"，是象天则地而成，《周易·系辞上》谓"在天成象，在地成形"，故《弈旨》也说围棋"局必方正，象地则也"；《周易·系辞上》谓"一阴一阳之谓道"，故《弈旨》也说"棋有白黑，阴阳分也"；《周易·贲》谓"观乎天文，以察时变"，故《弈旨》也说"骈罗列布，效天文也"；《周易·系辞上》谓"《易》有四象，所以示也"，故《弈旨》也说"四象既陈，行之在人"。

　　后来，古人就有"'弈'者'易'也"的观点。清人汪缙的《弈喻》云"'弈'之为言，'易'也"。"易"指阴阳变化消长的现象，即《周易·系辞上》所谓"生生之谓易"，东晋韩康伯注谓"阴阳转易，以成化生"。汪缙认为"易"以阴阳相间而错杂变化，"弈"以黑白相间而错杂变化，各有位置，依照天理而不可违背：

　　是故爻当位者吉，爻不当位者凶；弈当位者吉，弈不当位者凶。……当者，当于位，循乎天理者也。……循乎天理而弈者，谓之国工。

　　《周易》的爻位，有阴位和阳位之分。阴爻处于阴位，阳爻处于阳位，则为

129

"当位",反之,则为"不当位"。"当位"即遵循了事物发展的正道、常则,弈棋"当位"即落子正确,遵循常则。

清朝人姚启圣的《不古编序》也认为围棋与《周易》相通,是治理社会的圣贤用以教人保全天性,顺其自然的媒介:"予喜读《易》,性亦爱棋,即军中不废。尝玩'师'卦,有悟于经世圣贤以教全生之义,于是知棋又通于《易》。"

第一节　棋子法阴阳

"阴阳"是《周易》哲学思想的核心内容。《周易·系辞上》所谓"一阴一阳之谓道",就是认为万物皆负阴抱阳,即万物内含着阴阳两种相反而又相成之气。《周易》认为阴阳合和,化生万物,以阴阳变化来说明宇宙万物的一切现象。《周易》的"阴阳"思想,渗透到中国传统文化的方方面面。

围棋棋子分黑白两色,古人就直观地与"阴阳"相联系,认为棋子效法阴阳。班固《弈旨》就云:"棋有白黑,阴阳分也。"宋人张靖《棋经十三篇》也云:"枯棋三百六十,白黑相半,以法阴阳。"明人许毂编辑的《石室仙机》有注释更说得明白:"白黑各一百八十。阳明而显,故白子;阴晦而暗,故黑子;是阴阳之义也。"中国当代著名围棋国手陈祖德也认为:围棋的发明同《周易》八卦有关。"棋有黑白,阴阳分也",是中国古代文化对天地自然的阴阳之理、变化之道理解的抽象反映,围棋的棋盘、棋子体现了中国古代文化中"天圆地方"的思想,而棋盘的361个交叉点则代表了农历的361天,棋盘四分表示四季,又以棋盘的天元为太极,并以棋子黑白两色表示阴阳。

《周易》认为阴阳对立统一是事物存在与变化的根本规律,以阴阳对立来说,围棋中除了黑白二子阴阳对立外,还有着法如益损、死活、大小、先后、攻守、缓急、取舍、劳逸、厚薄、虚实等,都类似于阴阳对立。

《周易》的哲学思想中,阴阳与动静是相对应的一个范畴。阴阳为物象之两仪,动静为物理之两仪;阴阳交,物象成;动静交,物理成。因此,古人也以动静来阐述围棋之道。南朝宋沈约就认为围棋"静则合道,动必适变"。唐人李泌七岁时咏围棋的诗,题目就为《咏方圆动静》,诗云:"方如行义,圆如用智,动如逞才,静如遂意。"宋人张靖的《棋经十三篇》也云:"局方而静,棋圆而动。"围棋的棋子、棋盘效法"天圆地方"。棋子是圆的,所谓"天圆而动";棋盘是方的,所谓"地方而静"。元人虞集也认为围棋有"阴阳动静之理",提出了对弈中的"动静"观念。清人吴瑞征的《官子谱序》甚至认为:"若弈,则非天下之至静者,不能审其理于机先;非天下之至动者,不能神其用于莫测。"

第二节　棋局合易数

清人秦松龄《弈理析疑序》云:"天地生成之数,具于'河图''洛书',前圣因之而作《易》。盖有是数即有是理。弈虽小数,理实寓焉。"秦松龄认为易数即天地生成之数,而弈数通于易数,弈数之理通于易数之理。

宋人张靖《棋经十三篇》云:

夫万物之数,从一而起。局之路,三百六十有一。一者,生数之主,据其极而运四方也。三百六十,以象周天之数。分而为四隅,以象四时。隅各九十路,以象其日。外周七十二路,以象其候。枯棋三百六十,白黑相半,以法阴阳。

张靖对棋盘路数的阐释与《周易》大衍之数(即天地之数)相契合。《周易·系辞上》云:

天一,地二;天三,地四;天五,地六;天七,地八;天九,地十。天数五,地数五,五位相得而各有合。天数二十有五,地数三十,凡天地之数五十有五。此所以成变化而行鬼神也。大衍之数五十,其用四十有九。分而为二以象两,挂一以象三,揲之以四以象四时,……乾之策二百一十有六,坤之策百四十有四,凡三百有六十,当期之日。

所谓"象两",即象征阴阳;"象三",即象征天、地、人三才;"揲之",即取而数之;"象四时",即象征春、夏、秋、冬四季;"当期",即一年的天数。围棋的棋局方形,棋子圆形,象征阴阳即天地,与《周易》所谓"分而为二以象两"相合,加上弈棋者即天地人三才,也与"挂一以象三"相合;棋局四分表示春、夏、秋、冬四季,与"揲之以四以象四时"相合;19道棋局的361个交叉点和"枯棋三百六十",则与"当期之日"即一年三百六十日相当。所以清人汪缙的《弈喻》就云:"弈之数,周天之数也。"此外,《易》以天地之数为基础,确立《易》之演化,在演化过程中,以"一"为数之始,模拟三百六十日周天的运行。《棋经十三篇》依据《易》之数理,确立"一"为棋局之始,即确立了围棋"生"的本根。弈棋从第一颗棋子落枰,黑白交替行棋,阴合阳变,一生二,二生三,三生万变。围棋的"从一而起",隐喻着宇宙万物有生于无的生成之道,象征着宇宙万物繁生于简,"生生之谓易"的发展之道。

第三节　围棋同象的思维

《周易·系辞上》云:"在天成象,在地成形。"所谓"象"指日月星辰之类,所谓"形"指山川动植物之类。《周易·系辞上》云:"仰以观于天文,俯以察于地理。"所谓"天文"即日月星辰等天体在宇宙间分布运行的现象,所谓"地理"即土地、山川等的环境形势。《周易·系辞上》云:"圣人设卦观象,系辞焉而明吉凶,刚柔相推而生变化。"意谓圣人(指品德最高尚、智慧最高超的人)仰观俯察,广泛摄取物象,画而成卦,然后给每卦和每爻系之以辞(即卦辞和爻辞)以判断凶吉祸福,而且观卦象之推演,以观天地之象的变化。可见《周易》运用了象的思维。

《周易》"立象尽意"而以卦象表达,围棋"以象达意"而以棋形表达。围棋的思维方式本质上也是象的思维,即以象达意。围棋亦称"手谈",就是谓行棋之时默不作声,只需根据棋子围地之象,用手拈棋落子,进行对话、交流。清人胡献征《官子谱叙》云："棋之为道,智巧运于无形,变化征于有象。有象者可见,而无形者难传;以有象传无形,棋谱所由作也。"围棋的"以有象传无形",正与《周易》"象"的思维相契合。

围棋之象同于《周易》的象天则地之象。敦煌写本北周《棋经》就云："棋子圆以法天,棋局方以类地。"古人认为天圆地方,棋子圆形,像天;棋盘方形,像地。棋子分黑白两色,与古人以黑表阴、以白代阳相应,黑又像黑夜,白又似白天。宋人张靖的《棋经十三篇》云："三百六十,以象周天之数。分而为四隅,以象四时。隅各九十路,以象其日。外周七十二路,以象其候。"棋盘上 361 个落点,除去中间一点,所剩 360 点合于 360 周天之数;棋盘一分为四,代表春、夏、秋、冬四季;每部分 90 个点是一个季度的天数,周边共 72 点对应 72 候(古代用"候"代指时令,一候 5 天,一年分 72 候)。棋盘上还有被称为"星"的 9 个小黑点,四角各一,四边各一,一个居中为"天元",区域正与古人按星相图把中国分为九州相应。

以《周易》象的思维方式来观察、理解棋局的展开,棋局中任何一个变化都是道之流行、变化的呈现。虞集《玄玄棋经序》就认为弈者眼中的棋局"有天地方圆之象,有阴阳动静之理,有星辰分布之序,有风雷变化之机,有春秋生杀之权,有山河表里之势"。

第四节　棋道尚变化

《周易》自古就有"变经"的说法。《周易·乾》云："乾道变化,各正性命。"这是"变化"一词的最早出处。变化思维是《周易》哲学思想的核心内容。《周易·系辞上》云："天地变化,圣人效之。"意谓宇宙万物都是变化的,圣人效仿其变化。《周易·系辞上》谓《易》有圣人之道四焉",其中一道就是"尚其变""通其变"。"通其变,遂成天地之文;极其数,遂定天下之象。"即是说,通晓《周易》的变化,就能成就天地间万物的变化;精通易象卦爻的变化,就能预测天下物象。

围棋是变化之棋,"千古无同局",最明显的特征以及最精妙所在即是变化。东汉班固《弈旨》所说"续之不复,变化日新",就揭示了围棋的变化之道。宋人张靖《棋经十三篇》所云"自古及今,弈者无同局",强调的也是围棋的变化无穷。清人翁嵩年《兼山堂弈谱序》云:"弈者变易也,自一变以至千万变,有其不变,以通于无所不变。变之尽而极于神,神之至而几于化也。"意谓围棋行棋,一切皆在变,敌变我变,此变彼变,能知变通变,因变致胜,才能出神入化。翁嵩年可谓是抓住了下围棋的精髓和灵魂,揭示了变化在围棋对弈中的普遍性和重要性。翁嵩年关于"弈"之变易的论说,就源自《周易》的变易思想。《周易》中的易卦指向宇宙的万物万象,宇宙的万物万象就是变化无穷的,易卦也是变化无穷的,围棋的变化无穷与易卦相通。

第五节　围棋似"河图""洛书"

围棋棋局与"河图""洛书"的图案十分相似,加之围棋弈法玄妙莫测,与《易》理颇有相通,因此,古人也把围棋称为"河洛"。传说伏羲氏时,有龙马从黄河出现,背负"河图",有神龟从洛水出现,背负"洛书",伏羲氏就根据这种"图""书"画成八卦。千百年来,人们总是把"河图""洛书"与伏羲、八卦以及《周易》联系在一起,南宋理学家朱熹更是把"河图""洛书"置于《易》学著作卷首,大加推崇。中国古代学者大多认为是伏羲氏受"河图"启发而创立八卦,《周易》又源于伏羲氏的八卦。

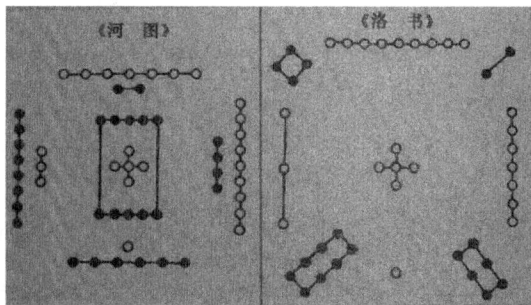

《河图》　　　《洛书》

　　《周易·系辞上》云:"河出图,洛出书,圣人则之。"所谓"则之",即效法之以为卜筮也。宋人罗大经《鹤林玉露》记载陆象山悟出围棋是"'河图'数也":

　　陆象山少年时,常坐临安市肆观棋,如是者累日。棋工曰:"官人日日来看,必是高手,愿求教一局。"象山曰:"未也,三日后却来。"乃买棋一副归,悬之室中,卧而仰视之者两日,忽悟曰:"此'河图'数也。"遂与棋工对,棋工连负二局。

　　陆象山把围棋看作"圣人则之"的"河图",自然是有意神化,但围棋的布局运子,确实具有阴阳消长之机,进退存亡之理,经国用武之道。

　　元代弈论家晏天章认为围棋与"河图""洛书"之数同样机巧。其《玄玄棋经序》云:

　　盖以动静方圆之妙,纵横错综之微,直与河图、洛书之数同一机矣,非通玄之士不足与论乎此。

　　围棋与"河图""洛书"的关系,林建超的《围棋与文化》阐述得非常清楚:

　　"河图""洛书"与围棋的联系主要表现在四个方面:一是从直观形象上看,"河图""洛书"都是用线条上的黑点和白点来表示,围棋用的也正是线条上的黑子和白子;二是从数量计算上看,"河图""洛书"都是以黑白点相互对应、穿插、平衡的计算结果来表现的,与围棋的子数、目数计算有相通之处;三是"河图""洛书"所表现的五行学说,与围棋的形制、弈理也有相合之处;四是从表达方式上看,"河图""洛书"与围棋一样,都是依靠图形思维来表达的。

第二章

围棋与儒家文化

　　儒家文化具有现实功利性,重视建功立业,立德立名,而围棋作为一种"玩物",无益于功名,自然不被儒家看重,甚至遭到贬斥,但儒家也不完全排斥围棋,也有儒家学者推崇围棋。贬抑围棋的儒家学者,总是将弈棋和不务正业联系在一起;推崇围棋的儒家学者,看到了围棋作为游戏之外的意义,将围棋与教化、仁政、治国相联系,以此来提高围棋的地位。

第一节　儒家对围棋的态度

　　儒家对围棋的态度是变化的、矛盾的。时代不同,儒家学者对围棋的认识不同,对围棋的评价也就不同。孔子和孟子对围棋评价不高,后来的儒家学者或有推崇,或有贬抑。

　　儒家学派的代表人物孔子、孟子都不看重围棋。儒家的创始人孔子认为无所事事时下下围棋比闲着要好。《论语·阳货》云:"饱食终日,无所用心,难矣哉!不有博弈者乎?为之,犹贤乎已。"北朝颜之推《颜氏家训·杂艺》解释说:"然则圣人不用博弈为教,但以学者不可常精,时有疲倦,则傥为之,犹胜饱食昏睡,兀然端坐耳。……围棋有手谈、坐隐之目,颇为雅戏,但令人耽愦,废丧实多，不可常也。"颜之推说：孔子不会用博戏和围棋来教学，已经学会下棋的人不可经常下，疲倦之时，偶尔为之，胜过吃饱后昏睡呆坐罢了，围棋有手谈、坐隐之称，属于高雅的游戏，但容易让人沉迷其中，荒废正事，因而不可经常下棋。颜之推指出，可以偶尔下下棋，但"不可常也"，即不能沉溺其中。有"亚圣"之称的孟子称赞弈秋是"通国之善弈者"，以弈棋为喻教育学生做任何事情都要专心致志，但又把"博弈好饮酒"列为世俗五不孝之一。

孔子像

孟子像

出身儒学世家，精通儒家经典的东汉著名史学家班固，最早认为围棋具有重要意义，并把弈棋与治国以及儒家的仁政思想相联系。班固《弈旨》云："四象既陈，行之在人，盖王政也。成败臧否，为仁由己，危之正也。"班固在将围棋与天文、地理、道德、阴阳相联系后进而指出：在"四象"已经确定的情况下，下棋成功还是失败，要看下棋人自己的本事，国家治理的好和坏，要看治国者是否实行仁政，如果实行仁政，危中也有正。《弈旨》还指出围棋之中"上有天地之象，次有帝王之治，中有五霸之权，下有战国之事，览其得失，古今略备"，认为从围棋之道可以见帝王之治，知古今得失。

推崇儒家思想，主张"文以载道"的政治家、文学家欧阳修，在编撰的《新五代史·周臣传论》中也以棋为喻阐述了弈棋与治国的联系。"治国譬之于弈，知其用而置得其处者胜，不知其用而置非其处者败。败者临棋注目，终日而劳心，使善弈者视焉，为之易置其处则胜矣。"欧阳修认为，治国如同弈棋，知道所用之人的专长而且能把他安排到恰当的位置上，就能取胜，不知道所用之人的专长而且把他放到了不恰当的位置上，就会失败。欧阳修将"治国"比喻为弈棋，将"人才"比喻为棋子，形象地说明了"用人得当与否"是一件关乎治国成败的大事。

受儒学家推崇围棋思想的影响，一些弈论家也认为围棋之道与治国之道，与经世致用之道相通。宋人宋白的《弈棋序》就认为观弈可以见兴亡成败："观夫散木一枰，小则小也，于以见兴亡之基；枯棋三百，微则微矣，于以知成败之数。"宋白还认为棋道就是治世之道："布子有如任人，量敌有如驭众，得地有如守国。……其任人也，在善恶明；其驭众也，在赏罚中；其守国也，在德政均。"意谓布置棋子有如任用人才，估量敌情有如驾驭众民，围取地盘有如治理国家。……任用人才在于善恶分明，驾驭众民在于赏罚适中，治理国家在于仁政遍及。元代严德甫注释《棋经十三篇》也说"棋之据其极而运四隅，犹人君建其极而治四方"。所谓"极"，即围棋棋盘上最中心的横竖道交叉点，又称"天元"。严德甫这两句话意谓围棋依据天元而行子四角，犹如国君建立政权而治理四方。元代虞集《玄玄棋经序》也认为"此道之升降，人事之盛衰，莫不寓是"。虞集并不只是把围棋看成是一种游戏，还站在哲学的高度挖掘围棋中的经世致用之道。这些说法，虽然提高了围棋这一游戏的地位，但明显有牵强附会之处。

然而贬抑围棋的儒家学者也大有人在。西汉初期的儒家学者、文学家贾谊就谓"失礼迷风，围棋是也"，将围棋视为玩物丧志、违礼迷众的玩意儿。三国吴韦曜也认为围棋以诡诈、劫杀为务，违背了儒家礼教思想。韦曜受太子孙和之令所作《博弈论》就指责"今世之人，多不务经术，好玩博弈，废事弃业，忘寝与食""至或赌及衣物，徙棋易行，廉耻之意弛，而忿戾之色发"，认为围棋"技非六艺，用非经国""考之于道艺，则非孔氏之门也；以变诈为务，则非忠信之事也；以劫杀为名，则非仁者之意也"。韦曜认为弈棋对治国、仕途、征战都毫无益处，反而违背了儒家的忠信、仁义、廉耻思想，希望统治者从礼教的角度禁止、取缔围棋。

东晋名将陶侃（259—334）方正严肃，勤劳忠顺，主张文士读书，武士习射，反对围棋博弈。《晋中兴书》记载：陶侃察看下属官吏，发现有"樗蒲博弈之具"，就命令立即扔掉,并说,围棋是尧舜用来教化愚笨儿子的,博弈是暴君商纣王所造;你们是治国的人才,为何玩此? 闲暇之时,"文士何不读书"? "武士何不射弓"?

唐代诗人皮日休认为围棋是战国纵横家所造,是诈伪争斗之物,是和儒家忠孝仁义的伦理思想相冲突的。他的《原弈》云:"则弈之始作,必起自战国,有害、诈、争、伪之道,当纵横者流之作矣。岂曰尧哉! 岂曰尧哉!"皮日休针对"尧造围棋"的说法,认为围棋"不害则败,不诈则亡,不争则失,不伪则乱",与奉行仁、义、礼、智、信的尧无关。

何云波的《中国围棋文化史》指出:"儒家对围棋的态度,是矛盾的。归根结底,这种矛盾体现了儒家思想体系与围棋胜负之道固有的抵牾。以儒道释棋道,固然有一定的意义,但'过犹不及',一定要将棋道处处解释为儒道,则难免牵强附会了。当然,在儒家思想占统治地位的社会,要使围棋之类的技艺、游戏之道获得名正言顺存在的权利,有时牵强附会一点儿也就在所难免了。"

第二节　围棋与教化

儒家特别重视教化,教化即教育感化,是儒家思想的核心内容。儒家认为人人皆有可能成为圣贤,但世间没有天生的圣贤,圣贤之所以成为圣贤,乃是后天磨炼的结果。后天磨炼,一方面要靠自身的修养,另一方面则需外界的教化。围棋可以启蒙益智,修心养性,完善自我,具有很好的教化作用。

围棋的产生就与教化有关。相传围棋为尧或舜所造,西晋张华《博物志》云:"尧造围棋,以教子丹朱。或云:舜以子商均愚,故作围棋以教之。"这两种传说尽管主人公不同,但对于围棋功用的说法却是一样的,即都明确地说围棋产生于教化的需要。《论语·阳货》云:"子曰:饱食终日,无所用心,难矣哉! 不有博弈者乎? 为之,犹贤乎己。"北宋邢昺《论语注疏》解释云:"言人饱食终日,于善道无所用心,则难以为处矣哉。……大子为其饱食终日,无所据乐,善生淫欲,故取教之,曰:不有博弈之戏者乎? 若其为之,犹胜乎止也。欲令据此为乐,则不生淫欲也。"可见孔子是以下围棋的办法来占用那些无所事事之人的时间,以免他们产生淫欲邪念,教化人们用心于正道。

古代有弈家认为围棋之道"大裨圣教"。东晋葛洪的《西京杂记》记载西汉围棋国手杜夫子所云:"精其理者,足以大裨圣教。"所谓"圣教",旧称尧、舜、文、武、周公、孔子的教导,也就是儒家的道德教化。"大裨圣教"就是说精通棋理对儒家提倡伦理道德教化大有帮助,对增进个人的道德修养大有作用。

古代有弈论家认为围棋与"六艺"一样具有教化作用。"六艺"是古代教育学生的六种科目,即"礼""乐""射""御""书""数"。孔子就以"六艺"教育学生,弟子三千,"身通六艺者七十有二人"。欧阳玄《玄玄棋经序》云:"古者人生八岁入小学,比及弱冠,而礼、乐、射、御、书、数六艺之事已遍习矣。"元人严德甫、晏天章编纂的《玄玄棋经》就取六艺之名,分为"礼""乐""射""御""书""数"六卷,这与他们"弈归六艺"的思想有关,即他们认为围棋与"六艺"都具有教化作用。

第三节　围棋与"贵和"

孔子思想以"仁""礼"为核心,提倡"仁""礼"是为了追求人与人、人与社会的和谐,故"仁""礼""和"构成了儒家思想的核心范畴。"仁",即仁爱,指人与人相互亲爱。"礼"是古代社会贵族等级制度规定社会行为的法则、规范、仪式、道德等的总称。人人相爱,以"礼"约束,就达到了"和"。所以儒家"贵和尚中",就是以和为贵,崇尚中庸。

古代儒家学者认为弈棋也应重"和"。宋人潘慎修《棋说》就云:"棋之道在乎恬默,而取舍为急。仁则能全,义则能守,礼则能变,智则能兼,信则能克。君子知斯五者,庶几可以言棋矣。"潘慎修认为围棋之道在于恬淡沉静,选择、舍弃往往会急躁，懂得仁、义、礼、智、信，才能谈论围棋。潘慎修将儒家的仁、义、礼、智、信纳入"棋道"之中，尽量淡化围棋"争胜"的一面，就是为了"和"。

翰林侍读虞集受元文宗之命"铭其弈之器"，撰写弈铭曰："圆周天，方画地。握时机，发神智。动制胜，胜保德。勇有功，仁无敌。"虞集谓围棋可以"制胜保德"，即制服对方以取胜，并保持自己的美德，其目的就是要把围棋纳入儒家的"仁""礼""和"体系中。

清代弈论家江缙认为弈棋要抑制"争"心和"嗜杀"之心，方能符合儒家的"仁"，方能达到心性之"和"、天人之"和"。其《弈喻》云："国工争道，赢止半子；止二三子者，良工也，非国工也；赢二三子不止，非良工矣。赢多者，争多也。争多技下，是何也？争多，嗜杀人者也；争少，不嗜杀人者也。天道好生而恶杀者也。"

围棋的胜负也体现了儒家的和谐、中庸思想。其他棋类的胜负都是"斩尽杀绝"，把"将帅"杀死，把"帝王"捉走才算胜；但围棋赢一目也是赢，赢半目也是赢，不是斩尽杀绝，甚至能和平共处。这也体现了儒家的"贵和"思想。受儒家"贵和"思想的影响，明代大文人徐渭甚至嫌弃围棋的杀劫，希望下成和棋而不分输赢，其《胡市》诗就云："自古学棋嫌尽杀，大家和局免输赢。"

第三章

围棋与道家、道教文化

    道家认可围棋,认为弈棋可以修身养性。道家重隐逸,重人的精神解脱,而弈棋可以忘却烦恼忧愁,获得精神愉悦,所以古代隐士大多喜好围棋。道家崇尚"无为""不争",反对机心,因而弈棋也主张"无竞",不重输赢。道教认为围棋是"仙家养性乐道之具",弈棋可以修炼养生,有的道教徒就通过弈棋来养性怡心,以求益寿长生。

第一节　围棋与道家文化

    道家是我国古代社会思想文化体系中以"道"为核心观念,强调天道自然无为,人道顺应天道的一个流派,代表人物是老子和庄子。在老子看来:"道"是天地万物的本源,宇宙间的天地万物,都来源于一个神秘玄妙的母体——"道";"道"自然而无为,无形而实存;"道"具有普遍性,无所不在,无时不在。《老子》二十五章云:"人法地,地法天,天法'道','道'法自然。"《老子》四十二章云:"'道'生一,一生二,二生三,三生万物。"古人认为,弈棋之道与神秘玄妙、变化莫测的道家之"道"颇有相通之处。元代严德甫、晏天章编纂的《玄玄棋经》,书名中的"玄玄",就取自《老子》的"玄之又玄,众妙之门"。元人虞集《玄玄棋经序》也指出:"盖其学之通玄,可以拟诸老子'众妙之门'、扬雄大《易》之准;且其为数,出没变化,深不可测,往往皆神仙豪杰玩好巧力之所为。"

老子像　　　　　　　　　　　　庄子像

1.道家推崇的"道"具有不可言说性,围棋对弈也不需要言说。

《老子》一章云:"道可道,非常'道'。"意谓可以说得出来的道,就不是永恒的"道",反而推之,意即永恒的"道"是无法说出的。《老子》四十一章云:"大音希声,大象无形。"意谓最大的乐声反而听来无音响,最大的形象反而看不见行迹。老庄主张通过静观而悟道,从而得道以忘言。弈棋又称"手谈",讲究于无声之中知晓局中奥妙,进而明了胜负。弈棋也是一种交流对话,但不是用言语来表达,正如"道"一样,只可意会,不可言传,作为"手谈"双方,都只能用心体悟对手每一着棋所发出的信息。

2.道家主张绝圣弃智,反对机巧,受道家思想影响的文人,弈棋也不看重输赢,而且排斥机心巧诈。

《老子》十九章云:"绝圣弃智,民利百倍。""少私寡欲,绝学无忧。""绝圣弃智",指抛弃聪明和智巧。"绝学无忧",任继愈解释说:抛弃所谓文化学问,才能免于忧患。《老子》五十七章云:"人多利器,国家滋昏;人多伎巧,奇物滋起。""利器"指锐利武器,或说喻权谋。"伎巧"指技巧,即智巧。《庄子·天地》云:"有机械者必有机事,有机事者必有机心。机心存于胸中,则纯白不备;纯白不备,则神生不定;神生不定者,道之所不载也。""机事"指机巧之事。"机心"指巧诈之心。"纯白"即纯洁空明的天性。"神生"("生"读为"性")指心神。道家认为"道"是虚静的,所以体"道"的途径就是见素抱朴,返璞归真,去除机变之心,摒弃智伪之虑。道家认为技巧、机械破坏了人类的纯真本性,影响了人们对"道"的体悟。因而古代不少诗人对于弈棋的奇谋诡计、机心巧诈,是反感、排斥的。宋代大诗人苏轼就不重视弈棋的输赢,而看重其娱乐性,其《观棋》诗就说"胜固欣然,败亦可喜"。宋代诗人石介(字守道)的《观棋》诗也云:"运智奇复诈,用心险且倾。嗟哉一枰上,奚足劳经营。"石介认为,弈棋运用智谋奇谲诡诈,运用心计阴险邪恶,在这个小小的棋盘上,哪里用得着费尽心机去算计谋划。南宋大诗人陆游《幽居》诗也云:"人间岁月苦骎骎,白首幽居不厌深。懒爱举杯成美睡,静嫌对弈动机心。"陆游觉得人世岁月本来就苦于忙碌,不愿为弈棋而动用机心。

3.道家追求精神自由,弈棋能给人带来精神愉悦,因而古代的仙家、隐士大多喜好围棋。

道家主张"遵天道""法自然""清静无为""俯仰乎天地之间,逍遥乎自得之场",追求精神的自由,超脱一切自然与社会的限制,理想的人格是隐士。围棋作为"坐隐""忘忧"之物,能让人精神愉悦,契合道家的人生追求,所以古代的仙家、隐士大多喜欢围棋,通过弈棋达到精神的逍遥游。

古代最有名望的隐士是"商山四皓",后人把他们与围棋联系在一起。"四皓"是秦朝末年信奉黄老道的四位博士(古代学官名),据《史记·留侯世家》记载,"四人从太子,年皆八十有余,须眉皓白,衣冠甚伟。上怪之,问曰:'彼何为者?'四人前对,各言名姓,曰东园公、角里先生、绮里季、夏黄公"。后来这四人隐居商山,曾经向汉高祖刘邦讽谏不可废去太子刘盈(即后来的汉惠帝)。唐代诗人于鹄在《题南峰褚道士》中写到四皓会围棋:"得道南山久,曾教四皓棋。闭门医病鹤,倒箧养神龟。"然而于鹄吹捧褚道士寿命长,得道久,棋艺高,谓其教过四皓弈棋。清初类书《格致镜原》卷五十九引《梨轩曼衍》云:"围棋初非人间之事:始出于巴邛之橘,周穆王之墓,继出于石室,又见于商山,乃仙家养性乐道之具也。"这段话中所谓"商山",即指商山四皓,所谓"巴邛之橘",出自晚唐牛僧孺的《玄怪录·巴邛人》:

有巴邛人,不知姓名,家有橘园。因霜后,诸橘尽收,馀有两大橘,如三斗盎,巴人异之,即令攀摘。轻重亦如常橘,剖开,每橘有二老叟,鬓眉皤然,肌体红润,皆相对象戏。身长尺余,谈笑自若。……一叟曰:"……橘中之乐,不减商山。"

这则记载中,出现了四个鬓眉皆白的老叟,两两"相对象戏",又提到"商山",诗人文士就将其附会为"商山四皓"下围棋,其实,这里的"象戏"应当是象棋。

古代诗词中描写隐士或隐居大多写到围棋。唐代诗人司空图的《杂题二首》其一就表明不关心政权,不关心朝代更替,只愿学姜太公吕尚隐居,以弈棋钓鱼为乐:"棋局长携上钓船,杀中棋杀胜丝牵。烘炉任铸千钧鼎,只在磻溪一缕悬。""烘炉",即火炉,用以铸鼎。"鼎",相传夏禹铸九鼎,历商至周,为传国的重器,后用以指代国家政权和帝位。"磻溪",在今陕西省宝鸡市东南,传说为姜太公垂钓处。古代诗人所写隐逸诗中大多写过棋局,表明隐者经常弈棋,并用以表现隐居的闲逸自在。如唐代诗人许浑的《题邹处士隐居》云:"岩树阴棋局,山花落酒樽。"唐代诗人李郢的《钱塘青山题李隐居西斋》云:"林间扫石安棋局,岩下分泉递酒杯。"宋代大诗人黄庭坚甚至认为弈棋有胜过隐居的乐趣,其《弈棋二首呈任公渐》之一云:"坐隐不知岩穴乐,手谈胜与俗人言。""坐隐""手谈",都是指弈棋;"岩穴",指隐居,古时隐士多山居。隐居弈棋可以使人忘却烦恼忧愁,使人精神愉悦,超脱尘俗。宋代诗人文同的《白鹤寺北轩围棋》就说:"余兹度炎燠,一局忘万事。扰扰门外人,谁知此中意。"意谓炎热的夏天在白鹤寺闲居,下一局棋,会让人忘掉很多烦恼事,烦乱的门外之人,不会知道棋中之意。

4.道家崇尚"柔弱""不争",围棋讲究"无竞",体现了道家"不争"的思想。

道家主张"自然无为","柔弱""不争"。《老子》三十七章云:"道常无为而无不为。""无为"是顺其自然,不妄为;"无不为"是说没有一件事不是它所为。《老子》七十八章云:"天下莫柔弱于水,而攻坚强者莫之能胜。"水是世间最柔弱的,但是攻击坚强的东西没有能胜过它的。《老子》八章云:"上善若水。水善利万物而不争。""上善"(真正体道的人)就像水一样,不争强好胜,不争名逐利,而是有善利万物的品格。《老子》二十二章云:"夫唯不争,故天下莫能与之争。"《老子》六十八章云："善胜敌者,不与。""不与"即不争。老子"柔弱""不争"的主张,主要是针对"逞强"的作为而提出的,并不是主张人生的绝对退缩。

围棋尚柔,讲究"无竞"即"不争",自古以来,便有"争棋无名局"的格言。宋人张靖《棋经十三篇》云："善胜者不争,善阵者不战。""不争"就是弈棋要达到的不战而屈人之兵的境界。宋代惠洪《冷斋夜话》记载的围棋棋诀云："彼亦不敢先,此亦不敢先,惟其不敢先,是以无所争,惟其无所争,故能入于不死不生。"清代著名围棋国手施襄夏的《弈理指归自序》记载国手梁魏今曾说："子之弈工矣,何会心于此乎? 行乎当行,止乎当止,任其自然,而与物无竞,乃弈之道也。"所谓"无所争""无竞",正是道家"无为"思想的体现。此外,在弈棋尤其是布局的过程中,还需讲求"无为",表面上清静无为,实则充满了创造性,这正所谓"无为而无不为",如此方为高手境界。

围棋流派有所谓"流水不争先"的平淡派,此派执持淡泊无争、以静制动和不战屈人的信条。清代围棋国手徐星友就强调"冲和恬淡"和"闲淡整密",认为在棋局中"其弃也乃所以为取,其退也乃所以为进""制于有形,不若制于无形;有用之用,未若极于无用之用"。施襄夏也主张"任其自然,而与物无竞",以"平淡"为最高境界。这种"流水不争先""弃子争先,以退为进"的观点,正是道家自然无为、淡泊无争哲学思想在棋盘上的体现。

5.道家哲学充满辩证思想,古代弈论也具有辩证思维。

《老子》二章云："有无相生,难易相成,长短相形,高下相盈。"《老子》三十六章云："将欲弱之,必固强之;将欲废之,必固兴之;将欲夺之,必固与之。"中国古代棋论也常常充满了道家式的辩证法,如虚实相生,动静相宜,奇正相合,强弱相形等。弈棋的辩证思维则有弃与取、势与地、虚与实、大与小、先与后等。南朝沈约《棋品序》谓围棋乃"体希微之趣,含奇正之情;静则合道,动必适变",就是说弈棋可以体会空寂玄妙之趣,含有奇正、动静之法。宋人张靖《棋经十三篇》也云："夫棋有无之相生,远近之相成,强弱之相形,利害之相倾,不可不察也。"施襄夏《凡遇要处总诀》所云"静能制动劳输逸,实本攻虚柔克刚",就是说弈棋要运用动静、劳逸、虚实、刚柔等辩证方法。

第二节 围棋与道教文化

道家是以老庄为代表的一个思想流派,道教是依托道家思想建立起来的一种宗教。道教是把老庄黄老之学、神仙长生之术以及民间巫术结合起来形成的一种特定的宗教形态,道家思想是道教重要的思想来源。

1.道教提倡养生长寿,围棋是仙家的养性之具,也有道士通过弈棋来修炼养生。

最早把围棋与"仙家养性"相联系的,是东汉的班固。其《弈旨》云:"纵专知柔,阴阳代至,施之养性,彭祖气也。""彭祖"是道家、道教尊奉的长寿之仙,传说他善养生,会导引之术,活了八百岁。班固认为:棋理与养性有相通之处,弈棋不仅能忘忧,还有利于修养身心,可以像彭祖一样健康长寿。魏晋时期兴起的神仙道教,终极目标是追求长生与富贵,长生即可成仙,围棋也被仙家用来养性。元人虞集《玄玄棋经序》就说围棋"往往皆神仙豪杰玩好巧力之所为",明人凌濛初编著的《二刻拍案惊奇》卷二也说围棋"仙家每每好此,所以有王质烂柯之说",清初类书《格致镜原》卷五十九引《梨轩曼衍》也谓围棋"乃仙家养性乐道之具也"。

因为围棋是"仙家养性乐道之具",就有道士通过弈棋来修炼养生。围棋对局耗时漫长,颇费心智,而且静谧而深邃,可使弈者借棋而体道,修炼自身的悟性和定力,开启道教所谓的元神作用。因此道弈家便将道教养生术融入围棋活动之中,使对弈者保持良好身心状态,从而通过围棋来养生。道弈家普遍恪守老庄清静无争的原则,而无为不争的心态具有陶冶情操、怡心养性的作用。元代《徐仙翰藻》(未署编撰者姓名)卷六《棋说》在批判了以围棋为诡诈之术的观点之后,就谓围棋"一胜一负,无所争也。是以学道从政,勤劳疲倦,必以此为从容,宴息养心,游神之乐",反映了道弈家将围棋的本质视为近于游戏的养性之术而非竞争之技。宋元时期,道教内丹学逐渐成熟,道弈更是兴盛一时,以弈修道成为道教修炼的重要方式。道弈尚无为,顺天而行,一切淡然视之。北宋末年著名道士、正一天师道第三十代天师张继先的《望江南·观棋作》就描写了弈棋的养性怡神之乐:

楸枰静,黑白两奁均。山水最宜情共乐,琴书赢得道相亲。一局一番新。

金元之际全真教著名道士长春真人丘处机的《无俗念·枰棋》也描写了弈棋的养心游神之乐:

寂寞无功天赐我,棋局开颜销日。古柏岩前,清风台上,宛转晨餐毕。幽人来访,雅怀闲斗机密。

然而,并不是全真教所有道徒都主张以弈养性,有些全真道士却不喜欢围棋。全真教提出的"全真",即保全真性,也就是保全元精、元气、元神,是全真教修炼的最高目标。因此,只有无欲无念,身心清静,才能进行内丹修炼,也才能保全精气而元阳不泄。所以,有的全真教徒认为围棋是争名竞利之物,弈棋使人动心驰神,不能让人气定神闲。全真教的创始人是王重阳,王重阳的大弟子马钰写有《满庭芳·看围棋》就云:"争名竞利,恰是围棋。"马钰还写有《满庭芳·迷棋引》云:"手谈胡指,暗怀奸狡心肠。"

2.王质观棋烂柯的神话故事强化了围棋的仙道意蕴。

把围棋与道教崇尚的神仙联系在一起,应是王质观棋柯烂的神话故事。东晋虞喜在穆帝永和年间(345—356)撰写的《志林》记载:

信安山有石室,王质入其室,见二童子对弈,看之。局未终,视其所执伐薪柯已烂朽,遂归,乡里已非矣。

《太平御览》卷七五三引《晋书》云:

王质入山斫木,见二童围棋。坐观之,及起,斧柯已烂矣。

南朝梁任昉加以演绎,记述详细,其《述异记》云:

信安郡石室山,晋时王质伐木,至,见童子数人棋而歌。质因听之。童子以一物与质,如枣核。质含之,不觉饥。俄顷,童子谓曰:"何不去?"质起,视斧柯尽烂。既归,无复时人。

"石室山"，又称"石桥山""烂柯山"，学者多认为在今浙江衢州城东南。山顶有一条悬空的赭红色石梁，仿佛是依山凿就的一座大石桥，东西跨度40米、宽30米。石梁下是南北中空的石室，道教称之为"青霞第八洞天"。古人认为，王质伐木进入了仙境，遇见的弈棋者是仙人。唐太宗李世民《五言咏棋》二首其一云"方知仙岭侧，烂斧几寒芳"，就谓王质走进了仙山。唐代诗人李幼卿的《游烂柯山四首》其三也云："二仙自围棋，偶与樵夫会。"宋代诗人韩信同的《棋盘仙迹》也云："又不闻樵采之人王子质，邂逅仙人执手谈。"

王质看见弈棋的童子应是仙童，因为童子交给王质吃后不觉得饥饿的如枣核样的东西，就像女仙西王母给汉武帝所吃仙桃的桃核，后来就有诗人把世间弈棋者也美称"仙人""仙翁"，甚至把对弈的环境也美化成仙境。宋代诗人柴望的《别故人》就云："冷看世事频移局，懒与仙人共弈棋。"宋代诗人黄庚的《棋声》也云："何处仙翁爱手谈，时闻剥啄竹林间。"宋代诗人姚勉的《赠棋翁挟二童皆高弈》也云："老仙鬓眉白于雪，双侍女仙冰玉洁。……女仙似是王屋妇，老仙似是商山翁。"姚勉还把棋翁弈棋的环境称为仙乡"白云乡"、仙境"壶天"，其中还有"蟠桃影""仙露滴"，下子时还会响起"钧天仙乐"。

王质观看一局棋的工夫，就斧柯尽烂，表现的是仙界时间与人世的不同，因此，古代有诗人就把围棋与仙界时间相联系，在诗中表现"仙界一日，世上千年"的时间观念。唐代诗人孟郊的《烂柯石》就云：

> 仙界一日内，人间千载穷。
>
> 双棋未遍局，万物皆为空。

宋代诗人顾逢的《王质观棋》也云：

> 弈边忘日月，况复遇神仙。
>
> 石上无多着，人间几百年。

仙人长生不老、神通广大，又喜好围棋，向往修道成仙的道士，大多也效仿仙人弈棋，既可消遣时光，又能修炼养生。唐代诗人白居易的《同微之赠别郭虚舟炼师五十韵》就谓郭虚舟道士主要精力在炼丹，余力用于弹琴弈棋。其诗云："师年三十余，白皙好容仪。专心在铅汞，余力工琴棋。""炼师"即德行高超的道士。"铅汞"即铅和汞,道家炼丹的两种原料。唐代诗人李中的《思简寂观旧游寄重道者》也写到简寂观的道士(即"羽人")溪边炼丹(即"烘药"),花下弈棋:"闲忆当年游物外,羽人曾许驻仙乡。溪头烘药烟霞暖,花下围棋日月长。"唐代诗人马戴的《期王炼师不至》也写王道士平常或弈棋消闲,或乘鹤遨游:"昨日围棋未终局,多乘白鹤下山来。"

第四章

围棋与佛教文化

佛教是外来宗教,相传东汉明帝时传入我国,或说西汉哀帝元寿元年(公元前2年)时就已传入。佛教对围棋的态度,由于认识不同,不同的佛经,态度也就不同。汉译佛经对围棋既有排斥、反对,又有认可、肯定。尽管如此,中国古代僧人仍多有善弈者,他们或在寺庙中对弈,娱乐消闲,或出游与人手谈交流,切磋棋艺,其中不乏棋技高超者。

第一节　汉译佛经中的博弈观

汉译佛经中有把围棋和其他游戏一起加以排斥、禁戒的内容。《大般涅槃经》云:"除供养佛,樗蒲,围棋,波罗塞戏,狮子象斗,弹棋,六博,拍鞠,掷石,投壶,牵道,八道行城,一切戏笑,悉不观作。"把围棋和樗蒲、六博、投壶等赌博活动列在一起加以禁止。《佛说长阿含经》明确禁止僧众"棋局博弈"。《佛说梵志阿颰经》中有"不得樗蒲、博弈、观郊诸戏"的戒规。汉译佛经中还有博弈丧财的观点,甚至把博弈与酒色相提并论。《别译杂阿含经》就说:"博弈相侵欺,损丧钱财尽。"《杂阿含经》指出博弈与酒色"费丧于财物"。《根本说一切有部毗奈耶》还说要去其他地方经商营利的商人,"有其三患,所谓博弈以及酒色"。

汉译佛经中也有对围棋、博弈持认可、宽容态度的内容。《莲华面经》云："复有比丘,围棋六博,以自活命。"意谓又有和尚以围棋、六博修养性命,可见《莲华面经》认为围棋可以修身养性。《维摩诘经》云："若在博弈戏乐,辄以度人。"意谓如果用六博、弈棋娱乐,就以之度人。汉译佛经中还有棋艺具有智慧的观点,以及佛陀释迦牟尼会博弈诸技的记载。《佛本行集经》记载释迦牟尼为太子时,"博弈樗蒲,围棋双六,握槊投壶,掷绝跳坑,种种诸技,皆悉备现。如是技能,所试之者,而一切处,太子皆胜"。《佛说护国尊者所问大乘经》也记载释迦牟尼为太子时,"善解博弈、歌舞、戏乐,乃至一切世间工巧技艺,无不悉解"。谓释迦太子不但会局戏、围棋、唱歌、跳舞等,而且世间一切工巧技艺,无一不懂。这当然带有夸大、神化的成分。由此可见,汉译佛经对围棋、博弈的态度,是双重的、矛盾的。

第二节　古代僧侣的弈棋活动

最早认可、推崇围棋的僧人,是东晋著名高僧支遁。他不但好弈棋,而且还给围棋取了个雅名——手谈。支遁(314—366),字道林,世称支公,俗姓关,陈留(今河南开封)人。25岁出家,早年在支硎山(今江苏苏州西)建支山寺,晚年在石城山(今浙江绍兴东北)栖光寺。他精通老庄和佛理,提出"即色是空"的观点,创立了般若学即色义,成为当时般若学"六家七宗"中即色宗的代表人物。南朝宋刘义庆《世说新语·巧艺》云："王中郎以围棋是坐隐,支公以围棋为手谈。"因此"坐隐""手谈"成为围棋有名的雅称。支遁认为下围棋是双方无声的交流,"谈"者,对话、交流也,以手谈代清谈,其中自有妙不可言之处。

唐宋时期喜好围棋的僧人不少,其中也不乏高手,有的高手还与著名诗人有交谊,这些诗人有诗记录其弈棋活动。

棋僧儇师、浩初师是唐代的围棋高手。儇师棋艺高妙,唐代诗人刘禹锡有

《观棋歌送僴师西游》云：

> 长沙男子东林师，闲读艺经工弈棋。
>
> 有时凝思如入定，暗复一局谁能知。
>
> ……
>
> 雁行布阵众未晓，虎穴得子人皆惊。
>
> 行尽三湘不逢敌，终日饶人损机格。
>
> 自言台阁有知音，悠然远起西游心。

诗中的"东林"，即东林寺，在江西庐山，是东晋的州刺史为名僧慧远所建，后来成为佛教寺庙的代称。"台阁"，汉代指尚书台，此指京城。"知音"，此指棋技高超的知己。此诗称赞长沙人僴师是寺庙中的围棋高手，走遍三湘都没有遇到敌手，并介绍僴师弈棋时的情形及其打算，凝神思索之时犹如入于禅定，布阵有如飞雁横列让众人弄不明白，于危险之处吃子令观者惊诧，自言还要西游京城找高手对弈切磋，提高棋技。浩初师棋艺达到第三品，刘禹锡给他写有两首送别诗。其《海门潮别浩初师》云："前日过萧寺，看师上讲筵。"意谓前日经过寺庙，看见浩初师登上讲诵佛经的讲坛。其《海阳湖别浩初师》有序云："师为诗颇清，而弈至第三品。……引与共载于湖上，弈于树石间。"记述了刘禹锡与浩初师在海阳湖边树下的石台上对弈，还称赞浩初师棋艺高超，诗风清新。可惜浩初的诗没有流传下来。

唐代的贯休和子兰，既是棋僧又是诗僧，两人都有诗写到弈棋活动。贯休七岁出家，二十岁受具足戒，唐昭宗天复三年（903）入蜀，为蜀王王建所重，赐号"禅月大师"，人称"得得来和尚"。贯休诗风奇险，兼工书画，其《棋》诗云："棋信无声乐，偏宜境寂寥。着高图暗合，势王气弥骄。"前两句表明下围棋是一种无声的快乐，弈棋的环境应该清幽寂静，这与佛教追求的"空""静"境界一致；后两句意谓着法高妙与围棋图谱暗合，棋势很盛弈者就更加骄纵，这是贯休根据弈棋经验得出的认识。子兰，唐昭宗时为文章供奉，存诗一卷。唐代诗人张乔写有《东湖赠僧子兰》。子兰写有《观棋》诗云："寂默亲遗景，凝神入过思。共藏多少意，不语两相知。"意谓下围棋时，双方静默无语而时光疾速流逝，双方聚精会神深入思考，其中藏着多少心思计谋，虽然没有说出来，但双方都心知肚明。

唐代诗人在诗中还写到有不少僧人弈棋，但大多写得简略，也没有留下棋僧的名字。如张乔《赠棋僧侣》《咏棋子赠弈僧》两诗写到的棋僧，白居易《池上二绝》其一所写"山僧对棋坐"的棋僧，吴融《寄僧》所写"棋敲石面碎云生"的棋僧，等等。

宋代诗人在诗中也写到有僧人弈棋。文同有《送棋僧惟照》云："自然天性晓绝艺，可敌国手应吾师。"文同称赞僧人惟照的棋艺与国手相当，可以当他的围棋老师，可见惟照的棋技之高。陆游《山行过僧庵不入》有"棋子声疏识苦心"一句，记述他经过佛寺没有进去，却听到里面传来稀疏的弈棋落子声，从而知道对弈的僧人久久思索，费尽心思。此外，还有林景熙的《酬合沙徐君寅》云："归鹤悠悠度海迟，闲来野寺看僧棋。"潘玙的《山处》云："独爱邻僧常过我，一瓯茶罢事棋枰。"丘葵的《和所盘离相院山门纳凉韵》云："诗客归时文几静，棋僧去后画枰闲。"

明代万历至崇祯年间的棋僧野雪曾与当时不少名家、高手对弈，多有获胜。清代褚人获《坚瓠五集》记载：明代浙江永嘉（今温州）僧人时代，是个著名棋手。有一次，野雪在友人许无念家中，与号称第一棋手的吴嗣仙对弈，吴嗣仙要沉思良久，考虑再三，才能下一子，而野雪落子却很迅速，"对客闲谈，随手应敌，无不取胜"。可见野雪的棋艺超过当时的第一棋手吴嗣仙。清人李子燮编纂的《弈墨》还收录有野雪与许多高手的对局谱，如与许敬仲两局，与周懒予两局，与苏具瞻三局等，许敬仲、苏具瞻是围棋高手，周懒予则是围棋国手。

清代雍正、乾隆时期有位陕西僧人棋力不凡，曾战胜当时国手范西屏的高足弟子。民国黄俊编撰的《弈人传》谓：有一天，杭州棋客相聚下棋，来了一位僧人要找国手范西屏对弈，众人看他其貌不扬，颇有轻视之意。有人对他说："范西屏先生很久未来杭州了，今有他的高足弟子某生在此，试下一局如何？"僧人说："好吧。"下至数十子，某生惊奇诧异，努力撑住，然而却神色不安，僧人则应对自如，毫不费力。大约经过两个时辰，大局初定，某生通盘计算，将要输棋。此时某生汗流浃背，多次咬啮指尖，吐血于地，说："今天病了，不能终局，明天接着下,可以吗?"僧人说:"好吧。"某生立即乘坐肩舆急速赶至海昌,二更到达范西屏家,请求范西屏援助。范西屏问:"你莫非与和尚对局了?"某生回答说:"是的。你怎么知道?"范西屏说:"这个和尚先到我家,我诡称是范西屏之弟,不会下棋。他从陕西访棋而来,其为高手无疑。你为何这样鲁莽轻率?吃了饭再做打算吧。"饭后某生按照与僧人的对弈布局,范西屏看了,说:"你要输了,还好,有救。收官时,你由某处先下手,至某处扑一子打劫,可胜半子。"某生恍然大悟,连夜返回杭州,第二天中午到家,僧人已经在棋社了。某生与僧人重布前局,等到要收官时,下一扑子,僧人拱手起立,说:"无须再下,我输了半子。我不远千里而来,能领教范先生一着棋,亦可以无憾了。"僧人一笑而去。这一故事颇具传奇性,既赞扬了国手范西屏的棋艺高妙,也美化了陕西棋僧。

晚清十八国手中有棋僧秋航,曾指导过后来成为国手的周小松。秋航,名愿船,于道光年间寄居京城梁家园寿佛寺,与沈介之、李湛源并称为"京师三国手"。秋航曾与十八国手之后的"两大国手"之一的陈子仙对弈,清人赵晋卿、常棣华编辑的《子仙百局》收录有"僧秋航与陈子仙对局谱"。震钧《天咫偶闻》记载:"都中国手,向推秋航为巨擘。年九十余,以弈为日课。自僧卒,都中遂无国手。"意谓秋航是京城国手之中的杰出人物,逝世之后,京城就没有这样的国手了。

古代僧侣的围棋活动大多属于个体之间的对弈,或者三五喜好围棋的僧人聚集弈棋,还没有见到寺庙举行围棋比赛活动的文献记载。僧人弈棋,或为了消遣时日,或为了忘忧消愁,或为了修身养性。不管怎样,弈棋都能增益智慧,激发玄想,开拓思维空间。尽管弈棋时要运用智慧谋略,诡计巧诈,但是毕竟不同于现实生活中的机巧诡诈,而是把现实生活中的巧诈化于棋局之上,把人类的生存争斗游戏化,就像唐太宗李世民《五言咏棋》二首其一所云"舍生非假命,带死不关伤",意谓弈棋的死活、胜负,与人身的伤害、生死无关。

第五章

围棋与兵家文化

围棋作为"争战"之游戏，与兵法颇为相通。古人关于这一观点的论述颇多，而且古人常常以弈喻战，把围棋的布局、弈法比喻为用兵的布阵、兵法等。围棋与兵家的联系，还体现在有的将帅在大战之前通过从容镇定地弈棋来稳定军心，并表示自己成竹在胸。

第一节　围棋通于兵法

围棋之道与兵家之道颇为相通。围棋对弈与两军对垒在形式上就有相似之处：围棋分黑白两方，作战分敌我两方；围棋有棋盘，作战有战场；围棋对局有棋手，作战双方有首领；围棋的胜负是以占地多少来确定的，古代军事作战的目的大多也是为了占领地域。

古代的学者、弈论家大多认为围棋与兵法相通。两汉之交的著名学者桓谭的《新论·言体》就说："世有围棋之戏，或言是兵法之类也。"东汉经学家马融的《围棋赋》也说："略观围棋兮，法于用兵。三尺之局兮，为战斗场。"东汉末期"建安七子"之一的应场所作《弈势》也谓"盖棋弈之制所尚矣，有像军戎战阵之纪"，并以棋势来形容战事，以战理来印证棋理，还用古代著名的战例来说明棋法。

敦煌写本北周《棋经》也沿袭以兵法解棋的路数,如"兵书云'全军第一',棋之大体,本拟全局",意谓兵书说保全军队的实力为第一,弈棋的要旨本来也是保全大局。北宋围棋国手刘仲甫的《棋诀》更是全篇都以兵法之道来论述围棋的具体战术,文章开头就说"盖布置,棋之先务,如兵之先阵而待敌也",末尾又总结说"棋者,意同于用兵,故叙此四篇,粗合孙吴之法"。宋人张靖的《棋经十三篇》有意仿效春秋时兵家孙武的《孙子十三篇》,其序就谓"今取胜败之要,分为十三篇,有与兵法合者,亦附于中云尔",文中还强调"棋虽小道,实与兵合"。有学者也指出《棋经十三篇》中的《得算篇》《虚实篇》《合战篇》,直接仿自《孙子兵法》中的《始计篇》《虚实篇》《作战篇》,其余各篇虽篇目不一,但内容上多有契合之处"。明人林应龙编辑的《适情录》中更是用"正兵""奇兵""游击""鏖战"等二十个军事术语作为分组标题,让棋艺与兵法紧密结合。明人安雅子《适情录后跋》也指出:"夫弈之为技,虽云小数,而其纵横离合、机变万状,颇与兵法相似。"《隋书·经籍志》将围棋方面的著作列入兵家部中,可见史家也认为围棋与兵法相通。

当今学者也有人认为围棋的起源与原始社会的战争、兵法有关。马崝的《围棋起源于兵法》认为:"原始社会的战争与兵法,为围棋的发明提供了坚实的基础和良好的契机。……原始社会的部落酋长,在指挥战争时,往往在地上画一些简单的军事形势图,并用石子表示双方兵力部署,商量作战及取胜的方法。某些典型的军事形势图,如阪泉之战、涿鹿之战,有可能逐渐凝固为一种军事游戏,用以向贵族子弟传习兵法知识,而这种军事游戏或许就是围棋的萌芽形式。"

第二节　以弈喻战

由于围棋与军事、兵法相通,古人常常用围棋来比喻兵家战事。早在东汉时期,马融在《围棋赋》中就将围棋的阵式比之于战阵,将弈法比之于兵法。清代围棋国手施襄夏的《弈理指归序》也说:"古人以弈喻兵,体用皆合,此不易之成法，必循之途辙。""成法"即既定之法，"途辙"比喻弈棋所遵循的途径。

古代有国手将围棋布局比喻为用兵布阵。北宋著名棋待诏刘仲甫的《棋诀》云：

盖布置，棋之先务，如兵之先阵而待敌也。意在疏密得中，形式不屈，远近足以相援，先后可以相符。……诀曰："远不可太疏，疏则易断；近不可太促，促则势赢。"正谓此也。

刘仲甫指出：和用兵需先布阵一样，下棋也需先布局。布局的要点在于下子疏密适当，棋势不可竭尽；下子远近要能够相互照应，先后要能够彼此一致。正像棋诀所云：远不可太分散，分散容易断开；近不可太狭窄，狭窄就棋势弱小。因为弈棋布局犹如作战布阵，所以古代棋谱中很多著名的棋局，取名多用著名战例，如五将争锋、六出祁山、八圣擒妖、十面埋伏、鹤唳奔师等。

古代有弈论家将国手的棋技比之为兵家的用兵谋略。王世贞《弈旨》就云：

譬之用兵，鲍如淮阴侯有搏沙之巧，李则武安君横压卵之威，颜则孙吴挟必胜之算，程则诸葛修不破之法。

王世贞指出：把弈棋比之于用兵，明代永嘉派代表人物鲍一中的棋技就像淮阴侯韩信囊沙堵水淹敌的机巧，永嘉派代表人物李冲的行棋则有赵国大将李牧置敌于累卵之境而一压即碎的威势，京师派代表人物颜伦的棋技则有兵家孙武、吴起持有的必胜智慧，徽派代表人物程汝亮的棋技则有诸葛亮修成的严谨缜密而不露破绽的兵法。徐星友《兼山堂弈谱》评价"顺治间国手"汪汉年的棋技"譬之狭巷短兵相接，不苦逼窄，横见侧出，游刃有余""当此境者，独汉年最为擅场"。

古代有弈论家用昔日将士的气概、风度比喻围棋国手的棋风。清人邓元鏸的《弈评》就说"过百龄如西楚霸王，力能扛鼎""周懒予如百战健儿，老于步武""梁魏今如幽燕老将，神完气壮"，这是把明末著名国手过百龄的棋风比喻为力大无比、勇武过人的西楚霸王项羽，把顺治朝国手周懒予的棋风比喻为身经百战、熟悉战法的勇士，把雍乾时期著名国手梁魏今的棋风比喻为气势雄豪的幽燕老将曹操。

第三节　战前弈棋

古代有许多将领、帝王喜好围棋，闲暇时常常与人对弈，切磋棋艺，如三国时的曹操、孙策、陆逊，唐太宗李世民，宋太宗赵光义，明太祖朱元璋等。还有一些将帅，大战在即，却平静弈棋，然后上阵指挥，一举歼敌。战前弈棋，表现出将军对围棋的极其喜好，更主要的是表现出胸有成竹、从容对敌、指挥若定的大将风度。

三国时，蜀国大将军费祎在率兵征战前弈棋，表现出临阵不乱的将军风度。据《三国志·费祎传》记载，蜀延熙七年（244），魏军来犯，大将军费祎受命率军赴边御敌。开拔前，光禄大夫来敏到费祎兵营送行，并要求与费祎下一局围棋。当时，战报交驰，人马贯甲，一派紧张的战前气氛，可费祎却正襟危坐，专注下棋，神气坦然，镇定自若。对弈结束，来敏对费祎说："大战在即，我来通过下棋考察你。你确实是率兵出战的合适人选，必定能狠狠打击敌人。"果然，费祎抵达前线不久，就击退了魏军，皇帝因此封他为成乡侯。清人王士祯《咏史小乐府二十四首》其二十云："费公能办贼，严驾且围棋。赌墅东山者，风流自汝师。"王士祯称颂费祎能够惩治敌人，人马整装待发的大战之际，还要下围棋，并指出谢安（因曾隐居会稽的东山，人称"谢东山"）战前弈棋赌别墅，也是从费祎那里学的。

东晋大将军谢安战前弈棋赌别墅一事，为古代文人棋客津津乐道。《晋书·谢安传》记载"淝水之战"前，前秦国王苻坚号称率领百万大军来攻，京师震恐，朝廷封谢安为征讨大都督带兵讨伐。侄儿谢玄前来问计，谢安神态坦然，毫无惧色，只说"我另有办法"，就再也不说什么。谢玄不敢再问，请张玄重新来问，谢安却命人驾车来到自己的山间别墅。当亲朋好友来到时，谢安和谢玄下起围棋来，并以别墅为赌注。平时，谢安下棋下不赢谢玄，但是这天，谢玄有些惧怕，输给了谢安。谢安对他的外甥羊昙说："我把这座别墅交给你了。"然后，谢安部署将帅，各当其任，命谢玄率军迎战，以八万精兵大败苻坚的八十多万大军。面对苻坚的进攻，作为抗敌主帅的谢安却毫不紧张，反而平静地弈棋，大有"谈笑间，强虏灰飞烟灭"的气魄，表现出他成算在胸，运筹帷幄，指挥若定的大将风度。唐代诗人孙元晏的《晋谢公赌墅》称扬说："发遣将军欲去时，略无情挠只贪棋。自从乞与羊昙后，赌墅功成更有谁。"

宋代著名抗金将领宗泽也曾战前弈棋，继而指挥若定，轻松退敌。《宋史·宗泽传》记载：靖康二年（1127），金兵自郑地抵达白沙，直逼都城汴京，京城的人十分惊恐，宗泽的下属官员前去问计，此时，"泽方对客围棋，笑曰：'何事张皇，刘衍等在外，必能御敌。'乃选精锐数千，使绕出敌后，伏其归路，金人方与衍战，伏兵起，前后夹击之，金人果败"。

何云波《中国围棋文化史》指出："在我国的史书和小说中，常有关于军事家在战争中下围棋的描写，其用意并不是想说围棋对战略战术有什么启迪，主要是为了表现军事家的大将风度。下围棋，对他们来说，既是一种爱好，而在行军打仗时下棋，还能起到表示闲暇、稳定军心的作用。"

第六章

中国古代的围棋诗词

西晋张华《博物志》云："尧造围棋，以教子丹朱。"尧发明围棋是为了教化其子丹朱，他看重的是围棋的益智教化作用。然而，围棋产生以后，它具有的娱乐性、艺术性和竞技性，受到文人士大夫的广泛喜爱。古代的文人士大夫不仅喜好弈棋，并且还把围棋以及弈棋活动写进诗词，创作了不少围棋诗词。魏晋南北朝时期，文人士大夫在诗中描写围棋不多，只是提到而已。魏文帝曹丕最早在《夏日诗》中写道："棋局纵横陈，博弈合双扬。"南朝梁吴均的《酬萧新浦王洗马诗二首》其一也写道："围棋帝台局，系马秦王蒲。"北周庾信的《奉和赵王游仙诗》所谓"山精逢照镜，樵客值围棋"，运用了王质观棋烂柯之典。到了唐宋时期，文人士大夫在诗词中描写围棋就很普遍了，而且描写比较全面，对棋子、棋盘、对局、观棋以及弈者心理、弈棋环境等，都有涉及，还有诗人在诗中提出了有关围棋的著名观点，如苏轼对待弈棋输赢的"胜固欣然，败亦可喜"。明清时期，描写围棋的诗词也不少，除了沿袭前代诗人所写的各个方面，还有诗人托围棋以寄意，抒发世事变化、朝代更迭的悲凉之感。中国历代的围棋诗词，内容极为丰富，艺术表现也颇有特色。

第一节　中国古代围棋诗词的主要内容

围棋本身蕴涵丰富，包含数学、天文学、哲学、军事学等知识，文人士大夫又喜欢围棋的娱乐性、趣味性和艺术性，因而所写围棋诗词的内容也很广泛，描写了围棋的诸多方面，以下就其主要方面加以阐述。

一、表达弈棋如用兵的观点

围棋与兵法的关系，东汉的哲学家桓谭就说过："世有围棋之戏，或言是兵法之类也。"东汉著名的经学家马融也说："略观围棋兮，法于用兵。三尺之局兮，为战斗场。"军事家兼政治家的唐太宗李世民在《五言咏棋》二首中也表达了弈棋如斗兵的观点，"治兵期制胜，裂地不要勋"谓治军希望打仗获胜，弈棋不求功勋而意在围地；"玩此孙吴意，怡神静俗氛"谓研玩围棋，颇有军事家孙武、吴起的兵家意味，还可愉悦心情。唐代诗人杜荀鹤的《观棋》诗也云："对面不相见，用心如用兵。算人常欲杀，顾己自贪生。"宋代诗人洪咨夔《用蜀行送徐隆庆守金州》也云："兵家如弈棋，局局势不同。"

二、描写双方对弈的情景

古代诗人常在诗中描写两人对弈的情景。唐代诗人王建《看棋》云："两边对坐无言语，尽日时闻下子声。"唐代诗人曹唐《小游仙诗九十八首》其十八云："月明朗朗溪头树，白发老人相对棋。"唐代诗人高辇《棋》云："野客围棋坐，支颐向暮秋。不言如守默，设计似平雠。"诗谓暮秋时节，隐者对坐弈棋，手托下巴，潜心思考，寂静无语，绞尽脑汁设计机谋，好似要平定仇敌。南唐诗人李从谦的《观棋》诗云："竹林二君子，尽日竟沉吟。相对终无语，争先各有心。"

三、描写观棋的心态

古代诗人大多喜好弈棋,也喜欢观棋。唐代诗人岑参《虢州卧疾喜刘判官相过水亭》云:"观棋不觉暝,月出水亭初。"杜甫《赠王二十四侍御契四十韵》云:"置酒高林下,观棋积水滨。"唐代诗人李正封也云:"灯明夜观棋,月暗秋城柝。"(见韩愈《晚秋郾城夜会联句》)宋代诗人柴望《上忠斋丞相》其二也云:"尽日观棋局局新。"清代诗人钱谦益特别喜欢观棋,其《棋谱新局序》云:"余不能棋而好观棋,又好观国手之棋。……清簟疏帘,看棋竟日夜。"因而古代诗人写有不少观棋诗。唐代诗人温庭筠、可隆、释子兰、释贯休等,南唐诗人李从谦等,宋代诗人郑侠、石介、邵雍、苏轼、黄庭坚、强至等,清代诗人钱谦益、吴伟业、袁枚、毕沅等,都写有题为《观棋》或诗题中有"观棋"或"观弈"词语的诗。

古代诗人喜欢观棋,或认为观棋可以置身局外,不为输赢累心。清代诗人李渔的《听琴观棋》就云:"善弈不如善观。人胜而我为之喜,人败而我不必为之忧,则是常居胜地也。"或认为观棋也可以消闲解闷,有如王质烂柯山观棋一样逍遥。宋代诗人顾逢《王质观棋》就云:"弈边忘日月,况复遇神仙。"黄庭坚的《观叔祖少卿弈棋》也云:"心游万里不知远,身与一山相对闲。"钱谦益的《后观棋六绝句》其五也云:"楚江巫峡多云雨,总向疏帘一局看。"

古代诗人喜欢观棋,或认为"旁观者清,当局者迷"。宋代诗人强至的《观棋》就云:"旁观缩手者,往往见精微。"清代诗人毕沅的《观棋绝句四首》其二也云:"旁观尽有高明手,白眼看他当局人。"毕沅认为,观棋者中有高手,对棋势看得清楚明白,并用轻蔑的眼光看着困惑的弈棋者。

四、描写棋声

古代诗人写诗爱用动静结合、以动衬静的手法,如"蝉噪林逾静""鸟鸣山更幽"等,下围棋需要专心思索,一般在清幽寂静之处对弈,因而古代诗人常用以动衬静的手法描写寂静环境中传出的清脆落子声。宋代诗人黄庚的《棋声》就云:

何处仙翁爱手谈,时闻剥啄竹林间。

一枰子玉敲云碎,几度午窗惊梦残。

> 缓着应知心路远,急围不放耳根闲。
>
> 烂柯人去收残局,寂寂空亭石几寒。

诗写不时从竹林里传出剥啄的棋声,几次惊醒午睡者的幽梦,棋盘上的玉石棋子就像敲碎的白云和黑云,棋声稀疏则知道思索长久而心计深远,围吃时棋声急密则不让耳朵清静。宋代诗人陆游的《山行过僧庵不入》也写到棋声:"茶炉烟起知高兴,棋子声疏识苦心。"描写听到棋声稀疏,就知道弈棋者苦苦思索,费尽心思。宋代诗人彭止的《题辛稼轩斋》还用与"湿"相对的"干"来形容棋声的清脆响亮:"棋子声干案接尘,午窗诗梦暖于春。"宋代诗人刘克庄的《棋》还写到通过听闻棋声判断输赢:"远听子声疑有着,近看局势始知输。"清代诗人袁枚的《送霞裳之九江》还通过描写棋声思念友人:"新共扬州看月明,谁知转眼赋西征。残棋再着知何日,怕听秋藤落子声。"听见围棋落子声,就会想起和友人的对弈,让人陷入相思之苦,因而害怕听到棋子声。

五、表达对围棋机谋、输赢的看法

围棋具有竞技性,弈棋就会产生输赢胜负,而输赢胜负靠的是弈棋者的智慧谋略、机心诡计,古代诗人对弈棋的计谋、输赢有不同的看法。

古代诗人大多认为弈棋分出胜负要运用机谋智巧。韩愈的《送灵师》云:"围棋斗白黑,生死随机权。"意谓围棋是用黑白棋子来比赛、竞胜的,生死即输赢靠的是运用的机智权谋。宋代诗人蔡沈的《赠棋士兼相》也谓弈棋要运用谋略:"手谈达要妙,心计有卷舒。把握杀活机,操持开阖枢。"意谓弈棋要达到精深微妙,谋略就要有进有退,要把握杀着(杀劫)与活路的时机,要掌握开启与合围的关键。更有诗人认为弈棋运用的计谋,比大海还要深,南唐诗人李从谦的《观棋》就云:"若算机筹处,沧沧海未深。""机筹"即计谋。

然而,也有不少诗人对围棋运用机谋颇为不满,甚至用儒家的"仁""义"思想给予批评。宋代诗人李仲光的《赠弈棋蓝氏子》云:"古人制此文楸枰,要下黑白知死生。闲中借此消永日,未必能取人心争。后人不识古人意,致使方寸生纵横。"意谓古人制作围棋,是要运用黑白棋子来明白输赢死生;闲暇之时用它来消遣时日,未必是用来让人心争斗的;后人不知道古人之意,致使弈棋时心中产生纵横家的诡谲之计。宋代诗人黄公度的《和宋永兄围棋青字韵因成五绝》其二也云："块然木石本无情，底事纷纷如许争。天遣人间作仇敌，只缘黑白太分明。"意谓用木头或玉石做成的棋子本来是无知无情的（块然，木然无知貌），为何纷纭杂乱像这样争夺；这是上天派来人间做仇敌的，只因为黑白棋子太分明。宋代诗人邵雍的《观棋长吟》批评弈棋是"善用中伤为得策，阴行狡狯谓知机"，意谓善于使别人受损害被称为"谋略得当"，暗中使用诡诈之术被叫作"有预见"。宋代诗人强至的《观棋》也认为下围棋是"蜗角争先后，狼心竞是非"，意谓在微小之地争夺先后，用狠毒贪婪之心争竞是非。宋代诗人郑侠的《观棋》认为弈棋不能狡诈、贪婪，要用仁义防守："诈贪常易丧，仁守乃长存。"宋代诗人石介的《观棋》云："运智奇复诈，用心险且倾。嗟哉一枰上，奚足劳经营。"意谓运用智谋奇诡巧诈，运用心计险恶狡猾；在一个棋盘上，哪里值得这么操心筹划。石介认为大丈夫不应该把心思、精力花在棋盘上，应该杀敌疆场，立功边塞，"西取元昊头，献之天子庭。北入匈奴域，缚戎王南行。……尽西四夷臣，归来告太平。"军事战争为了保全实力，取得胜利，就要运用奇谋诡计，故有"兵不厌诈"之说；弈棋为了获胜赢棋，运用机谋巧诈也无可厚非。然而，不能把弈棋的机心与现实生活中的机心混为一谈，因为弈棋已把现实生活中的机心游戏化、娱乐化，不会像现实生活中的机心会对人造成生活的威胁甚至生命的死亡，大可不必用儒家的"仁""义"思想进行指责批评。做好正事的闲暇，下下围棋，既可消闲娱乐，放松身心，又可增益智慧，拓展思维，颇有益处。当然，不能沉溺于弈棋而废弃事业，更不能通过弈棋赌博获利。

　　弈棋有输赢，希望赢棋而不想输棋是人之常情，但是古代诗人却能以豁达的胸怀对待下棋，并不过分看重输赢。宋代诗人徐铉的《棋赌赋诗输刘起居》就云："本图忘物我，何必计输赢。"王安石的《棋》也说："战罢两奁分白黑，一枰何处有亏成。"苏轼提出的"胜固欣然，败亦可喜"的围棋观，深得文人士大夫的赞赏。宋代诗人陈宓的《观棋》就谓"锱铢胜负何须较，喜败无人似老坡"。明代大诗人李东阳也说"胜欣败亦喜，有技岂必工"，清代著名学者毕沅也说"胜固欣然败勿嗔"。清代僧人丈雪的《佚老关中作》把人生喻为弈棋，认为人生之路有坦途也有坎坷,弈棋也不必局局都赢:"人生好似一枰棋,局局赢来何作奇。输我几分犹自可,让他两着不为迟。"明代诗人徐渭认为弈棋不分输赢,和棋最好,其《胡市》诗云:"自古学棋嫌尽杀,大家和局免输赢。"古代诗人下围棋主要是为了消遣忘忧,悦心益智,而不是为了竞技争胜,所以他们对弈棋的输赢不太在意。

六、抒发朝代兴亡的悲凉之感

弈棋有胜负输赢,朝代有兴亡更替,因而古代诗人往往借写围棋抒怀,表达对朝代更迭的感喟。著名学者、东南诗坛领袖钱谦益在明朝官至礼部侍郎,南明弘光朝为礼部尚书,后降清为礼部侍郎,经历了朝代的对峙、更替,写有围棋诗表现自己凄凉悲苦的心境。他的《金陵后观棋绝句六首》其三云:

> 寂寞枯枰响沉寥,秦淮秋老咽寒潮。
>
> 白头灯影凉宵里,一局残棋见六朝。

诗的第一、二句,描写天气晴朗("沉寥"指晴朗的天空),四周寂静,只有棋盘上传出清脆响亮的落子声;时值暮秋,秦淮河的流水声呜咽悲切。第三、四句,描写清冷的夜晚,两个白发老翁正在灯下对弈,黑白棋子的对抗,就像历史上南北对峙的六朝。作者从弈棋的两方对垒,联想到历史上南北割据的六朝,表达了对政局的忧虑,表现了心情的凄苦。

钱谦益写出观棋绝句后,著名诗人吴伟业随即唱和,也写了《观棋和钱牧斋先生》六首,其三云:

> 闲向松窗复旧图,当年国手未全无。
>
> 南风不竞君知否,抉眼胥门看入吴。

诗中的"不竞",犹言不胜。"抉眼胥门",用伍子胥之典。"抉眼",即挖出眼睛。春秋时,吴国大夫伍子胥劝吴王夫差拒绝越国求和,夫差却听信谗言,赐给伍子胥一把剑,令他自尽。子胥临死时说:"抉吾眼置之吴东门,以观越之灭吴也。"吴伟业此诗虽写观棋,但"南风不竞"却有深刻寓意,寄托了世事翻覆、朝代更迭的悲凉感慨。

第二节　中国古代围棋诗词的常用表现手法

中国古代诗人所写围棋诗词运用的表现手法,与其他诗歌一样丰富而多样,其中,比喻和用典是运用得较为广泛的两种。

一、多用比喻

南宋陈骙《文则》云:"《易》之有象,以尽其意;《诗》之有比,以达其情。"自从《诗经》创立比兴手法以来,历代诗人大多继承这一传统手法,屈原发展为"香草美人"手法,唐宋诗词作家也多用比兴寄托手法表情达意,中国古代的围棋诗词也不例外。

古代诗人常用多变的棋局形势来比喻变化纷纭的人世。古人认为围棋"千古无同局",棋局变化多端,人世也复杂多变,两者有相似之处。元代虞集《玄玄棋经序》就云:"世道之升降,人事之盛衰,莫不寓是。"清人吴瑞征《官子谱序》也云:"盖人事之险阻,世态之翻覆,物情之变幻,可以一弈悟之。"唐代诗人杜甫在《秋兴八首》其四中就用棋局的变化比喻京城政局的变化:"闻道长安似弈棋,百年世事不胜悲。王侯第宅皆新主,文武衣冠异昔时。"意谓长安的政局,彼争此夺,或得或失,就像下棋一样,安史之乱后,达官贵人的住宅都换了新主人,文武官员也不同于往日。宋代诗人陈与义则在《夜雨》诗中认为"棋局可观浮世理"。"浮世理"即人世理。古人认为人世间是浮沉聚散不定的,故称浮世。陆游则常常在诗中感慨世事如弈棋,其《放歌行》云:"人间万事如弈棋。"其《寓叹》云:"世事元知似弈棋。"其《秋晚》云:"世事无穷似弈棋。"宋代诗人倪思的《过东林山》也感慨世道纷乱如荆榛,变化如弈棋:"世道荆榛似弈棋。"

古代诗人常用大地、田亩来比喻棋盘。古人认为天圆地方,方寸棋盘与天地相通。梁武帝萧衍的《围棋赋》就云:"圆奁象天,方局法地。"敦煌写本北周

《棋经》也说:"棋子圆以法天,棋局方以类地。"罗贯中著《三国演义》中有隐居隆中的诸葛亮所作《围棋歌》云:"苍天如圆盖,陆地似棋局。"宋代词人刘克庄的《榕溪隐者》诗也以方正的田亩喻棋局:"治地可十亩,方整如弈局。"大地上有田垄、园畦、稻田等,故古代诗人也以之比喻棋局。宋代画家、诗人文同的《闲居院上方晚景》就云:"秋田沟垅如棋局,晚岫峰峦若画屏。"陆游的《行绵州道中》也云:"园畦棋局整,坡垄海涛翻。"黄庭坚的《次韵知命入青原山口》云:"坑路羊肠绕,稻田棋局方。"宋代诗人白玉蟾最爱用稻田比喻棋局,所写诗中有多处,如《九曲櫂歌十首》其十云:"稻田高下如棋局,几点鸦飞与鹭飞。"《仙岩行》云:"蓼花锦岸红欲流,稻田高下铺棋局。"

古代诗人常用星星、冰雹、乌鹭比喻棋子。夜晚的点点繁星,明亮耀眼,抬头仰望,有如棋盘上的白棋子。白玉蟾的《题栖云堂》就云:"棋子纵横星点乱,琴弦戞击玉声寒。"杨万里《寄题喻叔奇国傅郎中园亭二十六咏·方池》也云:"月借繁星作棋子,夜寒睹得一金盆。"古代诗人也反过来以白棋子比喻星星,杨万里的《月台夜坐二首》其二就云:"日落片时许,星才数点明。须臾玉棋子,遍满碧瑶枰。"此诗以白玉棋子比喻星星,以碧玉棋盘比喻天空。唐代诗人裴说的《棋》既用星星比喻白棋子,也用冰雹比喻白棋子,诗云"势迥流星远,声干下雹迟",还以冰雹落下的声音比喻弈棋时的落子声。宋代诗人晏殊的《棋盘石》也云:"干雹声中闻子响,不知还许采樵观。"用乌鸦、白鹭来比喻黑白棋子,大约始于宋徽宗赵佶,其《念奴娇》就用"寒鸦游鹭"比喻黑白棋子。杨万里的《晚望》也云:"天堕楸枰作稻畦,啼乌振鹭当枯棋。"此诗以棋盘比喻稻田,以啼叫的乌鸦、飞翔的白鹭比喻黑白棋子。

此外,还有用零散、琐碎的云朵比喻棋子的,如唐代诗人吴融的《寄僧》云:"锡倚山根重藓破,棋敲石面碎云生。"宋代诗人黄庚的《棋声》云:"一枰子玉敲云碎,几度午窗惊梦残。"棋盘上零乱的黑白棋子就像天空散碎的白云和黑云,比喻形象鲜明。

二、常用典故

用典就是在诗词创作中引用古代的故事和有来历出处的词语。引用的古书中的故事，叫"语典"；引用的有出典的语词，叫"事典"。运用典故可以使诗词蕴涵丰富，含蓄有味，中国古代围棋诗词经常、广泛运用的典故是与围棋有关的弈秋、烂柯、赌墅、橘中等几个。

"弈秋"之典。战国时的孟子所说"通国之善弈者"弈秋，是我国最早的围棋国手，后世视之为"棋道鼻祖"，因而古代诗人常常在诗中提到他。宋代诗人李仲光的《赠弈棋蓝氏子》就云："烂柯人去弈秋死，通国善弈谁知名。"宋代诗人葛胜仲《弈棋有进劝工部兄召客》也云："索居湖海欲忘忧，瓜葛相呼事弈秋。"意谓孤居各地，要想忘忧，只好呼来亲朋好友（"瓜葛"即瓜与葛，皆蔓生植物，比喻亲朋好友）弈棋（"事弈秋"即做弈秋之事）。宋代诗人苏元老《赠棋士兼相》也云："自昔少兼能，今挟二术俱。弈秋与许负，异世同一躯。"诗中的"许负"，是汉代善于相面的许姓老妪。苏元老此诗是赠给一位棋士的，这位棋士又是一位相士。

"烂柯"之典。"烂柯"出自南朝梁任昉《述异记》所记晋朝王质去石室山砍柴，看见几个童子在下围棋，就站在旁边观看，不一会儿，他的斧柄就烂了，回到家乡，和他同时代的人都不在世了。这个弈棋故事具有仙道意味，颇为后世文人所喜欢，常在诗中提及。唐代诗人孟郊的《烂柯石》就云："樵客返归路，斧柯烂从风。"宋代诗人李堪的《仙岭樵歌》也云："仙家棋局无心看，只恐归时烂斧柯。"古代诗人还常以"烂柯"借指下围棋，如唐代诗人窦常的《哭张仓曹南史》云："丽藻尝专席，闲情欲烂柯。"意谓围棋国手张南史曾因诗文华丽而独坐一席，闲暇之时就想下围棋。古代诗人还以"烂柯"表示岁月流

王才图《王质观棋》

逝、人事变迁，如陆游的《东轩花时将过感怀》其一云："还家常恐难全璧，阅世深疑已烂柯。"

"赌墅"之典。围棋对弈就有输赢，古人也有用围棋赌博获利的，而运用围

棋赌输赢最为有名的典故是"围棋赌墅"。这个典故出自《晋书·谢安传》。谢安，字安石，曾隐居会稽东山（后人因以"东山"代称谢安），四十始出仕，后官至宰相。在淝水之战中，谢安作为东晋一方的总指挥，当前秦国王苻坚率领大军攻来时，谢安却镇定自若，叫来任前锋都督的侄子谢玄，与之下围棋赌别墅，而且赢了别墅，并把它送给了外甥羊昙。谢安随即命谢玄率八万精兵迎战，大败苻坚号称的百万大军。当获胜的驿书传来时，谢安又在与人下围棋，他看了一眼捷报，顺手放在床上，不露声色，弈棋如故。古代诗人颇爱运用这一典故，唐代诗人孙元晏的《谢公赌墅》就云："发遣将军欲去时，略无情挠只贪棋。自从乞与羊昙后，赌墅功成更有谁。"宋代诗人吕声之的《与丁抚干》也云："败走苻坚兵百万，围棋别墅意从容。"宋代诗人柴望的《淝水》也云："想见西风对垒时，目中先已料安危。淮淝百万兵虽众，未抵东山一局棋。"宋代诗人林希逸的《围棋看驿书》也云："驿骑军书到，风流相国知。淮淝千载事，宾主一枰棋。"

"橘中"之典。 所谓"橘中"，即"橘中之乐"，此典出自唐人牛僧孺《玄怪录·巴邛人》：

有巴邛人，不知姓名，家有橘园。因霜后，诸橘尽收，馀有两大橘，如三斗盎，巴人异之，即令攀摘。轻重亦如常橘，剖开，每橘有二老叟，鬓眉皤然，肌体红润，皆相对象戏。身长尺余，谈笑自若。……一叟曰："……橘中之乐，不减商山。"

"橘中之乐，不减商山"，意谓橘中弈棋之乐，不减商山四皓隐居的快乐。商山四皓，是秦朝末年信奉黄老道，隐居商山的四位博士（博士是古代学官名），即东园公、甪里先生、绮里季、夏黄公，古人认为他们隐居时以弈棋消磨时光。然而，"每橘有二老叟""皆相对象戏"的"象戏"，指的是象棋之戏，宋代诗人在诗中写到象棋时常用"橘中"之典，如戴复古《赵尊道郎中出示唐画四老饮图滕贤良有诗亦使

张路《商山四皓图》

野人着句》就云："采芝商山秦四皓,象戏橘中为四老。"刘克庄的《象弈一首呈叶潜仲》也云："君看橘中戏,妙不出局外。"所谓"象弈"即是下象棋。围棋和象棋都是两人对弈,都可消闲忘忧,因而古代诗人在写围棋诗词时也常用"橘中"之典。刘克庄就还把"橘中"之典用到围棋诗中,其《用厚后弟强甫韵》其十就云:"尔侬柏下已骨朽,此老橘中犹手谈。"南宋诗人文天祥《又送前人琴棋书画四首》其二也云:"我爱商山茹紫芝,逍遥胜似橘中时。纷纷玄白方龙战,世事从他一局棋。""玄白"指围棋的黑白棋子。明代诗人高启的《围棋》也云:"此间元有乐,何用橘中寻。"

中国古代围棋诗词中所用与围棋有关的典故还有不少,如举棋不定、巢毁卵破、王粲复局、弈棋赌郡、伸脚局下、吴图、乌鹭、木野狐等,但是都没有前面谈到的这四个运用得广泛,因而不再介绍。

第七章

中国古代的围棋名人、名著

中国古代的围棋名人很多，围棋名著也不少。但有的围棋名人只是因与围棋有关而出名，如因复局而出名的王粲、因赌墅而著名的谢安等，他们的棋技却并不很高；有的围棋名人棋技高超，甚至是棋待诏，但是却没有留下围棋著作；有的围棋名人，棋技不是很高，但是编纂的围棋著作，却广为流传，颇有影响；还有为数不少的围棋名人，就是围棋高手，甚至是国手，不但棋艺高妙，而且有围棋名著流传，如唐代的棋待诏王积薪、清代的棋圣范西屏等。就朝代来说，唐代及其之前的围棋名著相对要少一些，唐代以后的围棋高手和围棋名著相对较多，特别是清代，高手辈出，棋艺著作也大量涌现。本章选取重要的围棋名人、名著进行评介。

第一节　唐前及唐代的围棋名人、名著

一、敦煌写本北周《棋经》

1. 敦煌写本北周《棋经》的书名和作者

这本《棋经》的原书名和作者都已不详，发现于敦煌卷子中，为"斯5574"号写卷，原件现藏于英国伦敦大英博物馆。据成恩元的《敦煌棋经笺证》考证，此《棋经》系北周时期的写本，故称"敦煌写本北周《棋经》"。这本《棋经》共一卷，

卷首略有残缺，卷尾完整，现存 159 行 2443 字，全书有正文七篇和附录。这是我国现知最早的一部棋经。

作者在《部帙篇第七》中自述："余志修棋法，性好手谈，薄学之能，微寻之巧。"可知作者是一位棋艺专家。从整本《棋经》来看，修辞用字朴实无华，多用鄙俗俚语，甚至还有不少错别字，据此可以推断，作者的文字水平不高。作者在第一篇中也自称"虽复文词寡拙，物理可依，据斯行者，保全无失"，说明作者不重文辞而重实用。

2. 敦煌写本北周《棋经》的主要内容

《棋经》的第一篇，由于卷首残缺，篇名不详，从残存的文字看，主要阐述弈棋的基本要领和法则。作者认为对弈之道，"不以实心为善，还须巧诈为能"，并提出了声东击西、舍子得利等战法。《诱征篇第二》专论征子的方法，对征子的操作方法进行了详细阐述。《势用篇第三》主要讲述"势"在行棋时的具体运用，这里所说的"势"，是指具体的死活图形和对杀图形。《像名篇第四》主要是对特定的棋形赋予形象的名称，还涉及对棋盘角、边、中央运用的论述。《释图势篇第五》论述图与势的关系，以及复图打谱的重要性，强调打谱、熟悉图势是提高棋艺的重要途径。《棋制篇第六》叙述弈棋的规划和计算输赢的方法，涉及"筹""获筹""取局"等古代围棋的一些专门术语。《部帙篇第七》阐述棋势四部及分部的标准和内容。

在《部帙篇第七》之后，附录有《棋病法》和梁武帝《棋评要略》。

3. 敦煌写本北周《棋经》的价值

敦煌写本北周《棋经》是目前见到的最早的一部棋艺经典著作，是唐以前围棋棋艺发展水平的大总结。作者高度重视魏晋六朝的棋艺，记载了晋代的棋坛掌故，六朝名家创制的褚胤悬炮、檀公研覆棋势、车厢井栏式、玉壶神杯定式等，辑录了梁武帝的棋论专著《棋评要略》，还引录了北齐王子冲的征法。

敦煌写本北周《棋经》具有极高的文献价值，保留了若干极为重要的古代弈棋制度和规则，还使我们得以了解古代棋谱、图势的收集和流传情况，如书中提到的著名的汉图一十三势、吴图二十四盘等。

二、唐代棋待诏王积薪及其《围棋十诀》

唐朝是我国历史上的盛世,围棋也繁荣兴盛。唐太宗、唐玄宗都非常喜欢围棋,特别是唐玄宗,不仅热衷于弈棋,还特地在朝廷设置"棋待诏",专门伺候皇帝下棋。棋待诏官阶九品,与"画待诏""书待诏"同属于翰林院。棋待诏制度对中国古代围棋影响很大,不仅从此有了职业棋手,而且有力地推动了围棋的发展,众多的围棋高手有了奋斗目标——成为翰林院棋待诏。唐玄宗时期,出现了著名国手、棋待诏王积薪。

1.王积薪的生平

王积薪的生卒年不详。传说他出生于贫寒家庭,从小以砍柴为生,非常勤劳,砍下的柴草,堆积很高,因此就以"积薪"为名。

唐代佛教盛行,山中多有寺庙,庙中的僧人多有会弈棋的。传说王积薪上山砍柴,路过寺庙,遇见僧人下棋,就边看边学,细心琢磨,很快就学会了围棋,渐渐地就能和僧人对弈了。僧人见他聪明好学,便赠予棋图和《弈棋经》,鼓励他继续努力。王积薪用心钻研棋技,进步很大,很快就乡里无敌手。僧人非常高兴,又赠予他马匹和路费,叫他到城里去找高手较量,提高棋技。

唐代冯贽的《云仙杂记》记载:

王积薪每出游,必携围棋短具,画纸为局,与棋子并盛竹筒中,系于车辕马
鬣间。道上虽遇匹夫,亦与对手。胜则征饼饵牛酒,取饱而去。

这段记载说:王积薪每次出游,必定携带围棋,以纸画棋局,把棋子、棋局装在竹筒里,拴在车辕马鬣之间,路上遇到会下棋的老百姓,也要对弈几局。赢了棋就索取对方的饼酒之类的食物,吃饱了就走。

传说王积薪听闻太原尉陈九言府上有围棋高手在竞技,国手冯汪无人可敌,就决心前去同冯汪较量一番。他来到陈九言府上,和冯汪在府中的金谷园对阵,连下九局。王积薪先以二比四负于对方,但接着又连胜三局,以五比四取得最后胜利。后来王积薪将这九局棋加以评注,成为棋史上有名的《金谷园九局图》(简称"九局图"),流传于世。晚唐诗人韩偓的《安贫》有"眼暗休寻九局

图"的诗句,可能说的就是王积薪的"九局图"。

　　冯汪在当时已被称为国手,王积薪和他的对弈,实际上是争夺天下第一高手的比赛。王积薪获胜之后,名声大振,中书令燕国公张说便召他到家里做棋客,后来又被唐玄宗征召为棋待诏。

　　王积薪利用闲暇钻研围棋理论,总结前人和自己的对局经验,棋艺精进,成为公认的"大唐第一国手"。当时,围棋国手有冯汪、郑观音、杨季鹰、张南史等人,但以王积薪的成就最高,后世提到唐代的围棋国手,必首推王积薪。明人王世贞《弈旨》就说:"唐之弈,以开元王积薪为第一。"

　　唐代段成式的《西阳杂俎》中有两条关于王积薪的记载:一条说开元年间(713—741),王积薪曾在丞相张说家住过一段时间,在那里跟一行和尚下过棋。一行和尚是当时佛教密宗的领袖,在天文历法方面有一定贡献,才智过人,计算能力超强。一行和尚本来不会下围棋,在张说家里看王积薪跟别人下了一局以后,就提出跟王积薪过招,还笑着说:"下围棋不过是争先后而已,如果依照我的四句乘除口诀,那么人人都可以达到国手水平了。"一行和尚与王积薪下棋的胜负并没有记载,除此以外,其他书籍也没有关于一行和尚下棋的记载和故事。如果他战胜了王积薪,必然会被人大书特书。因此可以推测,一行和尚应该是输棋了。另一条关于王积薪的记载说,王积薪和唐玄宗下棋,棋局结束以后,唐玄宗的棋子全部被围死捡出棋盘。当时的棋待诏一般都要给皇帝面子而让棋,这则故事不过是用来称赞王积薪的棋艺高超而已。

　　唐人李肇的《唐国史补》中有王积薪在旅舍夜遇隔壁老妇与媳妇口弈的记载,唐人薛用弱的《集异记》演绎得更加神奇而详细。《集异记》记载:天宝十五载(756),唐玄宗因安史之乱从京城逃往蜀地,王积薪也侍从随行。由于随行人员太多,每到一处需要歇息投宿时,沿途的驿站馆舍,大多都让达官显贵占据了。王积薪没有地方歇宿,只好沿溪前行寻找。他看到山间有一户人家,家中只有婆媳二人,王积薪也不便入屋居住,便寄宿在屋外房檐下。到了深夜,他听见屋内婆婆和隔壁的媳妇躺在床上对话,婆婆说:"夜很长,一时也睡不着,咱们来下盘围棋吧!"媳妇回答说:"好的。"王积薪觉得奇怪,心想:屋里没有灯,婆婆和媳妇各居东西室,怎么下棋呢? 就把耳朵贴在门上细听,只听得媳妇说"起东五南九下子。"婆婆回答:"东五南十二下子。"媳妇又说:"起西八南十下子。"婆婆又说:"西九南十下子。"

每下一子,都要沉思良久。将近四更,总共下了三十六着棋。王积薪一一记住。忽听婆婆说:"你已经输了,我只胜了九路。"媳妇也甘愿认输。王积薪惊诧不已,第二天天刚亮,就去找婆媳请教棋艺。婆婆要王积薪任意按局布子,王积薪就从随身袋子里取出棋局,用平生的拿手妙招布子,未及十子,婆婆对媳妇说:"此人可教以常势。"媳妇就教王积薪"攻守、杀夺、救应、防拒"之法,说得很简略。王积薪又请求再教一些棋技,婆婆笑着说:"只是这些就已经让你在人世间没有敌手了。"王积薪恭敬致谢而离去。走了十几步,往回一看,刚才的房舍已经不见了。以此,"积薪之艺,绝无其伦"。《集异记》记载的这段王积薪夜遇仙姑对弈并向其请教棋艺的仙话故事,主要是为了神化王积薪的棋艺,意谓王积薪的棋艺曾受神仙指点,而非人间所得。

《云仙杂记》还记载了一则神奇故事,也是有意神化王积薪的棋艺,谓王积薪梦见一条青龙,吐出《棋经》九部授予他,他的棋艺顿时精深。

2. 王积薪的《围棋十诀》及其他围棋著作

王积薪撰有《围棋十诀》,又称《十诀》,辞精意深而又通俗易懂,概括了围棋的基本原理。《十诀》为:

一、不得贪胜。二、入界宜缓。三、攻彼顾我。四、弃子争先。五、舍小就大。六、逢危须弃。七、慎勿轻速。八、动须相应。九、彼强自保。十、势孤取和。

"十诀"短小精悍,蕴含着形势判断、打入侵消、先手获胜、攻防转换、子力配合等多重棋理,被后人奉为金科玉律,在日本也有很大影响。

然而,《十诀》的作者有唐代王积薪、宋代刘仲甫等不同说法。《十诀》最早见于南宋陈元靓的《事林广记》,标题为《象棋十诀》。有学者认为"十诀"说的是象棋,象棋才有"界"("楚河汉界"),象棋才有"取和"。张如安《中国围棋史》就指出:"'十诀'最早见于元泰定本《事林广记》,题为'象棋十诀'(至元本《事林广记》只题'十诀',列在象棋栏内),不题撰人。……据现存文献考察,'十诀'最早应是南宋时代出现的象棋理论。……'十诀'应是高度概括后的基本棋理,可通用于围、象二棋,迄今还未发现确凿的根据能证明是王积薪的杰作。"

王积薪还撰有《棋诀》三卷、《金谷园九局图》一卷、《凤池图》一卷,但都亡佚了。《棋诀》三卷,见于《宋史·艺文志》著录。《金谷园九局图》一卷是开元十六年(728)前后王积薪在太原尉陈九言的别墅金谷园与围棋国手冯汪的对局谱,此谱大约在宋后亡佚。《凤池图》见于宋人郑樵《通志》著录,应是王积薪在朝中的对局图谱,大约是他应中书令张说之邀在中书省的对局之作。凤池即凤凰池,本为皇帝禁苑中池沼,中书省临近禁苑,掌管机要,接近皇帝,因此用凤凰池代称中书令。

宋人李逸民的《忘忧清乐集》还收录有"王积薪一子解二征"棋谱,但明代棋谱《弈正》等又称为"顾师言一子解二征图",还有学者说,该棋谱其实是顾师言与日本王子御前对弈时所留,而王积薪的"一子解双征"棋谱早已亡佚。由于文献资料不足,一时难以做出判断,只好依据朝代较早的《忘忧清乐集》。

3.《围棋十诀》的影响

《围棋十诀》的影响十分深远。宋、明、清的棋手,莫不以《围棋十诀》为座右铭。他们在探讨围棋理论时,都把《围棋十诀》作为基本原理,在《围棋十诀》的基础上,不断发挥和提高。后来,《围棋十诀》远播海外,在日本、韩国等也被奉为经典。

20 世纪 20 年代,日本棋手铃木为次郎与我国棋手陶审安讨论,将《十诀》改为《新十诀》:"一、持重勿贪。二、入界宜缓。三、相机而攻。四、扼要而据。五、弃子取势。六、舍小就大。七、动须相应。八、慎勿轻速。九、彼强自保。十、先势后地。"但《新十诀》的影响远不如《十诀》。

第二节　宋元时代的围棋名人、名著

一、徐铉及其《围棋义例》

1.徐铉的生平

徐铉(916—992)是杰出的文字学家与书法家,同时也是颇有成就的围棋理论家。南唐时,徐铉官至吏部尚书,南唐亡后,他跟随南唐后主李煜归宋,任太子率更令,累官至散骑常侍。徐铉酷爱围棋,在不少诗文中都提及围棋,如《棋赌赋诗输刘起居》《奉和御制棋二首》以及《自题山亭三首》其一所云"机心忘未得,棋局与鱼竿"等。他还收集整理前朝历代的各种棋谱和资料,著有《围棋义例》《金谷园九局谱》等围棋理论著作。

2.徐铉对围棋发展的主要贡献

何云波《中国历代围棋棋论选》云:"《围棋义例》不见于元末明初陶宗仪《说郛》百卷本,收录在明末清初陶珽增补的一百二十卷本之中(卷一○二),署名徐铉。明人项世芳《玉局钩玄》、褚克明《秋仙遗谱》有同样内容,均标'围棋三十二字释义',不题撰人。清人陈梦雷《古今图书集成》在'唐徐铉围棋义例'左两行,增'诠释'二字说明文体性质,引起后人误解,如刘善承《中国围棋》作'围棋义例诠释'。"

徐铉在围棋史上的贡献主要在两个方面:第一个是对围棋的记谱方法进行了改进。宋人江少虞《事实类苑》谓徐铉将"平上去入"的四隅古棋图之法改为十九字,"甚为简便"。古人认为棋盘"分而为四隅,以象四时",因而将棋盘分为四个部分,采用"四大景盘式"进行记谱,用平、上、去、入四声分别标记四隅,再按四隅填入春、夏、秋、冬四组词,每组九十字,无一字相同。每个字代表棋盘上的一个点,天元用圆圈。"四大景盘式"在记谱时需要逐字检寻,查找每着棋的落点,再进行记录。这种方法精度不高,容易混淆,不便学习,要记录一局实战对局是相当麻烦的,这在很大程度上影响了古谱的流传范围。

徐铉对记谱方法进行了改进,用十九字代替十九线进行记谱,十九字即:一天、二地、三人、四时、五行、六宫、七斗、八方、九州、十日、十一冬、十二月、十三闰、十四雉、十五望、十六相、十七星、十八松、十九客。这十九字大多利用日常习语,易学易记,且记谱方式由单个的点变为了坐标定位,读谱记谱都更加便捷。

第二个是对行棋的基本术语进行了规范。在围棋的发展过程中,有大量的围棋术语出现,但未有过专门的收集整理,因此出现了部分术语定义含混不清、术语定义随时代发展发生变化、新旧术语相更替的情况,徐铉在《围棋义例》中对这些术语进行了规范并给出明确的定义。《围棋义例》是围棋史上最早的一篇专门解释围棋基本术语的文献。《围棋义例》中一共归纳了 32 个基本术语,这些术语在后来的围棋活动广泛使用,故抄录如下:

立——历也。沿边而下子者曰立,恐彼子有往来相冲之患也。

行——行也。连子而下曰行,使有粘连不断之绪也。

飞——走也。隔一路而斜走曰飞,有似禽鸟斜飞之义也。

尖——签也。两路斜签而下子曰尖,使有觑之之意也。

粘——连也。彼欲以子断之,我即以子连之,故曰粘。

干——间也。谓以子间之曰干。

绰——侵也。以我子斜侵彼子之路,而欲出之,曰绰。

约——拦也。以彼子斜拦我子之头,而反闭之,曰约。

关——隘也。两子正相对而立者谓之关,有单关、双关之名。

冲——突也。直速子而入关,谓之冲。

觑——视也。有可断而不断,先以子视之,曰觑。

毅——提也。棋死而结局曰毅,既毅而随手曰复毅,俗又谓之提。今集中但以提字音之,欲易晓也。

劄——札也。有若两虎口相对者,夹而札之,使有复毅。

顶——撞也。我彼之子,同路而直撞之,之谓顶。

捺——按也。以子按其头曰捺，自上而按下也。

跷——翘也。我彼之子皆相倚联行，而我子居下，势不能张。而欲先取其势，则以我子斜出一路，而拂彼子之头，若翘首之状也。《经》曰："宁输数子，弗失一先。"正此意也。

门——闭也。闭之使不得出曰门。隔一路曰行门，二路曰大门。

断——段也。段之而为二曰断。

打——击也。谓击其节曰打，连打数子曰赶。

点——破也。深入而破其眼曰点，旁通其子曰透点。

征——杀也。两边逐之，杀而不上曰征。

薜——截也。谓以我子截住彼之头绪，次着断也。使之急曰薜。

聚——集也。凡棋有求全眼者，则反聚而点之。有聚三、聚四、花聚五、聚六之类。

劫——夺也。先投子曰抛，后应子曰劫。乃有实东击西，弃小图大之功也。

捌——逼也。以子促而逼之曰捌。

扑——投也。以我子投彼穴中，使其急救曰扑，所以促其着也。

勒——束也。使其无眼曰勒，与札、刺之义小异耳。

刺——刺也。连子而直入曰刺，若戈戟之伤物，此亦使之无全眼也。

夹——甲也。两子夹一子曰实夹，两子自夹曰虚夹。

盘——蟠也。两棋隔绝而欲连之，沿边而度子曰盘。

松——慢也。棋家取其玲珑透空，疏而不漏之谓也。

持——和也。两棋相围，而皆不死不活曰持。有两棋皆无眼者；有两棋各有劫者；有各一眼活者；有彼棋两段各一眼，而我棋一段无眼，间其中而俱活者。盖取其鹬蚌相持之义，故曰持。

张靖的《棋经十三篇》沿用了徐铉的32个基本术语，只有3个不同，即把徐铉的"干""毅""薜"写成了"斡""杀""薜"。这32个基本术语，又经后人增补，一直沿用至晚清，有的术语甚至沿用至今。

二、张靖及其《棋经十三篇》

1.《棋经十三篇》的作者

《棋经十三篇》的作者,或说为张拟,或说为张靖。北宋棋待诏李逸民的《忘忧清乐集》收录《棋经十三篇》,署名为"皇祐中张学士拟撰","拟"字刻小,位置偏右,因此有人认为"拟"即为张学士之名。然而,《忘忧清乐集》还收有一篇《论棋诀要杂说》,署名为"张靖撰",内容正是《棋经十三篇》的末篇;南宋陈元靓《事林广记》所收《棋经十三篇》,署名为"宋皇祐中学士张靖";元人严德甫、晏天章编辑的《玄玄棋经》收录了《棋经十三篇》,作者题为"张靖"。

据今人李毓珍考证:宋代史籍中并无张拟其人,"张学士拟撰"应理解为张学士模拟《孙子兵法》十三篇而撰写,这个张学士应是张靖;张靖的生卒年大致为1004—1078,籍贯河阳(今河南孟州),宋仁宗天圣五年(1027),张靖与文彦博、包拯同榜登科,后直龙图阁,故有学士之称。

2.《棋经十三篇》的主要内容

《棋经十三篇》成书于北宋仁宗皇祐年间(1049—1054),仿照《孙子兵法》,分为十三篇:《棋局篇第一》《得算篇第二》《权舆篇第三》《合战篇第四》《虚实篇第五》《自知篇第六》《审局篇第七》《度情篇第八》《斜正篇第九》《洞微篇第十》《名数篇第十一》《品格篇第十二》《杂说篇第十三》。《棋经十三篇》最初的取名可能仅《棋经》二字,后为了区别于其他棋经,又因其体例仿照《孙子兵法》,故人们称其为《棋经十三篇》。

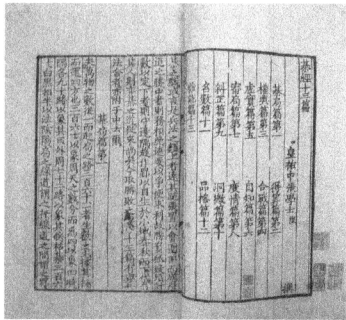

《棋经十三篇》书影

《棋经十三篇》的内容大致可分为三个方面。

第一是论述围棋的象征意义、行棋的术语及其定义。在《棋局篇第一》中,作者对围棋的象征意义进行了详细论述:万事万物的数理,从一开始,棋局的路数,一共有三百六十一个。"一"这个数,是所有数字起源的始祖,它占据首要位置而且支配统辖四方。"三百六十",是象征一周天的数字。分成四角,是象征四季。每个角各有"九十路",是象征每季一共有 90 天。"外周七十二路",是象征一年有 72 个节候。棋子 360 枚,白子和黑子各一半,是效法阴阳各半并形成万物的机理。这一论述继承了班固《弈旨》的"四象"说,并在此基础上将其发展完备,成为对围棋的经典论述。《名数篇第十一》着重阐述行棋术语及其定义,内容继承了徐铉《围棋义例》的 32 个基本术语。《品格篇第十二》则详细列举了九品的名称。

第二是强调弈者的品德和对局的态度。《斜正篇第九》及《杂说篇第十三》都主要论述弈者应有的棋德,如:

> 胜不言,败不语。振廉让之风者,君子也;起忿怒之色者,小人也。高者无亢,卑者无怯。

这段话体现了作者对于棋德棋风的高度重视。《合战篇第四》《自知篇第六》《度情篇第八》三篇主要阐述对局的注意事项与态度,如"博弈之道,贵乎谨严""随手而下者,无谋之人也,不思而应者,取败之道也""目凝一局者,其思周,心役他事者,其虑散",强调在对弈过程中要有专心致志、深思远虑的基本态度。

第三是对实战经验的总结。《棋经十三篇》所总结的实战经验比以前任何一部理论著作都要丰富深刻,主要集中在《权舆篇第三》《合战篇第四》《虚实篇第五》《审局篇第七》《洞微篇第十》《杂说篇第十三》部分,其中包含了大量具体的棋理,如"两生勿断,皆活勿连""欲强外先攻内,欲实东先击西""立二可以拆三,立三可以拆四"等,都是对弈中基本的战略战术,是全书最重要的部分。

3.《棋经十三篇》的价值

《棋经十三篇》是现存最完整、最系统的围棋理论,全面细致地介绍了棋规、棋理、棋品、战术、术语等,极大地丰富了我国的围棋理论,是宋代最重要的围棋理论著作之一。《棋经十三篇》上承敦煌写本北周《棋经》,下为刘仲甫等国手诵记运用,影响到后世的棋手与棋论,在中国围棋史上具有重要意义。

三、李逸民及其《忘忧清乐集》

《忘忧清乐集》大约成书于北宋末年,书名取自宋徽宗赵佶《宫词》其八十四的首句"忘忧清乐在枰棋",作者署名为"前御书院棋待诏赐绯李逸民重编",李逸民是重编,原编是谁,已不可考,李逸民的生平也无法详细考证。全书共三册,收录了《棋经十三篇》《棋诀》《论棋诀要杂说》,是棋艺理论著作、棋谱、棋势的汇编。

《忘忧清乐集》收录有魏晋到宋朝的棋谱。如:三国时的《孙策诏吕范弈棋局图》,西晋的《晋武帝诏王武子弈棋局图》,唐代的《明皇诏郑观音弈棋局图》《金花碗图》《一子解两征图》等,宋代的对局谱,如贾玄图、兴国图、万寿图、长生

《忘忧清乐集》书影

图、上清图以及最早的联棋记录《四仙子图》等共十五局棋谱,还有传说的王质观神仙弈棋谱《烂柯图》。这些古棋谱的汇编为研究我国早期围棋史提供了宝贵的资料,使我们得以窥见不同时期的围棋对弈活动。

《忘忧清乐集》所收棋势棋图有空花角图、立仁角图、背绰角图等各种局部棋势,其中最多的一种有三十五变。这些棋势相当于现在的定式,虽然现今已经基本失去了实用价值,但在宋元谱中较为常见,从一定程度上反映了当时的棋风。此外,还收集有高祖破荥阳势、三将破关势、幽玄势、三江势等三十七个死活棋图以及《棋盘图法》,《棋盘图法》分棋盘为平、上、去、入四角,每角九十路,用数字表示棋子方位。

《忘忧清乐集》是目前能见到的最早的棋谱集,保存了大量北宋时期的棋谱、棋势,是我们了解、研究北宋围棋对局、棋制、棋规、棋艺的珍贵文献。

四、严德甫、晏天章及其《玄玄棋经》

1.《玄玄棋经》的编纂者和书名

《玄玄棋经》是元代著名棋书,编纂者严德甫、晏天章都是庐陵(今江西吉

水)人。严德甫未成年时就善于下围棋,与年龄比他小的同乡晏天章弈棋都非常有名。晏天章,字文可,是宋代著名词人、官至宰相的晏殊的后代,自幼喜欢围棋。严德甫年长一些,二十岁时就在江右(即江西,指长江下游以西地区)颇有棋名了。两人是很好的棋友。

严德甫平时喜欢收集各种弈棋方法,又辑录有各种棋经,晏天章利用家里收藏的各种棋谱给予增补。两人在闲暇之时,研讨棋艺,各呈识见,选录棋著,最后由严德甫主编,晏天章帮助整理刊刻,在对原辑《棋经》增修的基础上,编成《玄玄棋经》六卷,虞集、欧阳玄和晏天章分别作序。

《玄玄棋经》本名《玄玄集》,取《老子》所云"玄之又玄,众妙之门"之意,用以比喻棋图招法精妙,因为卷首冠以张靖的《棋经十三篇》,后人习惯称之为《玄玄棋经》。《玄玄棋经》约成书于元顺帝至正九年(1349),书成之后,多次刻印,广为流传。

2.《玄玄棋经》的主要内容

《玄玄棋经》取古代六艺之名,分为"礼""乐""射""御""书""数"六卷,是晏天章、严德甫"弈归六艺"思想的体现。

"礼"卷收有班固《弈旨》、张靖《棋经十三篇》、皮日休《原弈》、柳宗元《序棋》、马融《围棋赋》、吕公《悟棋歌》、徐宗彦《四仙子图序》、刘仲甫《棋诀》等经典文献。其中最有价值的是严德甫的《棋经十三篇》注文,代表了元代围棋理论家对《棋经十三篇》的理解水准。严德甫的注文大约一百七十条,有的不仅只是解释经文,还进一步发展了经文。严德甫是继刘仲甫之后全面准确地注释《棋经十三篇》的弈师,在围棋史上大概只有清末邓元鏸《弈潜斋集谱》中的补注能够与之媲美。

"乐""射"二卷重点是边角走式,还有让子局谱和术语图解。其内容包括受一子至受五子局面图,以及"破单拆二""破斜飞拆二""破双拆二"等边角图势,并附有一部分术语图解,较之宋代的《忘忧清乐集》又有了一些变化。这两卷中,探讨座子制下边角局部变化图式,具有注重当断必断、紧逼对方、伺机打入、纠缠扭杀的古代棋风特色。棋例有的选自实战谱,也有的是模拟对局,从中可以领略到古代围棋比较流行的一些起手式,如"卷帘式""野战式"等。这些起手式大多是尚未定型的古定式,反映出时代的特点,其中不乏合理的招法,但多数变化在围棋的发展中,或者被淘汰,或者经过改进、订正变为定式。总的看来,当时对起手式的研究尚不够深入,水平也不算高,所列图例相当庞杂而有待精简。

"御""书""数"三卷都是收录的棋势,共选"唐明皇游月宫""项羽举鼎""孙膑陷庞涓"等 378 型,大多是作者精心收集、整理和创作的各种死活题,是全书的主体和精华。这些玄妙精深的死活题,传世杰作相当多,大多数死活题都具有实战意义,是现在仍然经常遇到的棋形或手法,如"秋蝉饮露势""猛虎驱羊势""五龙出水势""入穴取鱼势"等,这说明元代国手对实战妙手的研究已具有相当高的造诣。还有刻意排拟的创作型棋势,如"八王走马势""唐明皇游月宫""双换骨势""妙算无穷势"等,在实战中虽然难以见到或者根本不可能出现,但因攻杀巧妙,也能启发思路,增长才智。

《四库全书简明目录》指出:《玄玄棋经》一卷,共十三篇,因为弈棋之法与兵法相通,故模仿《孙子》的篇目数量,借鉴弃取攻守的道理,语言简练而意思完备,历代精通棋技者所用之法,不能超出此书范围。

3.《玄玄棋经》的影响

《玄玄棋经》经过数百年时间的检验,至今仍是棋坛高手的手中至宝,不管是初涉棋坛的新手,还是久战棋坛的宿将,只要认真研读此书,对自己实战棋艺、对弈境界的提高都有裨益。

《玄玄棋经》不仅在我国有深远影响,对日本棋界也影响极大。《玄玄棋经》在日本宽永时代(1624—1643)传入日本,宽永版《玄玄棋经》是日本弈界诸多棋书的蓝本。据朱铭源先生统计,日本德川时代(1603—1867),有 13 种棋谱都受到《玄玄棋经》的影响。明治时代(1868—1912)以来,又不断有采编、解说《玄玄棋经》的著作问世。日本大正八年(1919)小林键太郎出版了《玄玄棋经俚谚钞》修订本,以解说剖析原版《玄玄棋经》而著称于世。昭和十年(1935)桥本宇太郎编有《玄玄棋经》新定本,昭和五十五年(1980)平凡社发行大国手吴清源解说《玄玄棋经》二册。可见日本棋界对《玄玄棋经》的喜好和重视。

第三节　明代的围棋名人、名著

一、林应龙及其《适情录》

1. 林应龙生平和《适情录》书名

林应龙,生卒年不详,字翔之,号九溪,永嘉(今浙江温州)人。明世宗嘉靖年间(1522—1566)尝充礼部儒士,后久任铸印局大使。博学多才,善于围棋,长于绘画,精于篆隶,擅长文学。

林应龙是明代著名棋手,属于当时永嘉、新安、京师三大棋派中永嘉派的一员,著有《棋史》(已佚),编有《适情录》二十卷。《适情录》初刻于嘉靖四年(1525)。林应龙谓书名中的"适情"取自王安石(字介甫,号半山)的话,其《适情录叙》云:"偶诵王介甫语,遂命曰《适情录》。……半山棋品殊下,每失路辄弃去,曰'本图适情,何图劳神若此'。"然而,据宋人陈正敏《遁斋闲览》记载,王安石说的是"本图适性忘虑",当然,"适情"也就是顺适性情。

2. 《适情录》的重要内容

《适情录》是明代棋谱中卷帙最多的一部,共二十卷。前八卷为"正篇",第九卷以下为外编、补遗、图说,系林应龙所搜录。

"正篇"八卷载有日本僧人虚中所著《决胜图》中的弈谱三百八十四图。林应龙《适情录叙》云:"弘治间,日本僧虚中者来朝,止于杭。博学而文,且善弈。尝著《决胜图》二卷,……余自弱冠见之。"日本僧人虚中来中国留学,他精于围棋,就收集了大量的棋谱、定式以及棋评,写成《决胜图》二卷。林应龙认为"虚中妙悟之旨,犹仙方也,大方家当自得之",于是先将《决胜图》改编为《玄通集》,并"益以臆见",即加上自己主观的看法,约二十年后又再次整理包括《决胜图》在内的资料,增添大量内容,成为《适情录》前八卷。还有一种说法,前八卷是林应龙与日本僧人虚中合编的。

"补遗"二卷最具有特色,绘制了一些奇异棋图,多在棋盘外围加上圆圈,并在圈内或盘上标有与节气、干支、音律、天文、八卦、九宫、五行等有关的文字,使图形富有神秘色彩。中外棋家对此各有解释,或以为当时民间流传有多种辨识棋图的方法,或以为著者利用多种古代知识来理解棋盘的构造,或以为供当时文人占卜之用,众说纷纭,迄今未有定论。

林应龙在《适情录》中提出围棋是容成公发明制作的观点。关于围棋的起源,有尧或舜发明说,有战国纵横家发明说,有乌曹制作说,《适情录》则主观推测"围棋作于容成公"。容成公是我国古代神话传说中的仙人,传说是黄帝的臣子,是指导黄帝学习养生术的老师之一。容成公对天文历法还颇有研究,战国史官撰写的《世本·作篇》就谓"容成作历",即容成公制作历法。林应龙臆测围棋的制作与历法相关,认为围棋反映出来的黑白输赢的机变,即是阴阳消长的大道,正是历法所反映的错综复杂的阴阳交替,因而就把围棋的发明权附会在容成公身上。

3.《适情录》的价值

《适情录》搜集资料广泛,一共辑录棋图千余种,汇集了当时棋坛高手对局的图谱,堪称皇皇巨著。《适情录》是第一部中日棋家合作编撰的棋艺著作,在中日文化交流史上具有重要意义。

二、许毂及其《石室仙机》

1.许毂的生平

许毂,字仲贻,号石城居士,生卒年不详,上元(今江苏南京)人。喜好读书,博涉精诣,工行书。明世宗嘉靖十四年(1535)会元(明代每三年会集各省乡试中式的举人于京城考试为会试,会试中式第一名为会元)。据清代王应奎《柳南续笔》记载:明代有些考中科举的前辈学者被称为"元灯",他们有一种特殊的、一脉相传的能力,看到参加考试的人就能预测其功名,非常准确。明代著名学者、抗倭英雄唐顺之在家时,考中举人的薛方山去拜访他,唐顺之对他说:"我原来认为你应当考中会元，但是南京有个叫许榖的人，曾把他读私塾时写作的诗文拿来请教，我看他不同凡响。你以后要提防他胜过你。"后来会试榜公布出来，许榖果然考得会元，薛方山考得第二名。

许榖考中会元后，历官户部主事、南尚宝司卿。许榖在《石室仙机序》中说：在修养德行、辑录文章的闲暇，展开棋盘，结交高洁贤良之士来消遣时日，可以涵养性情，排除世俗纷扰。但许榖又说"余不能弈"，意谓自己的棋艺水平不高。尽管如此，许榖广搜前代遗谱，择录成书，对明代围棋发展颇有贡献。

许榖辑录《石室仙机》，书名应与王质石室山观看仙人弈棋，而弈棋要运用机谋有关，因为许榖在《石室仙机序》中有云"予闻石室中尝有仙人对弈"。

2.《石室仙机》的主要内容

《石室仙机》是一部综合性棋谱，比较完整地收集了明代以前的棋谱，内容包括历代诸家围棋赋文诀要、全局谱、受子谱以及各种开局、死活棋势。

许榖认为兵家文化对围棋有深刻影响，棋法与兵法相同。他的《石室仙机序》云：

而弈谱之设，与兵法同。古之论弈者，多引兵家以为喻，以其有像于军戎战阵之纪。谛观其取与、进退、攻劫、放舍，变化万状，莫不有法存焉。大将舍是，何以鞠旅登坛；弈者弃之，未免寡谋而取北矣。

这段话的大意是：棋谱的设置，与兵法相同。古代评论弈棋者，大多引用兵家的观点作为比喻，因为棋法好像军队作战的法则。仔细观察弈棋的取舍、进退、攻劫、放舍，虽然变化多端，但其中莫不有规律、方法存在。军队将帅舍弃此法，怎么可以登台发号施令；下棋的人丢弃此法，未免缺乏计谋而会输棋。

《石室仙机》对围棋九品进行了解释。三国时期，棋坛产生了用"九品中正制"之法评判棋手并将棋手分为九个品级的举措，魏国邯郸淳《艺经》云：

夫围棋之品有九：一曰入神，二曰坐照，三曰具体，四曰通幽，五曰用智，六曰小巧，七曰斗力，八曰若愚，九曰守拙。九品之外，今不复云。

然而，这九个品级的具体含义，难以理解。许榖在《石室仙机》中根据前人著作如朱权《烂柯经》等给予了解释：

　　一品入神，是指"变化不测，而能先知，精义入神，不战而屈人之棋，无与之敌者"，这算上上；

　　二品坐照，是指"入神饶半先，则不勉而中，不思而得"，有"至虚善应"的本领，这算上中；

　　三品具体，是指"入神饶一先，临局之际，造形则悟，具入神之体而微者也"，这算上下；

　　四品通幽，是指"受高者两先，临局之际，见形阻能善应变，或战或否，意在通幽"，这算中上；

　　五品用智，是指"受饶三子，未能通幽，战则用智以到其功"，这算中中；

　　六品小巧，是指"受饶四子，不务远图，好施小巧"，这算中下；

　　七品斗力，是指"受饶五子，动则必战，与敌相抗，不用其智而专斗力"，这算下上；

　　至于八品、九品，《石室仙机》也有解释，但没有"下中""下下"的说明。

　　八曰若愚，观其布置虽若愚，然而实其势不可犯。所谓"始如处女，敌人开户，后如脱兔，敌不敢拒"是也。

　　九曰守拙，凡棋有善于巧者，勿与之斗巧，但守我之拙，彼巧无所施，此之谓守拙。

　　《石室仙机》对九品的具体解释，也只是许毂以及前贤的理解，很难说就是邯郸淳的本意。

　　《石室仙机》还收有"十诀法"，也就是王积薪的《十诀》。《十诀》在明代以前通常被列为象棋口诀，从明代刘仲达《鸿书》及《石室仙机》《秋仙遗谱》等相继问世后，《十诀》才开始作为围棋口诀刊行，因而《石室仙机》对《十诀》作为围棋口诀的传播，功不可没。

　　《石室仙机》对所选棋局及图例，均未注明出处，也无评注，许毂只是做了搜集编录工作，未能逐一校定核正。以书中所载残局为例，瑕瑜互见，斑驳不纯，有美中不足的遗憾。

三、陆玄宇父子及其《仙机武库》

陆玄宇父子的生平均不详，两人都是围棋爱好者，长期收集名手对局。陆玄宇是明代万历年间苏州的著名藏谱家。

明思宗崇祯二年(1629)，陆玄宇父子编辑刊刻了棋谱《仙机武库》，董中行为之作序。书名中的"仙机"，指仙人弈棋的计谋；"武库"本指储藏兵器的仓库，此指收录棋谱的本书。此书扉页题"仙机武库，增补秋仙汇选秘本，西陵碧云书屋藏板"。《仙机武库》是一部综合性棋书，从当时几部著名棋谱及对局中选录编辑，集前人围棋秘籍之大成，董中行《仙机武库序》谓"千秋之秘诀在是，海内之大观备是"。

《仙机武库》分为金、石、丝、竹、匏、土、革、木八集，主要收集了明代名手对局和明人对棋艺的研究成果，内容包括古今全图、正兵、奇兵、古代棋式、饶子谱、残局等部分。大部分为局部定式、死活棋势，还有许多在角上寥寥几子未定形的死活题，实用价值更高。少部分为明代名手对局棋谱，如程汝亮对局十八局、苏具瞻对局二十局、过百龄饶子局等棋局，其中部分棋谱附有简评。后来过百龄删定审核，重新整理、校订了这部书。董中行《仙机武库序》谓"笔削主裁，百龄实执牛耳，残局之翻新增变，尤百龄呕心极苦者

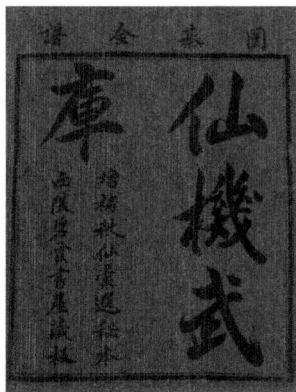

《仙机武库》书影

也"。显然，在《仙机武库》的成书过程中，过百龄起了重要作用，作为流行最广的明代棋谱受到人们的长期重视，和过百龄在棋界享有的崇高声誉是分不开的。

《仙机武库》保存了明代的围棋谱，是一部传世名著。传世围棋谱以清代后期为常见，乾隆以前的屈指可数，至于明代的围棋谱，几若凤毛麟角，而《仙机武库》保存了大量的也是仅存的明代棋谱，在明代棋谱中影响最大，对清代及以后的围棋发展具有重要的指导意义。

第四节　清代的围棋名人、名著

清代中期,我国的围棋艺术发展到座子时代的顶峰,名家辈出,国手济济,产生了大量的围棋著作和对局纪录,棋艺著作和棋谱在数量和质量上都远远超过明代,而且具有时代特点。著名国手如徐星友、施定庵和范西屏等,不但棋技高妙,而且还著有高水平的棋艺著作。

一、李子燮辑、季心雪评《弈墨》

《弈墨》为明末清初国手的对局选集,棋谱由淮安棋谱收藏家李子燮辑录,由著名棋手季心雪选取其中的精华 100 局,加以评注,辑为《弈墨》,"墨",范例的意思。

李子燮,生卒年不详,字以理,顺治六年(1649)进士,曾任淮安府推官,喜好琴棋书画,收集棋谱 600 余局。王燮《弈墨序》谓"以理先生囊括遂至六百余局,富有神奇,古无是也"。

季心雪,生卒年不详,名德,扬州(一作武林)人,清初著名棋手。据徐致章《弈墨序》记载:他在淮安为官时,曾见季心雪与 15 岁的国手姚书升对弈抗衡,两人成为棋技相当的对手。他还感叹"书升与心雪名藏兔苑,已鞭鞍齐驱矣",意谓 15 岁的姚书升就与季心雪姓名载入兔园册,并驾齐驱了。康熙元年(1662),季心雪从李子燮辑录的 600 余局棋谱中精选 100 局加以解说,编成《弈墨》,于康熙元年(1662)在淮安刊印,卷首有王燮、徐致章、王国泰分别作的三篇序。

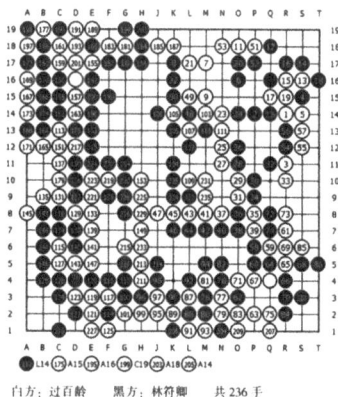

●L14 ●L17 ●A15 ●R4 ●C16 ●C17 ●R8 ●A18 ●R6 ●A14

白方:过百龄　　黑方:林符卿　　共236手

过百龄、林符卿对局谱

《弈墨》是第一部大型实战对局棋谱,棋谱资料十分叫贵。以前的围棋棋谱多以角图势图为主,专门的棋手对局谱较少,标明对局双方并记录至终局而且注明胜负的更少。《弈墨》如实记录明末清初国手名家的百局对弈实况,特别是其中保留了明代两大国手过百龄、林符卿在京城的重要对局,明末苏具瞻、雍皞如、江用卿及清初棋手曹元尊、姚书升等的罕见棋谱,为我们了解明清间围棋的发展状况提供了宝贵资料。

二、陶式玉及其《官子谱》

明末清初,围棋棋艺逐渐向着深度和广度发展,随之也开始分门别类地研究棋艺,到了康熙年间,残局和官子研究盛极一时,陶式玉的《官子谱》三卷就是其中的一部。

1. 陶式玉的生平

陶式玉,字尚白,号霍童山人,室名存斋,会稽(今浙江绍兴)人。嗜好围棋,平时棋局随身。康熙十五年(1676)进士,曾任蠡存知县、监察御史,康熙二十六年(1687)任两淮盐运使,康熙二十七年(1688)被弹劾罢官,《官子谱》即辑刻于其弹劾受审期间,后复官广西道监察御史。所谓"官子",就是一局棋,经过中盘战斗,双方所占地域基本确定,彼此交界处的空位尚待下子,这时所下的子就叫作官子,也称官着。乾隆年间卞立言的《弈萃官子》云:"官子者,大局既定之候,各守疆界之着也。"

2.《官子谱》的编纂和主要内容

陶式玉《官子谱自叙》说:康熙二十八年(1689)秋,余客居扬州,每天观看吴瑞征、胡安士对弈。"其间用意之深微、取舍之变幻""然出奇制胜,转败为胜,每从官子得力居多",于是就取来官子旧谱细心整理,又增益以当时国手对局实战的官子,共得一千五百多局,把官子的各种技巧都收录完备。随后,陶式玉就以过百龄、曹元尊的《官子谱》为基础,邀请对官子颇有研究的名手吴瑞征、娄子恩、蔡邻卿等参与校订,经过整整六年时间,先后六次修改,终于编成此书。康熙三十三年(1694),陶式玉《官子谱》在福州刊行。

陶式玉《官子谱》是集体编著的功劳,谱前也如实地标明"会稽陶式玉存斋评辑""嘉定吴贞吉瑞征、温陵蔡四德邻卿参订"。全谱共计一千四百七十八图,上卷五百四十局,中卷五百五十八局,下卷三百八十局,内容丰富,取材广泛。吴瑞征《官子谱序》谓《官子谱》"则手辑《官子谱》一千五百余局也,其间有仍之旧谱而增变者,有取之成局而翻新者,有得之对垒而脱撰者,无类不备,无美不收"。全书收死活、手筋、侵分等图势 1478 例,所收图势的数量和质量都超过前人。

3.《官子谱》的影响

陶式玉《官子谱》是关于死活、官子的一部较为完整系统的专著,被后来棋家视为经典。这部皇皇巨著,对后世围棋有重大影响。此书传入日本后,与《玄玄棋经》并称为所谓诘棋类两大名著,日本后来的一些诘棋类书如《发阳论》中都可以看到《官子谱》的影响。1978 年日本出版了吴清源解说的《官子谱》,副题为"手筋的渊源",即把《官子谱》视为围棋手筋之源。

三、董耀及其《弈学会海》

1. 董耀的生平及《弈学会海》的编纂

董耀辑录的《弈学会海》是一部综合性棋谱著作。董耀,生卒年不详,字巢云,间山(即辽西,今辽宁西部以及河北山海关以北。董耀《弈学会海序》谓"间山董耀巢云父识于洪都之双泾公廨")人。康熙二十年辛酉(1681)为母出仕,其《弈学会海序》云:"后辛酉秋,捧檄出都。"幼年即嗜好围棋,《弈学会海序》云:"余髫年性即嗜弈,时与二三知己,横枰快聚,几忘岁月。"为官后,不但好弈,还致力于棋谱搜集,其《弈学会海序》自述,出都做官时,友人告诉他,"夫弈,欲进乎技""谱之不可不知也"。于是他"遍访传世刻编""不辞物色之劳""十有余年,而所获已盈几案矣"。搜集到的棋谱,"更证诸四方国手,正其舛讹,删其繁蔓,汇精萃要,别类分门",始成此书。后来,友人私自拿去刻版刊印,要他写序,他"不胜惊喜交集,因援笔叙其往事",于康熙三十七年(1698)刻成。

2.《弈学会海》的主要内容

书名题为《弈学会海》,"海"本指百川会聚之大海,此指数量众多之棋谱的总汇。全书分为元、亨、利、贞四集,收录明代棋手和清初棋手对局 600 余谱。"元亨利贞"出自《易经·乾》。"元集"为"棋经捷要""弈法定名"及全局五十式,"亨集"为边角图二百二十五式,"利集"为侵分、官子二百式,"贞集"为残局一百七十三式。

3.《弈学会海》的价值

《弈学会海》收集的不少棋谱非常珍贵,未见他书著录,仅见此书,如《弈学指南》《吕氏遗谱》《棋源统汇》《消长八谱》《燕间四适》《橘海蜃变》《围棋机轴》等。黄俊《弈人传》谓"搜辑明谱颇备,后人籍此以溯有明一代棋式,抑考古家所欣许者钦"。

《弈学会海》可用作围棋教科书,是一部从布局到定式、到边角攻防的系统的围棋教材类棋谱。

四、徐星友及其《兼山堂弈谱》

1.徐星友的生平

康熙年间(1662—1722),继黄龙士之后称雄棋坛的是他的学生徐星友。徐星友,名远,钱塘(今浙江杭州)人。长于书画,工于围棋。据清人李岳瑞的《悔逸斋笔乘》和清人易宗夔的《新世说》记载,徐星友学棋的时间较晚,最初是从师从黄龙士。徐星友专心致志,刻苦用功,三年不下楼,棋技进步很快。黄龙士为了逼使徐星友提高棋艺,要他让四子对弈,进而让三子对弈。当徐星友达到和黄龙士相差二子的程度时,黄龙士仍要他让三子对弈 10 局棋。这 10 局棋下得异常激烈,徐星友更是竭尽全力,呕心沥血,当时被人们称为"血泪篇"。此后,徐星友棋艺大进。

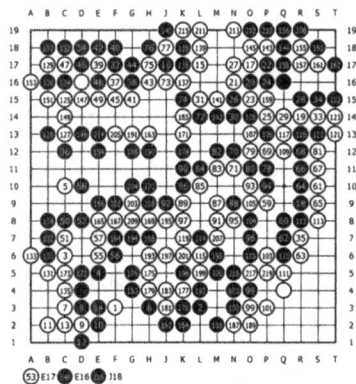

白方:徐星友　黑方:黄龙士　共219手

徐星友、黄龙士对局谱

　　徐星友出名后，开始挟技游历京城。刚进京，徐星友陪侍达官贵人下棋，成为他们的座上客。后来，徐星友听说有一位高丽使者，自称棋技天下第一，就前去会棋，结果一连赢了高丽使者好几局。从此，徐星友在京城名声大噪。

　　徐星友要在京城站稳脚跟，自然少不了与前辈高手有一番较量。著名戏剧家孔尚任就曾在某显贵家观看过老国手周东侯与徐星友对弈，从吃完早饭时下起，每下一子，双方都要沉思良久，斟酌再三，直到中午才下完。周东侯输了两子，十分沮丧，"袖手而去"。

　　黄龙士逝世后，徐星友成为棋坛盟主，称霸棋坛近 20 年时间。康熙末期，徐星友在京城遇到新进高手程兰如，一番恶战，成为程兰如的手下败将。徐星友自知大势已去，就离开京城，回到故乡，过着教棋、著书的生活。

　　徐星友的棋风，属于"平淡"一派。他主张弈棋要"冲和恬淡，浑沦融洽""制于有形，不若制于无形""善战而胜，曷若不战屈人""闲淡整密，大方正派"等。其中最重要的就是"不战屈人"，这是"平淡"的根本。所谓"不战屈人"，就是不靠激烈的厮杀取胜，而是一点一点地侵蚀，直到取得最后胜利。这种含蓄、不露锋芒而又强劲有力的棋术，于四平八稳之中暗藏杀机，在防守的同时进行侵袭，是一般人难以达到的技艺和境界。

2.《兼山堂弈谱》的特点

　　《兼山堂弈谱》成书于康熙五十八年（1719），全书精选明末清初 20 位国手的 62 局棋，详加评说。徐星友的棋艺修养深厚，对局经验丰富，眼光独到，对所选各局棋的得失看得准确清楚，因而评说详细精当，鞭辟入里，切中肯綮，常有画龙点睛之妙。选局和评注比较客观，如评其老师黄龙士和盛大有的一局，黄龙士虽然赢棋，但徐星友评述说"白失着如此之多，黑胜尚且艰难，龙士未克以七局遍胜得名，殊不知之所在，非实之所在也"，持论客观公允，殊为不易。

　　《兼山堂弈谱》是我国最有价值的几部古棋谱之一，古今棋家视为经典。国手施襄夏《弈理指归序》谓"徐著《兼山堂弈谱》，诚弈学之大宗"，自己"潜玩经年，始窥其奥"。卞立言《弈萃自叙》云："古来弈谱甚多，诸家著作不一，自《兼山堂谱》成，学者始有所宗。"（《兼山堂谱》即《兼山堂弈谱》）

五、施襄夏及其《弈理指归》

1.施襄夏的生平

施襄夏(1710—1770),名绍暗,号定庵,浙江海宁人。他的父亲是位雅士,擅长诗文书法,善琴好弈。父亲最初让施襄夏学琴,但是,不久就发现儿子对围棋的喜好更甚于琴。当时,比施襄夏年长一岁的同乡范西屏跟随俞长侯学棋,到 12 岁时,已与老师齐名,这让施襄夏非常羡慕,就请求父亲把自己也送到俞长侯门下学棋。施襄夏刚开始跟俞长侯学棋时,俞长侯受先三子教了他一年,他便能与范西屏争高下了。施襄夏曾受三子与前辈国手徐星友对弈过,徐星友非常看好这位少年棋手,还把自己编写的《兼山堂弈谱》赠送给他。

据清人李岳瑞的《悔逸斋笔乘》记载,施襄夏曾在湖州结识国手梁魏今和程兰如,两位名家都受先与他对弈几局,施襄夏从对弈中受到启发、学到棋技。后来,施襄夏又遇见梁魏今,两人同游岘山,见山下流水淙淙,梁魏今便以流水为喻,给施襄夏讲授"行乎当行,止乎当止,任其自然而与物无竞"的弈棋之道。施襄夏听后如醍醐灌顶,顿悟弈机,认识到自己的不足,潜心钻研,不断探索,终于成为国手名家。

施襄夏成名后,曾和范西屏同游京城。鲍鼎《国弈初刊序》记载:"施、范少时,在都对垒凡十,施负其七,遂嫉而秘之,戒弗以传。"意谓施襄夏、范西屏年轻时,曾在京城对弈十局,施襄夏输了七局,遂嫉妒范西屏,从不提此事,而且告诫知道的人不要传扬。

乾隆四年(1739),浙江平湖(别称当湖)世家张永年延聘施襄夏、范西屏到家中教棋。张家五世善弈,张永年及其长子张世昌(号敦坡)、次子张世仁(号香谷)皆好弈,故请范、施两大名手来教授一段时间。其间,施襄夏和范西屏应主人的请求,进行十局对垒,实际对弈了十三局,后人称为"当湖十局"。这十三局棋下得十分精彩,扣人心弦,胜负相当,难分高低。同代棋手对"当湖十局"评价极高,钱保塘《范施十局序》云:"虽寥寥十局,妙绝千古。"

后来施襄夏游历吴楚各地,与众多名手对弈,交流、切磋棋艺。乾隆十七年

（1752），施襄夏客居扬州，后来移居苏州，过着弈棋、教棋、著书的生活，著有《弈理指归》和《弈理指归续编》。

2.《弈理指归》的主要内容

《弈理指归》大约成书于乾隆二十八年（1763）施襄夏客居扬州时。编著此书的目的，施襄夏在《弈理指归自序》中说："因念学者资禀不一，教者立法殊科。然出必由户，毋容躐等，童蒙之告，不可废也。爰将常用活法，以落子定名，黏句叶韵，分门汇成一集，名曰《弈理指归》。"这段话意谓：施襄夏在教棋时深感学棋的人禀赋不一样，教棋的人教法不相同，然而，学棋必由门径进入，不能越级学习，启蒙教学，不可废弃。于是将弈棋的常用活法，以落子定名，编成押韵诗句作歌诀，分门别类汇编成一集，取名为《弈理指归》。由此可知，施襄夏是要编一本融基本手法、基本定理于一体，指明"尽变之义，极变之致"的棋理，使学棋者既易学习又得原委的教科书。

《弈理指归》的主要内容，张世达的《弈理指归图跋》谓"其书内分十门，门编歌诀""冠正局于首章，退子为变"。正局又分八门，卢见曾《弈理指归序》谓"乃分正局以为八门，曰小侵；曰镇边；曰封角；曰拆二拆三；曰逼关制边；曰镇合关封；曰拆关连逼；曰双飞燕，而着法尽矣"。书中的歌诀、文字，深奥精微，寓意玄妙，然而歌诀强合五行八卦，类似佛咒，有的非常烦琐，有的晦涩难懂，不够通俗，因而书成之后，未能流传。

因为《弈理指归》所编歌诀艰涩费解，施襄夏的友人、棋艺三品的钱长泽就重新编写歌诀，并依歌诀绘图，"凡遇一变，即绘一图，录歌于上，系图于下"（张世达《弈理指归图跋》），并删去原书中"五行八阵之玄谈"，编成《弈理指归图》，才得以广泛流传。因此《弈理指归图》的声名高过《弈理指归》。

乾隆三十二年（1767），施襄夏在苏州又著《弈理指归续编》交给门士李良，施襄夏去世后，李良为之刊印。此书也是施襄夏晚年所著围棋入门教科书，其中《凡遇要处总诀》《四子总指》《攻角总旨》三篇歌诀，言简意赅，堪称经典。尤其是《凡遇要处总诀》七十几句，是对基本棋理和棋技战术高度精练的概括，句句精到，很多已经成为后世学棋者都能背诵的口诀，对后世影响很大。

3.《弈理指归》的价值

《弈理指归》是施襄夏数十年棋艺思想和棋艺实践的总结,寓意深刻,是弈者必循之途径。其中有关布局和序盘的部分,颇多创见,体现了施襄夏"穷向背之由于未形,而决胜负之源于布局"的思想。

《弈理指归》被后世公认为围棋著作的经典,其所表现出来的系统性、理论性和技艺水平都达到了相当的高度。

六、范西屏及其《桃花泉弈谱》

1.范西屏的生平

范西屏(1709—1769),名世勋,字西屏,浙江海宁人。他的父亲痴迷于围棋,不管家业,以致家道破落,而棋艺却始终不高。范西屏耳濡目染,对围棋颇有兴趣,三岁时,父亲与人对弈,就在一旁哑哑指画了。儿子喜欢围棋,范西屏非常高兴,就送他拜乡里名手张良臣为师学棋,后来又送他拜山阴著名棋手俞长侯为师。俞长侯棋艺三品,经名师指导,范西屏长进更快,12岁就与俞长侯齐名了。范西屏曾经受先与俞长侯对弈七局,俞长侯连败,从此他不再和范西屏下棋。范西屏16岁就成为闻名天下的第一国手。

范西屏和施襄夏是同乡,同在俞长侯门下学棋,两人相继成为国手后,便分道扬镳。但两人曾一同游历京城,鲍鼎《国弈初刊序》谓范西屏和施襄夏曾在京城对弈十局,施襄夏输了七局。乾隆四年(1739),范西屏和施襄夏同时受当湖士大夫张永年的邀请,前往教授棋艺,张永年请两位名手对局作为示范,于是产生了著名的"当湖十局"。

范西屏成名后,国手名家纷纷找他对弈,但大多成为他的手下败将。当时的棋坛高手梁魏今、程兰如、韩学元、黄及侣、胡肇麟(一作兆麟,人称"胡铁头")等,都纷纷败在他的手下。

当时能与范西屏抗衡的,只有施襄夏。不过,据各种史料记载来看,施襄夏思维不如范西屏敏捷灵活,棋路没有范西屏明晰清楚。两人对弈时,施襄夏常沉思不语,半天下不了一子;范西屏却轻松自如,随手落子,似乎不把棋局放在心上,甚至应子之后便去睡觉。清人陆以湉《冷庐杂识》云:"本朝弈国手首称范西屏世勋，施襄夏绍暗次之，皆海宁人。"

范西屏晚年客居扬州，著有《桃花泉弈谱》二卷。卞立言《弈萃自叙》谓自己曾把施襄夏的《弈理指归》"与西屏范先生参阅，范先生拣择变化，即著《桃花泉谱》（即《桃花泉弈谱》）"，说明《桃花泉弈谱》的写作参考了《弈理指归》。乾隆三十年（1765），两淮巡盐御史高恒出资刊印，因盐御史署中有"桃花泉井"，遂取书名为《桃花泉弈谱》。

范西屏是我国古代围棋发展到鼎盛时期的杰出代表，他的棋艺达到了古代围棋的最高水平。后人称范西屏、施襄夏为"棋圣""棋中李杜"。钱保塘《范施十局序》云："善围棋者，世谓之棋圣。若两先生者，真无愧棋圣之名。"邓元鏸《范施十局序》云："国朝名手如林，海宁范西屏、施定庵两先生尤为杰出。……论者方之诗中李杜，洵为至当。"

2.《桃花泉弈谱》的主要内容

范西屏《桃花泉弈谱序》说：自己少年时就爱学习前代名家的棋谱，无不潜心研究，明代名手的棋谱，大都钻研过；晚年不顾浅陋，就自己弈棋的心得，写成《桃花泉弈谱》。

全书分为上下两卷，主要研究以座子为中心的边角变化，选取前人的边角局部战术，从全局观念出发，用通盘打算的弈棋理论为基础，全面系统地研究了星定式的各种手法和各种变化。《桃花泉弈谱序》谓"为格二十，局二百一十有奇，变八百有奇"，也就是以 20 种战术手段为单元，列 200 余图，共达 800 余种变化，每种变化都有简练的解说。

3.《桃花泉弈谱》的价值

范西屏在《桃花泉弈谱序》中说自己这部棋谱"戛戛独造，不袭前贤"，颇为自信。确实，此书多有创见，推衍变化之多，而且令人信服，对星定式研究之深入，远胜前人。

《桃花泉弈谱》是棋圣范西屏的扛鼎之作，是他留给后世棋坛的宝贵遗产，被棋家视为古代星定式的经典之作。此书刊行之后，风行一时，清代棋手"奉为法律"，称之为"弈家第一切要之书，犹医家之《素问》《灵枢》也"。

第八章

围棋的赛制、等级规则和礼仪

围棋自产生以来就有弈棋规则,古代有座子、白先黑后、九品制等规则。随着围棋的发展,交流的广泛,也就产生了不同的赛制和对局礼仪。到了现代,围棋的赛制更加丰富完善、等级规则更加明确合理,对局的礼仪更加适用规范。中国、日本和韩国的围棋赛制、等级规则和礼仪,大致相同,小有差异。

第一节　围棋的赛制

围棋比赛有多种赛制,每一种赛制都有其特点。多种赛制并存使得围棋比赛更加多样化,更吸引人。比赛的组织者可根据比赛性质,参加人数或队数,比赛时间长短等选择合适的赛制,也可以根据实际情况,将两三种赛制结合起来进行比赛。各国围棋比赛的赛制,大同小异,常用的赛制分为两大类:淘汰制和循环制。顾名思义,淘汰制就是淘汰战败的选手,最终选出优胜者,而循环制则是每个棋手都要完成比赛,最终根据成绩来排名。除此之外,中国围棋比赛还有擂台赛制、奇点赛制、番棋对抗赛制、番棋升降赛制等。围棋在中、日、韩三国最为流行,因而这里首先介绍中国围棋的赛制,其次介绍日、韩围棋的不同赛制。

一、中国围棋的赛制

(一)淘汰制

淘汰制分为单败淘汰制和双败淘汰制。

1.单败淘汰制

每一轮比赛,棋手两两捉对厮杀,胜者晋级下一轮,负者只要输一盘便直接被淘汰,直至决出最后的总冠军。

优点:赛程时间短,比赛场次少,有 2 的 N 次方个人(或队)参加的比赛,只需 N 轮就能决出冠军。所以比赛费用少,容易组织。

缺点:偶然性极大,运气占了一定的成分。如果抽签的运气不好,第一轮强强相遇是比较惨的。

2.双败淘汰制

双败淘汰制比单败淘汰制稍显人性化,两场失利才会被淘汰。两两对抗,全胜的选手留在胜者组,负者不会直接淘汰而是进入败者组,败者组中再战败的便会被淘汰。最终胜者组冠军和败者组冠军争夺比赛的冠亚军。但由于败者组冠军已经输过一盘,为公平起见,胜者组冠军只需赢一盘便可夺冠,而败者组冠军想要逆袭必须连胜两盘。简单来说,双败淘汰制就是只要输过两局的便被淘汰,最后一个没输两局的便是冠军。

优点:双败淘汰制比单败淘汰赛制合理,输一局的选手还有复活的机会,而且赛事持续时间不长,是淘汰赛中相对比较公平的。

缺点:一是安排比赛日程较困难,下一场比赛的对局双方需要根据上一场的结果来确定;二是依然存在一定的偶然性。

此外,还有赛制变种的三败淘汰制、四败淘汰制。

淘汰制比赛的每一局都事关生死,因而选手更加紧张,也更富有激情,但弊端也十分明显。不但无法对第五名以后进行有效排名,而且比赛的运气成分更多,如果棋手比赛初期遇到冠军选手,也许仅仅一局他的比赛就结束了。面对这两大弊端,循环制的优势便体现出来。

(二)循环制

循环制分为单循环制和双循环制、循环积分制。

1.单循环制和双循环制

单循环和双循环类似,是每一位参赛选手和所有参赛选手逐一比赛,单循环为所有选手都进行一局比赛,而双循环是所有选手之间进行两局比赛(一般为一局执黑一局执白)。

优点:细致公平。

缺点:如果参赛人数较多,那么比赛的轮数多,周期长。这是不可避免的弊端。

2.循环积分制

循环积分制是中国围棋甲联赛的招牌,是从足球、篮球等球类比赛借鉴而来。基于各方面因素的考虑,循环积分制是目前一般性围棋赛事中使用频率最高的赛制。所有参赛队(或棋手)进行双循环比赛,主客场(或黑白)轮换。每一轮胜者积两分,打平积一分,负者积零分。前一轮结束后,根据棋手的成绩编排下一轮,原则是高分对高分,低分对低分,对过的选手不再相遇。所有选手完成相同轮次的比赛,再计算总得分排名。

总分=大分+小分/所有选手中最高大分 * 2-轮次数

大分为选手之间获胜所得分数(每局2分),小分为此选手在比赛中所有对手的大分之和。大分代表了正常比赛中选手获胜的盘数,而小分代表了选手整场比赛对手的强弱。

最后所有轮次积分加在一起,总分多者是冠军,最后两名降级。

积分并列的处理方法:如果团体赛两队最后积分一样,则根据局分来排名。局分就是每轮比赛的胜局数之和。如果个人赛两名棋手最后积分一样,则加赛决胜。

优点:一是此种赛制比较公平,每个队(或棋手)与其他队有两次比赛机会,偶然性小。即使有一两轮某队或某队员发挥不好,也不一定影响最后的成绩,实力强的队能够最终获得冠军;二是参赛棋手多,每名棋手比赛的场次多,保证了中坚棋手的数量和质量;三是新秀得到与高手的对局机会,容易冒尖,例如我国著名棋手古力、谢赫、王檄、古灵益、陈耀烨等,都是在围棋甲联赛中成长和成熟起来的;四是更吸引媒体和棋迷的关注,棋迷有归属感,棋手有集体荣誉感。

缺点:有时"田忌赛马"问题使得高水平棋手的对冲少。许多人呼吁取消平局,主将决胜,倒不失为解决之策。

(三)番棋对抗赛制

两名棋手(或队)持续比赛 N 场,轮流执黑棋,先赢得 N/2＋1 场者为胜者。

优点:番棋对抗赛制是最体现双方实力水平的赛制之一。

缺点:只有两人或两队参加,不适合多人多队比赛。

(四)番棋升降赛制

两名棋手(或队)持续比赛 N 场,每赢一场(或连赢两场)升一格,最后降对方格多的为胜者。如果双方降格次数相等,则以获胜一半以上场次者为胜者。

优点:考验压力和意志的赛制。特别是一方被降格之后想扳回来,另一方想守住上手地位,双方棋力之外的潜力就会完全被激发出来。

缺点:由于升降格压力,不一定能反映出双方棋手的真实棋力。不适合多人多队比赛。

(五)擂台赛制

擂台赛制是最刺激的赛制,源于中国古代的比武打擂。一名棋手(或队)为擂主,其他人轮流向其挑战,负者被淘汰,胜者继续做擂主,最后剩下的一个人为优胜者。这个赛制有很多变种,例如中、日、韩三国擂台赛变成了团体赛,参赛三队的选手按顺序轮流上场打擂。

优点:比赛过程刺激,吸引眼球;棋手不光比的是技术,更比的是气势;比赛场次少,N 个人的个人擂台赛,只需 N－1 场就可决出冠军。

缺点:一是赛期必须分成几个阶段,否则一个连胜的棋手太过于辛苦;二是个人擂台赛中最后出场的选手显然是最赚的,赢一盘棋就是冠军了。团体擂台赛中先出场的两个队要亏半场。

(六)奇点赛制

奇点赛制围棋赛,是由厦门围棋协会会长沈艺奇创设的一种新的围棋比赛形式,类似于高尔大球比赛中的专业、业余配对赛。据沈艺奇介绍,之所以想到设计这样一种比赛形式,是受到了 AI(人工智能)对弈的启发。围棋犹如一片概率的大海,每一位选手都代表一种选择,没有最佳,只有更佳。某种意义上说,整体的判断比计算更加重要。王铭琬在《棋士与 AI》一书中说:"当不知道该下哪里的时候,继续努力找出最好的一手棋是天经地义。"对于"奇点围棋赛制",这最好的一手棋需要主将和队员的共同参与,过程和内容可以让更多的爱好者参与进来,也让围棋比赛更加有趣。之所以将这种赛制命名为"奇点赛制",沈艺奇说,这是借用了美国未来学家雷蒙德·库兹韦尔提出的理论,"奇点"本是天体物理学术语,是指人类与其他物种(物体)的相互融合,确切来说,是指电脑智能与人脑智能兼容的那个神妙时刻。AI 的本质在于融合,对于每一位选手来说,下棋就是寻找"奇点"的过程。

奇点赛制的基本竞赛规则是:两队各由一名主将(队长)带领三名(或四名)队员进行比赛,第一手棋由双方主将自行落子;随后的对局,由主将从己方三名(或四名)队员的着手中挑选一手进行对局;主将有三次机会使用自己的选点,但每使用一次机会要被罚 1 子。

优点:能很好地将专业与业余、个人与团队、竞技性与观赏性完美结合起来,是一种非常容易被广大围棋爱好者接受的比赛形式。从观赏性来讲,这种赛制更适合于电视直播,围棋爱好者可以通过电视镜头直观地看到职业棋手与职业棋手之间的棋风和计算上的不同之处;从竞技性和参与性来说,业余爱好者可以通过亲自参加这样一场比赛,感受到自己的棋力与高手(主将)之间的差距,从主将的选点来反思自己的不足,这实际上相当于另一种形式的"指导棋"。所以,无论从哪个角度来说,奇点赛制围棋赛都值得大力推广和普及。

二、日本围棋的赛制

日本围棋的赛制,常见的也是"单败淘汰制"和"双败淘汰制",由日本富士通公司出资赞助的每年举办一届的"富士通杯"世界围棋大赛就是采用的"单败淘汰制",日本的围棋十段战(类似于"名人战""本因坊战",获得"十段战"冠军的棋手也被称为"十段")本战就是采用的"双败淘汰制"。日本最有特色的赛制是"循环圈加挑战赛制"。

"循环圈加挑战赛制"是日本最负盛名的三大棋战(即"棋圣战""名人战"和"本因坊战")采用的赛制。循环圈由选拔出来的8至12名棋手组成。日本"棋圣战"循环圈更是分成两个小组,每小组6人,然后进行单循环。循环圈内每名棋手都要和其他人比赛一次,最后以成绩最好的棋手为优胜者。循环圈的优胜者挑战上届冠军(称为"头衔拥有者"),再进行七番棋(或五番棋)比赛,先赢四盘(或三盘)者为最后的总冠军。

成绩并列的处理方法:如果循环圈里前两名成绩相同,则加赛决定挑战者。如果第三名以下成绩相同,则按照顺位排列名次。顺位就是去年在循环圈里的成绩,有吃老本的嫌疑。

优点:这一赛制能比较公平地选拔出棋手,偶然性小。有实力的棋手即使偶尔状态不好输一两盘,也有最后胜出的机会。

缺点:一是比赛历时长;二是循环圈是单循环,执黑执白事先定好,有其不合理之处;三是循环圈进行到后几轮,落后棋手的棋,质量不高;四是,最主要的缺点在于上届冠军坐在那里以逸待劳等待挑战,挑战者浴血奋战从循环圈里杀出来已是强弩之末,等待他的是七番棋大战,有失公平。所以容易出现一个人连霸的情况,例如日本"棋圣战"藤泽秀行六连霸,小林光一八连霸,藤泽秀行还被称为"一年只赢四盘棋的日本第一人"。

三、韩国围棋的赛制

韩国的围棋比赛,也主要采用"单淘汰制""双淘汰制"。韩国的围棋赛制较有特色的是经过改进的"小组双败淘汰制"和"擂台赛制"。

小组双败淘汰制。韩国"三星杯"世界围棋公开赛本赛从第十四届(2009年9月)起32强采用小组双败淘汰制,参赛选手分为八个小组,经过三轮角逐,每组各有两位胜者出线,两位败者则淘汰。这一赛制能使围棋赛事中的竞争更加开放。

擂台赛制。由韩国日刊体育社主办的"农心杯世界围棋团体锦标赛"是世界上水平最高的围棋团体赛,比赛采取擂台赛的方式进行。每届由中国、日本、韩国各派出五名选手参赛。参加擂台赛的选手需要依次排好顺序,打擂台的方式为每次赛一局,负方淘汰,胜方继续和对方另一选手对局,直到其中一方所有选手均被淘汰,最后留在擂台上的即获得冠军。

第二节 围棋的等级规则

围棋的等级规则,中、日、韩三国大致相同,一般都采用专业一至九段段位。日本围棋段位分职业和业余两种,段位在九段下还分 9 级,中国围棋则分设业余级位、业余段位和职业段位。

一、中国围棋的等级规则

中国围棋棋手的等级包括段位和级位。段位和级位是表示围棋手水平高低的标志,从低到高分别为:业余级位,业余段位,职业段位。

(一)业余段位、级位

2005 年 7 月 1 日生效的《中国围棋业余段位级位制》第四条"业余段位、级位的设置"规定:

业余段位共分七个等级,最高是 7 段,以下依次分别为 6 段、5 段、4 段、3 段、2 段、1 段。

业余段位下设级位,级位可分为 1 级、2 级至 25 级,1 级最高。但级位证书只印制 1 级、2 级、5 级、10 级、15 级、20 级、25 级等共七个等级。

业余棋手从 1 段开始,参加业余定段赛最高可以升到业余 5 段;业余 6 段的获得者必须是取得省级乃至全国性业余围棋比赛前几名的棋手或是围棋界的元老,这些棋手的水平不一定强于一般的业余 5 段(现已推出可以升业余 6 段的定段赛,但人数限制在参赛的业余 5 段总人数的百分之五);业余 7 段的获得者,必须是参加全国性围棋比赛并获得冠军。日本棋院颁发给每届世界业余围棋锦标赛冠军业余 8 段,业余段位没有 9 段。

从普遍的情况来看,业余 6 段和业余 7 段的棋手,都具有相当于中低段职业棋手的水平,或者就是退役的职业棋手。

上海的业余级位从低至高依次为:无级组、10 级组、9 级组、8 级组、7 级组、6 级组、5 级组、4 级组、3 级组、2 级组、1 级组共 11 个级别。在升级分级比赛时,则分为无级组、10 级到 8 级组、7 级到 3 级组、2 级组、1 级组,根据所胜盘数决定是否升级或者跳级。1 级以上则是段位。

北京的业余级位同样分为 11 个级别,在升级分级比赛时,分为 10 级、5 级、2 级、1 级组,根据所胜盘数决定是否升级。1 级以上则是段位。

业余段位级位用阿拉伯数字表示。

(二)职业段位

职业段位从低到高依次是:初段、二段、三段、四段、五段、六段、七段、八段、九段。职业段位用汉字表示。

中国围棋的职业段位均由国家授予。每年中国棋院都统一组织一次国家专业段位升段比赛,这是围棋界的"高考"。2002 年,受韩国升段制度改革的影响,中国棋院也在段位赛升段的主体升段制之外,制定了《关于奖励升段暂行规定》,同时实行奖励升段制。如:凡获得世界职业围棋锦标赛冠军(含亚洲杯电视围棋快棋赛)的,一律晋升为九段;凡获得世界职业围棋锦标赛两次亚军(含亚洲杯电视围棋快棋赛)的,也晋升为九段;凡在中、韩新人王等双边对抗赛中获胜的,一律升为七段等。

二、日本围棋的等级规则

围棋的段位源于我国古代围棋的"九品制"。日本围棋九段制度的最初形成,很可能参考了北宋《太平御览》所载三国魏邯郸淳《艺经·棋品》中棋分九品之说,也有说日本的围棋段位制度最早是由日本四世本因坊、棋圣道策制定的,后由 20 世纪 20 年代成立的日本棋院据此设立日本现代围棋段位制度。邯郸淳《艺经·棋品》以一品"入神"为最高级别、以九品"守拙"为最低级别,而日本围棋段位则以九段为最高级别。在"九段制"中,初段为最低等级,依次上推,九段最高。日本是最早实行"九段制"的国家。最初,九段和初段之间的差距是三子,也就是说,相邻两段之间的差距是三分之一子。然而,现在的差距已经不大明显,一些七、八段甚至段位更低的棋手也常击败九段棋手。日本围棋在段下还分九级,一级最高,九级最低。一级的水平接近一段,九级的水平则相当于完全了解围棋的游戏规则。

日本全国的围棋爱好者号称 1000 万,获得段位的约有 15 万。日本围棋段位分职业和业余两种,想当职业棋手的人一般要进日本棋院或关西棋院(1950年由日本棋院独立出来的围棋组织)的训练部,初学者称为"院生"。

棋手在原有等级(段)的基础上提高段位的办法始行于日本。十七世纪至20 世纪 20 年代,日本棋手的升段主要经审查员(由著名棋家担任)组成的机构评议通过。1924 年,日本棋院成立后,在本因坊秀哉等人的授意下,由村岛谊纪等棋手起草制订了"点数制"(又称"记分制")及有关升段规定,改传统每二段水平差一先为每三段水平差一先,明确规定棋手在若干对局中达到预定的"平均点数"(也称"升段点")即可升段。日本棋院在院生之间举行选拔赛,相当于段位赛,叫大手合。日本棋院原规定各级院生均需通过大手合赛获得段位资格证书。然而,由于受韩国围棋升段制度改革的影响,2003 年日本也进行了围棋段位制度改革,废除了保持多年的大手合赛升段制度,此后升段只能依靠头衔升段、胜局升段和奖金升段。具体规定为:

头衔升段:在"棋圣""名人""本因坊""世界棋战"比赛中获得冠军一次,在"十段""天元""王座""小棋圣"棋赛中获得冠军两次,则升为九段。

胜局升段:八段升九段,200 胜;七段升八段,150 胜;六段升七段,120 胜。

奖金升段:初段至六段各段位内奖金排位靠前者升一段,六段升七段名额为一人。

三、韩国围棋的等级规则

和日本的围棋段位制度一样,韩国的围棋段位也设置九段,以九段最高,一段最低。2002 年以前,棋手可以通过参加段位赛升段;2002 年,韩国对升段制度进行了改革。韩国升段制度的改革要从棋手李世石的"叛逆"说起。出生于

1983 年的李世石,到 2000 年已在韩国的正式比赛中 32 连胜,直逼世界冠军李昌镐的 41 连胜(单指韩国国内),引起了棋坛的轰动。2002 年,只有三段的李世石认为段位赛毫无意义,因此,他扬言三段的段位对他来说已经足够,将不再参加韩国的段位赛。其时李世石的棋力非常强劲,拥有好几个国内头衔,如果总是三段棋手力压九段棋手,段位的"权威"就不能维护。于是韩国棋院便制定了通过头衔升段、胜局升段和奖金升段等三种升段方式。以头衔升段为例,在世界围棋大赛中夺冠升三段,在韩国冠军奖金最高的三大头衔战("名人战""GS 加德士杯""王中王战")夺冠升二段,亚军升一段,其他头衔战优胜升一段,亚军只获得升段点数。在升段新规定出来不久的 2003 年,李世石便夺得第 16 届"富士通杯"世界围棋大赛和第 7 届"LG 杯"世界围棋棋王赛两个世界冠军,三个月内从三段直升至九段。李世石的升段风波也对中日围棋界产生了不小的影响,日本棋院、中国棋院都出台了在世界围棋比赛中夺得冠军可以升段的相关规定。

第三节　围棋对局的礼仪

礼仪是人们在社会交往活动中,为了相互尊重,在仪容、仪表、仪态、仪式、言谈举止等方面约定俗成的、共同认可的行为规范。它是人们在长期共同生活和相互交往中逐渐形成,并以风俗、习惯和传统等方式固定下来的礼节和仪式。礼节一般是个人性的,并且不需要借助其他物品就可以完成的形式,譬如鞠躬、握手、问候等;仪式大多是集体性的,并且一般需要借助其他物品来完成,譬如奠基仪式、结婚仪式、祭孔大典等。对社会来说,礼仪是一个国家社会文明程度、道德风尚和生活习惯的反映;对个人来说,礼仪是一个人的思想道德水平、文化修养、交际能力的外在表现。棋手学习、了解围棋礼仪,不但有利于提高自己的品德修养,而且有利于自觉按照礼仪规范的要求参加围棋比赛和其他社交活动。中、日、韩三国的围棋礼仪,大体相同,小有差异,下面主要介绍中、日围棋对局的礼仪。

一、中国围棋对局的礼仪

(一)入座

参加比赛不应迟到,迟到是对对方很不礼貌的行为。先入座的一方要将棋盘收拾干净。对弈双方开枰前要先起立行礼,再落座。行礼可行握手礼,或点头致意,以表示尊重。落座时动作要轻,坐姿要端正。如果是和比你年龄大的长者下棋,要请长者坐在白子一方,即上手位。

(二)猜先

猜先是围棋比赛中用来决定双方谁先行子的方法。比赛的双方落座后,坐在白子一方的棋手应先抓起一把白子,放在棋盘上,暂不松手露子;坐在黑子一方的棋手可用一个黑子表示猜单数,用两个黑子表示猜双数,猜对的一方执黑棋先下。比赛前的猜先,则应由卫冕者、段位高者、年长者来抓子。

(三)开局

黑方的第一手棋应该下在右上角,称为"敬手"。此礼仪来源于日本,黑棋的第一手棋如果是占角的话,则应下在右上角。把距离对方右手近的左上角让给对方,方便对方,也表示对对方的尊敬。

(四)执子,道具

棋手执子当用食指和中指两指夹住棋子,中指在上,食指在下,无名指也可以从侧面抵住棋子以稳定之。

有的棋手喜欢拿一道具在手中把玩,用以调整心情和对局节奏,较为常见的是扇子,这也成了围棋文化的一种常见元素。中国有些棋手还喜欢带风油精。使用道具的基本精神是不能影响、干扰到他人。

(五)坐姿与仪表

中国人讲究"站有站样,坐有坐样",下棋时也是一样。下棋时坐姿应保持端正,歪歪扭扭地斜靠在一边则坐姿不雅。衣着仪容也要大方得体。

（六）对弈中

对弈中不得东张西望。不可与他人交谈，更不应边评边弈。不应吃食物，尤其是带响声的食物。不能翻阅读物，不能看有关围棋的书籍。对弈中应节制吸烟。对弈中如果一方要离开座位，要先向对方打招呼。若对手因故离席，回来时有义务告诉对方棋下在哪里。

（七）取子与落子

取子的方法很讲究，应用右手的中指（在上）和食指（在下）在棋盒中夹住棋子，再轻轻地放在棋盘的交叉点上。取子不要多拿，也不要用力拍打棋盘。棋子落在棋盘上后，不能再移动位置，简称"落子无悔"。这既是围棋规则，又是下棋礼仪。悔棋表示做事不果断，不稳重，反复无常。

（八）投子和终局

对局中如果有一方认输，可以把自己一方的两颗棋子放在棋盘边线外的盘面上，表示投子认输。当双方同意终止棋局后，应共同将棋子收拾干净并装入棋盒中。双方要起立握手，互相鼓励，表示胜不骄，败不馁。胜方切不可沾沾自喜，败方更不应拂袖而去。如果败方要求复盘，胜方应该积极配合。

参加比赛应避免下列两种行为：

1.比赛开始前不要随意开启棋罐的盖子

棋手入座后，比赛还未开始时，不要随便打开棋罐的盖子，更不要取子。不仅如此，黑白两个棋罐还要紧紧相碰放在棋盘上，寓意是两个对手下紧棋，对对碰。两个棋罐必须由对战双方入座后，同时从棋盘上拿下来，分别放在自己的右手位。

2.手不能搭在棋罐上，更不能伸进棋罐搅动棋子

在围棋界，陈祖德九段被公认为风度儒雅的棋手。他在比赛中正襟危坐，双手放在双膝上，一般不俯身看棋局。一看就知道从小受到棋界规矩的严格熏陶，值得当今下棋不拘小节的青少年棋手视为学习楷模。陈祖德的落子也很利落，深思熟虑后才从棋罐里取子落盘。他说："现在有些棋手习惯性地把手搭在棋罐上，取子把玩后再落子，这些都是不雅观的动作。"尤其不能把手放进棋罐

哗啦哗啦地"炒豆子"。

围棋是一项高雅的竞技运动,也是一门艺术,还是一种令人神往的文化。由于围棋的交流和比赛是一种社交活动,少不了人与人之间的交往和沟通,因此对棋手来说,注意围棋礼仪和棋德修养非常重要,尤其是青少年棋手,不仅要学习围棋的技艺,更要在围棋活动中学会做人。

附:《围棋礼仪歌》(作者:张宏儒、秦世敏)

先敬礼,再下棋。坐端正,有规矩。

把棋具,位放定。深呼吸,心要静。

白礼让,黑先下。谁拿黑,猜子法。

下棋中,不说话。旁边看,闭嘴巴。

中食指,夹棋子。置于目,交叉处。

每一次,下一子。轮别人,耐心等。

想清楚,才下子。不毁棋,真君子。

线邻处,称为气。气被堵,要逃逸。

剩一气,称叫吃。气尽处,要提子。

收官完,手举起。请老师,来评比。

数子法,定胜负。胜不骄,败领悟。

收器具,归原处。深作揖,立敬礼。

二、日本围棋对局的礼仪

日本的围棋礼仪也十分讲究,比赛的主办方往往对艺术抱着一种不可亵渎的敬畏感,所以会把一切都安排得非常完美:一尘不染的对局室、一直坚守的传统仪式、身着华服的棋手等。日本人还特别注重"仪式感"和"尊崇感",常常以之作为衡量一场竞技比赛有无品位的一个标准,因此,对围棋开局和终局的礼仪都非常重视。

日本重要的围棋礼仪有下列 5 条:

1. 对局前下手应主动整理棋具。在日本的大比赛中,甚至挑战赛前,晚辈、下手方和挑战者,都会主动用白布擦拭棋盘,以示敬意和学习的态度。

2.猜先礼仪。对局前猜先时,下手方应请上手方抓白子,自己则取 1 枚(或者 2 枚)黑子放在棋盘中以示猜单或猜双,猜中执黑棋,猜错则执白棋。比赛时的猜先,应由卫冕者、高段者、年长者来抓子。

3.黑方的第一手棋应该下在右上角,称为"敬手"。黑棋的第一手棋如果是占角的话,则应下在右上角,把距离对方右手近的左上角让给对方,方便对方,表示对对方的尊敬。

4.对局前双方应握手,或点头致意,以表示尊重。网络对弈开始时,要选用"很高兴认识您,请多多指教"等礼貌用语。

5.对局结束时,下手方要说"多谢指导",并主动整理好棋具。网络对弈结束要说:"谢谢指教""你下得很好""你很强"等礼貌用语。

第九章

围棋与人工智能

人工智能（Artificial Intelligence，缩写为 AI）是研究、开发用于模拟、延伸和扩展人的智能的理论、方法、技术及应用系统的一门新的技术科学。人工智能是计算机科学的一个分支，它企图了解智能的实质，并生产出一种新的能以人类智能相似的方式做出反应的智能机器。

将人工智能应用于围棋博弈实践，采用模拟人脑的方式来设计新的电脑围棋算法，编制具有高智能的围棋博弈程序，不仅对围棋本身的理论研究具有重要的意义，而且对于人工智能科学的发展，也具有非常重要的作用。

第一节　人工智能弈棋由国际象棋开始

电脑产生以后，就有人设计出游戏棋类软件，最初是简单的三子棋、跳棋等，而真正引起社会大众关注的是人工智能与人类在国际象棋上的较量。国际象棋在全世界的普及程度比较高，在西方国家尤其流行，还一度被西方人认为是人类最高级、最复杂的智力竞赛活动。当电脑开始在跳棋等比较简单的棋类活动中战胜人类后，人们便开始寻找难度较高的棋类进行尝试，国际象棋就自然进入电脑与人脑对弈的舞台。

1.“深思”对战国际象棋大师约翰逊

最早的人脑与电脑对弈（又称“人机大战”）是澳大利亚国际象棋大师、全国冠军达里尔·约翰逊与美国 IBM 公司研制的被称为“电脑国际象棋世界冠军”——“深思”的较量。

1989 年 12 月，达里尔·约翰逊在悉尼理工大学首次迎战“深思”，约翰逊以一套不按常规的“模糊战术”击败了对手“深思”，人工智能败给了人的智能。

1991 年 8 月，澳大利亚悉尼举办了第 12 届人工智能学术研讨会，会上举行了一场别开生面的国际象棋对弈：美国 IBM 公司研制的电脑国际象棋世界冠军“深思”再次对阵澳大利亚国际象棋大师达里尔·约翰逊。

在这次对战之前，美国 IBM 公司的人工智能专家兰迪·莫里克博士举行了记者招待会，他在会上介绍：经过一年半的研究和改进，“深思”分析棋局的能力，也就是数据处理能力，比一年前增强了 10 倍，已经具有 1 秒钟做出 800 万个选择的能力；一年半以来，“深思”已经分别战胜了多名世界著名的国际象棋大师，其中有英国的托尼·迈尔斯，美国的罗伯特·伯恩斯和丹麦的本特·拉森等。

1991 年 8 月 28 日下午 4 点，在悉尼的达令港会议中心主会场，巨型电视荧光屏上显示着变幻的棋局，在场的科学家都屏息凝视着“人工智能”大战“人的智能”，突然，执子先行的“深思”抓住约翰逊的一步败着，迫使约翰逊认输，“深思”胜了第一盘。第二盘一开局，约翰逊故伎重演，又采取 1989 年首战“深思”时所用的“模糊战术”，这使“深思”抓不住主攻目标而乱了方寸，交手不到 20 个回合就连连出现漏洞，约翰逊抓住战机，全面出击，只下了 35 步，“深思”就败下阵来。结果双方战成 1∶1 平局。

国际象棋界对约翰逊和“深思”的对局进行了深入分析，认为在步法计算方面，电脑比人脑略占优势，但是在谋略方面，电脑还有不少劣势。人们的下一个期盼就是当电脑学会或者模仿人类的谋略，人类与电脑的对战会是怎样的结局。

2.“深蓝”对战国际象棋冠军卡斯帕洛夫

引起社会大众瞩目而且让棋界有些震撼的是：1997 年美国 IBM 公司研制

的国际象棋人工智能程序"深蓝"击败前苏联国际象棋冠军加里·卡斯帕洛夫。

1997 年,卡斯帕洛夫在第二次与 IBM 公司制造的国际象棋人工智能程序"深蓝"对战之前,踌躇满志,发誓要为捍卫人类之优于机器的尊严而战。他之所以如此自信,不仅在于一年前他曾经战胜过"深蓝",更重要的在于他在国际象棋界有着辉煌的历史、骄人的战绩。卡斯帕洛夫和"深蓝"的这次比赛一共进行了六盘。前两盘双方各胜一盘,接下来三盘均是和棋,"深蓝"最终获得了最后一盘的胜利,从而以 3.5︰2.5 的总比分获胜。尤其是最后一盘比赛,卡斯帕洛夫仅仅走了 19 步就放弃抵抗,比赛用时只有一小时多一点儿。可见,能够战胜如此顶尖棋手的国际象棋人工智能程序肯定也不寻常。

"深蓝"是美国 IBM 公司生产的世界第一台超级国际象棋电脑。它输入了一百多年来优秀棋手的对局 200 多万局,每秒钟可计算 2 亿步棋。"深蓝"与卡斯帕洛夫的这次比赛,每走一步,计算时间平均为 3 分钟,也就是说,每走一步棋,它要思考 360 亿个棋位。这即使不能穷尽全部的逻辑可能性,但用来迎战人类,已经显得绰绰有余了。相比之下,超一流的国际象棋大师每秒可考虑 3 步棋,那么以他每步棋思考 10 分钟计,也不过是计算了 1800 个棋位。如此数量悬殊,人的失败是注定的。从外观上看,"深蓝"是个庞然大物,它的体重大得惊人,有 1270 千克,有 32 个大脑(微处理器),从 IBM 中心搬到比赛地点,装箱就用了 4 个长 213 米的板条箱。

卡斯帕洛夫和"深蓝"相比,可以说是各有优劣。卡斯帕洛夫每秒思考 3 步棋,"深蓝"每秒思考 2 亿步棋;卡斯帕洛夫象棋知识渊博,计算能力有限,"深蓝"运算能力惊人,象棋知识有限;卡斯帕洛夫拥有丰富的情感、经验和直觉,"深蓝"毫无情感、经验和直觉;卡斯帕洛夫由 Dokhoian 担任教练,凭借自己的激情在国际象棋棋坛搏杀,"深蓝"由五位 IBM 科学家和一位国际象棋大师设计而成;"深蓝"解决象棋问题迅捷,但仍然缺乏"智能";卡斯帕洛夫随时调整战术,"深蓝"对弈方式的任何调整都必须由人来操纵;卡斯帕洛夫能够评估对手的强项和弱项,并从对手的弱点得利,"深蓝"不知对手的强弱,永远以同样的方式应对;卡斯帕洛夫通过有限的思考决定步骤,"深蓝"每秒思考 2 亿步棋,绝不偷懒。

　　然而,国际象棋的走法是有限的,因此计算机要算出正确的排列组合只是个时间问题,而围棋一直被视为计算机最难以攻克的大众棋类,其排列组合所产生的可能性远远多于国际象棋。具体来说,在国际象棋的任一回合中平均有35种可能的走法,但对拥有19×19棋盘的围棋来说,每一步都有250种走法,这250种走法中,每一步接下来又有250种可能的新走法,以此类推,围棋的走法变幻无穷。这样看来,围棋人工智能程序的设计就要比国际象棋难得多。西方人认为人类最高级、最复杂的智力游戏国际象棋,已经在人工智能面前败下阵来,围棋就成了人类智力游戏的最后一块高地,人工智能科学迎难而上,战胜国际象棋之后,转而进军围棋了。

第二节　围棋人机大战

　　当国际象棋人工智能程序战胜国际象棋世界冠军的时候,围棋人工智能程序的研发已经开始。21世纪初,围棋人工智能程序的棋艺总体不高。在我国进行的人脑和电脑的围棋比赛中,有不少三段棋手败在电脑手下,然而,电脑却常常败在水平不高的业余棋手手下,如著名相声演员姜昆就战胜过电脑,因为姜昆使用的是类似约翰逊的"模糊战术",电脑特别不适应。然而,人工智能的发展极为迅速,很快就出现了引起社会大众非常关注而且影响巨大的围棋人机大战。

1. AlphaGo 对战韩国九段棋手李世石

　　所谓围棋人机大战,就是指人类顶尖围棋手与围棋人工智能顶级程序之间的对局。最早的人机大战是2015年10月围棋人工智能程序AlphaGo以5∶0的绝对优势击败曾经三度蝉联欧洲围棋冠军、职业二段的樊麾。AlphaGo,中译名"阿尔法围棋"或"阿尔法狗",是由谷歌旗下的人工智能公司Deep Mind开发的一款人工智能围棋程序,是当时人工智能围棋程序的杰出代表。"阿尔法狗"获胜,是人类历史上人工智能围棋程序首次在公平比赛中战胜职业棋手,打破了人工智能围棋程序无法与人脑抗衡的说法。

第一次著名的人机大战是韩国九段围棋手李世石与人工智能阿尔法围棋(AlphaGo)之间的比赛。

2016 年 3 月 9 日至 15 日,韩国围棋九段棋手李世石与人工智能阿尔法围棋(AlphaGo)在韩国首尔四季酒店进行五番棋比赛。五局比赛分别于 3 月 9 日、10 日、12 日、13 日、15 日进行,无论比分如何都要下满五局,每局各方用时为 2 小时,3 次 60 秒的读秒机会。总比分胜者获奖金 100 万美元(约 11 亿韩元)。若阿尔法围棋(AlphaGo)获胜,奖金将捐赠给联合国儿童基金会、STEM 教育以及围棋慈善机构,李世石则可获得 15 万美元的出场费,每胜一局还有 2 万美元胜局奖金。前三局李世石三连败,第四局到 180 手,阿尔法围棋(AlphaGo)中盘认输,第五局到 280 手,李世石投子认输。最终比分定格为 1:4,李世石 1 胜 4 负。

2. AlphaGo 升级版对战围棋世界冠军柯洁

2016 年 12 月 29 日,在知名的网络围棋某对战平台上,一位围棋棋手的账号由"Magister"更名为"Master",并开启了其横扫世界顶尖围棋高手的对局。Master 不断寻找平台上的高手进行挑战,而且只下 30 秒内落子的"快棋"。在第一天战胜了几位四段到六段的中、韩围棋选手后,从 12 月 30 日开始挑战顶尖围棋高手,对战"持续 37 个月韩国排名第一"的九段选手朴廷桓时,以 2:0 取胜,并速胜"中国围棋名人战"冠军、七段连笑。

2017 年 1 月 4 日下午,中国著名围棋职业棋手聂卫平也在与 Master 对战中不幸落败,而此时的 Master 已经取得 51 连胜。当天晚上 Master 在完胜第 59 盘棋的时候,突然发声表明:"我是 AlphaGo 的黄博士"。原来,Master 就是 AlphaGo 的升级版人工智能软件。最后,获得多次世界冠军的中国九段棋手古力也败下阵来,Master 以 60 胜 0 败宣告挑战暂时结束。随后,AlphaGo 之父——谷歌 Deep Mind 创始人兼 CEO 戴密斯·哈萨比斯(Demis Hassabis)发表声明称,Master 就是 AlphaGo,正式宣布升级版的 AlphaGo 问世。

第二次著名的人机大战是中国九段棋手柯洁与人工智能阿尔法围棋（AlphaGo）升级版之间的比赛。

2017年5月23日至27日，谷歌用阿尔法围棋（AlphaGo）升级版邀请围棋世界冠军、中国九段棋手柯洁在中国嘉兴乌镇进行三番棋大战。比赛无论比分如何都要下满三局，每局各方用时为3小时，另外保留5次1分钟读秒机会。三局比赛分别于5月23日、25日、27日在浙江嘉兴的"中国乌镇围棋峰会"上进行。比赛奖金为总比分胜者150万美元（约1000万元人民币），负者可以获得30万美元的出场费。最终比分定格为0∶3，柯洁连输三局。输棋的柯洁一度落泪哽咽，并表示这是自己最后一次与人工智能围棋对决。

然而，2018年4月27日，柯洁却现身"第一届'吴清源杯'世界女子围棋赛暨贝瑞基因杯2018世界人工智能围棋大赛"，挑战我国研制的人工智能围棋程序"星阵"，遗憾的是，仍然以执白中盘告负。人工智能围棋再次取得胜利。

柯洁与阿尔法围棋（AlphaGo）人机大战之后，围棋界公认阿尔法围棋（AlphaGo）在围棋领域已经远远超过人类棋手的棋力，是人类难以企及的新高度，已经不能被人类所击败。

被阿尔法围棋（AlphaGo）击败的世界冠军、九段棋手柯洁后来说："AlphaGo带给围棋界的震撼是从来没有过的，它有一条更快捷、更有效的方法，颠覆了传统的下法和认知，这是以前完全不可想象的一件事情。"柯洁还表示：最开始，棋手是把人工智能当作一个对手，因为那时候并不相信人工智能能够战胜人类；而现在，棋手只能将人工智能作为"学习的榜样"。柯洁认识到：通过向人工智能学习，人类的棋艺会比过去更强大一些，理论会比过去更先进一些；人工智能不会取代棋手，而是帮助棋手越来越强，这将是棋手和人工智能的相处之道。

3. AlphaGo 运用的新型人工智能学习模式

AlphaGo之所以能够战胜人类的围棋世界冠军、顶级棋手，是因为它集成了深度学习、强化学习和蒙特卡洛树搜索，具有强大的应变能力和处理能力。

深度学习和强化学习是新型人工智能学习模式。深度学习是指通过合适的矩阵数量，将多层组织链接一起形成神经网络"大脑"进行精准复杂的处理，就像人们识别物体标注图片一样。强化学习则是通过不断反复试验,将变化无常的动态情况与对应动作相匹配。AlphaGo 会通过上百万盘的棋盘对战来获取经验教训,多次高强度对战将不断优化 AlphaGo 的策略判断能力。AlphaGo 通过深度学习技术学习、记忆了大量的人类围棋对局,接着应用强化学习通过与自己对弈获得了更多的棋局,然后用深度学习技术评估每一个格局的输赢率(即价值网络),最后通过蒙特卡洛树搜索(策略网络和数值网络)决定最优落子。

AlphaGo 是目前人工智能杰出的代表作之一,AlphaGo 的胜利代表着人工智能发展史上又一重大里程碑。AlphaGo 利用"价值网络"去计算局面,用"策略网络"去选择下子,高度模拟了人类神经网络思维模式,并具有自我学习能力,完全具备一名职业选手的下棋水准。

围棋人机大战,实质上还是人与人的对战,胜负的历史就是科技进步的轨迹。说到底,人工智能战胜人类,依然是人类的胜利。科技是人类文化的重要组成部分,人工智能棋手或者机器棋手,也必然是围棋文化的一个部分。在未来的围棋活动中,人工智能应该会推动围棋的发展和进步。

附录　中国围棋史话

1. 孔融儿女被杀

初,女年七岁,男年九岁,以其幼弱得全,寄它舍。二子方弈棋,融被收而不动,左右曰:"父执而不起,何也?"答曰:"安有巢毁而卵不破乎?"……或言于曹操,遂尽杀之。及收至,谓兄曰:"若死者有知,得见父母,岂非至愿!"乃延颈就刑,颜色不变,莫不伤之。

(《后汉书·孔融传》)

【译文】

当初,孔融的女儿7岁,儿子9岁,因为他们幼小没有被杀,寄居别的房舍。这两个小孩正在下围棋,得知父亲被捕的消息,仍坐着不动。旁人问他们:"父亲被捕,你们仍然坐着不站起来,为什么?"他们回答说:"哪有鸟巢毁了而鸟蛋不被打破的道理呢?"……有人把这话告诉了曹操,曹操决定把这两个小孩也杀掉。当这两个小孩被抓住时,女孩对哥哥说:"如果死了的人有知觉,能够见到父母,难道不是我们最大的愿望!"于是伸长脖子受刑,脸色不变,无人不为之悲伤。

2. 王粲复局

初,粲与人共行,读道边碑,人问曰:"卿能暗诵乎?"曰:"能。"因使背而诵之,不失一字。观人围棋,局坏,粲为复之。棋者不信,以帕盖局,使更以他局为之。用相比较,不误一道。其强记默识如此。

(《三国志·王粲传》)

【译文】

一次，王粲与他人同行，阅读路边的石碑，同行的人问："你能背诵下来吗？"王粲说："能。"于是让王粲背过身去背诵，一字不错。王粲观看别人下围棋，棋局被弄乱了，王粲为之复原棋局。下棋的人不相信，就用布帕盖住棋局，另找一副围棋让王粲复原棋局。两副围棋对照，一子不误。王粲的记忆力强得如此。

3. 魏文帝弈棋杀弟

魏文帝忌弟任城王骁壮，因在卞太后阁共围棋，并啖枣。文帝以毒置诸枣蒂中，自选可食者而进。王弗悟，遂杂进之。既中毒，太后索水救之，帝预敕左右毁瓶罐，太后徒跣趋井，无以汲，须臾，遂卒。

（刘义庆《世说新语·尤悔》）

【译文】

魏文帝曹丕忌恨胞弟任城王曹彰勇猛强壮，与其在卞太后房中一边下围棋，一边吃枣子。魏文帝使人事先把毒药放在一些枣子的蒂部，并和未放毒药的枣子混在一起，魏文帝专选没有毒药的枣子吃。任城王不知，有毒无毒的都吃。及至中毒，卞太后急忙找水救他，魏文帝先就令侍从打碎了盛水的瓶瓶罐罐，卞太后急得赤足跑向井边，但无法打水，不一会儿，任城王就死了。

4. 阮籍弈棋闻母丧

阮籍性至孝，母终，正与人围棋，对者求止，籍留与决赌。既而饮酒二斗，举声一号，吐血数升。

（《晋书·阮籍传》）

【译文】

阮籍非常孝顺,母亲去世时,正与人下围棋,对手叫他不要下了,他却要求下完以决胜负。不久,饮酒二斗,大哭一声,吐血几升。

5.王济伸脚棋局之下

济字武子,少有逸才,风姿英爽,……文词俊茂,伎艺过人,有名当世。……帝尝与济弈棋,而孙皓在侧,谓皓曰:"何以好剥人面皮?"皓曰:"见无礼于君者则剥之。"济时伸脚局下,而皓讥焉。

(《晋书·王济传》)

【译文】

王济,字武子,小时就有出众的才能,风度翩翩,英俊豪爽,……文辞出众,技艺过人,在当时颇有名气。晋武帝曾经与王济下围棋,孙皓在旁边,晋武帝对孙皓说:"你为何喜好剥人的面皮?"孙皓说:"看见对君王无礼的人,就剥他的面皮。"王济当时把脚伸到棋局(高足棋盘)之下,因而孙皓讥讽他。

6.王导与江彪对弈

江仆射年少,王丞相呼与共棋。王手尝不如两道许,而欲敌道戏,试以观之。江不即下。王曰:"君何以不行?"江曰:"恐不得尔。"旁有客曰:"此年少戏乃不恶。"王徐举首曰:"此年少,非唯围棋见胜。"

(刘义庆《世说新语·方正》)

【译文】

尚书左仆射江彪年少时,丞相王导叫他一起下围棋。王导的棋技比江彪要差两子,却要下对等棋,以此来观察江彪的反应。江彪就不行棋,王导说:"你为何不行棋?"江彪说:"这恐怕不行吧。"旁边有人说:"这个少年棋艺不错。"王导慢慢抬头说:"这个少年,不只围棋见长。"

7. 谢安围棋赌别墅

苻坚率众百万,次于淮淝,京师震恐。加安征讨大都督。玄入问计,安夷然无惧色,答曰:"已别有旨。"既而寂然。玄不敢复言,乃令张玄重请。安遂命驾出山墅,亲朋毕集,方与玄围棋赌别墅。安常棋劣于玄,是日玄惧,便为敌手而又不胜。安顾谓其甥羊昙曰:"以墅乞汝。"安遂游涉,至夜乃还,指授将帅,各当其任。

……

玄等既破坚,有驿书至,安方对客围棋,看书既竟,便摄放床上,了无喜色,棋如故。客问之,徐答曰:"小儿辈遂已破贼。"既罢,还内,过户限,心喜甚,不觉屐齿之折。其矫情镇物如此。

(《晋书·谢安传》)

【译文】

苻坚率兵百万,驻扎在淮河、淝水一带,京城建康一片恐慌。朝廷使谢安担任征讨大都督。谢玄(谢安的侄儿)前来询问作战计划,谢安平静如常,毫无惧色,回答说:"已另有安排。"便不再作声。谢玄不敢再问,就让张玄再去打听。谢安却命令驾车到他的山间别墅,亲朋好友都到了,谢安才与谢玄下围棋,并以别墅作赌注。谢安平常的棋技不如谢玄,但是这一天,谢玄忧惧,谢安竟成了棋技相当的对手,进而谢玄下输了。谢安回头对外甥羊昙说:"我把赢得的别墅送给你。"谢安就外出游览,到夜晚才回,指派将帅,各受其任。

……

谢玄打败苻坚,当驿站递送的捷报送达时,谢安正与人下围棋,看完捷报,收取放置床上,脸上毫无喜色,下棋如故。有人问他有何事,他慢慢回答说:"小孩子们已经大破敌寇。"下完棋回屋,经过门槛时,高兴过分,不觉得屐齿折断。

谢安故意抑制情感，表示镇定到了这种地步。

8. 羊玄保赌棋得官

羊玄保，泰山南城人也。……善弈棋，品第三。文帝亦好弈，与赌郡，玄保戏胜，以补宣城太守。

（《宋书·羊玄保传》）

【译文】

羊玄保是泰山南城人。……喜好围棋，棋艺三品。宋文帝也喜好围棋，与羊玄保弈棋以郡官作赌，羊玄保获胜，宋文帝就把他补为宣城太守。

9. 天才棋童褚胤被杀

玄保既善棋，而何尚之亦雅好棋。吴郡褚胤，年七岁，入高品，及长，冠绝当时。胤父荣期与臧质同逆，胤应从诛，何尚之请曰：“胤弈棋之妙，超古冠今。魏犨犯令，以才获免。父戮子宥，其例甚多。特乞与其微命，使异术不绝。”不许。时人痛惜之。

（《宋书·羊玄保传》）

【译文】

羊玄保喜好围棋，而何尚之也雅好围棋。吴郡的褚胤，七岁时围棋就进入高品。长大后，远远超过时人。褚胤的父亲褚荣期和臧质一起叛逆，褚胤当一同被杀，何尚之请求说：“褚胤棋技的高妙，古今第一，无与伦比。魏犨违犯命令，以才能获得免罪。父亲被杀戮，儿子被赦免，这样的例子很多。特地乞求保其小命，使其棋艺不绝。”不准许。时人非常痛惜。

10. 宋明帝弈棋爱听谀言

帝好围棋,甚拙,去格七八道,物议共欺为第三品。与第一品王抗围棋,依品赌戏。抗每饶借之,曰:"皇帝飞棋,臣抗不能断。"帝终不觉,以为信然,好之愈笃。

(《南齐书·虞愿传》)

【译文】

宋明帝喜好围棋,但棋技拙劣,距离九品还差七八子,众人哄骗他为第三品。他与第一品的王抗弈棋,按品级赌输赢。王抗总是有意让他,还说:"皇上隔一路而斜走的飞棋,连臣下都不能断开。"宋明帝竟然听不出是奉承话,信以为然,更加喜好围棋。

11. 王彧弈棋饮御赐毒酒

时上既有疾,而诸弟并已见杀,唯桂阳王休范人才本劣,不见疑,出为江州刺史。虑一旦晏驾,皇后临朝,则景文自然成宰相,门族强盛,藉元舅之重,岁暮不为纯臣。泰豫元年春,上疾笃,乃遣使送药赐景文死,使谓曰:"朕不谓卿有罪,然吾不能独死,请子先之。"因手诏曰:"与卿周旋,欲全卿门户,故有此处分。"敕至之夜,景文政与客棋,扣函看,复还封置局下,神色怡然不变。

方与客棋思行争劫竟,敛子内奁毕,徐谓客曰:"奉敕见赐以死。"方以敕示客。酒至未饮。门客焦度在侧,愤然发酒覆地曰:"大丈夫安能坐受死。州中文武可数百人,足以一奋。"景文曰:"知卿至心,若见念者,为我百口计。"乃墨启答敕,并谢赠诏。酌谓客曰:"此酒不可相劝。"自仰而饮之。时年六十。

(《南史·王彧传》)

【译文】

当时宋明帝刘彧已经有病,多个弟弟已经被他杀掉,只有桂阳王刘休范才能劣下而不被怀疑,外出任江州刺史。宋明帝考虑一旦驾崩,皇后临御朝廷,王彧(字景文)自然成为宰相,家族强盛,借助国舅的重要身份,年底就不再是忠诚纯正之臣(不安本分)。泰豫元年(472)春,宋明帝病情危重,派遣使者送毒药赐王景文死,让使者对王景文说:"朕不是说你有罪,然而不能只是我死,请你先死。"还亲手写诏书曰:"与你交往,欲保全你家人口,所以才有此处置。"诏书送到之夜,王景文正与客人下围棋,打开诏书看后,又封好放入棋局之下,神色自在,毫无变化。

与客人行棋往复提吃完后,收起棋子装进棋盒,慢慢对客人说:"奉皇上的命令,赐我以死。"才把诏书拿给客人看。御赐毒酒还未饮,门客焦度在旁边愤怒地要把御酒泼洒于地,并说:"大丈夫怎能坐以受死,州中文武官员大约数百人,完全可以奋起反抗。"王景文说:"我知道你的诚心,若要为我好,请为我全家人考虑。"就磨墨作答,并感谢皇上赐予诏书。斟御酒时对客人说:"此酒不可相劝。"随即仰头饮酒。当时六十岁。

12. 陆云公弈棋武冠触火

云公善弈棋,尝夜侍御坐,武冠触烛火,高祖笑谓曰:"烛烧卿貂。"高祖将用云公为侍中,故以此言戏之也。

(《梁书·陆云公传》)

【译文】

陆云公擅长围棋,曾经夜里侍奉梁武帝下棋,武弁大冠被烛火烧着了,梁武帝笑着对他说:"烛火烧到了你的貂。"梁武帝将要任命陆云公为侍中(侍中的冠饰有貂尾),故说此话开玩笑。

13.王质观棋烂柯

信安郡石室山,晋时王质伐木至,见童子数人棋而歌,质因听之。童子以一物与质,如枣核,质含之,不觉饥。俄顷,童子谓曰:"何不去?"质起,视斧柯烂尽。既归,无复时人。

(任昉《述异记》)

【译文】

信安郡的石室山,晋人王质伐木到此,看见几个童子在弈棋、唱歌,就在旁观看。童子给王质一样东西,像枣核,王质含在口里,就不觉得饥饿。过了一会儿,童子对王质说:"你还不走啊?"王质赶忙起身,看见斧柄已经烂了。回到家乡,和他同时的人都不在世了。

14.李泌七岁咏《方圆动静》

李泌,字长源,魏八柱国弼六世孙,徙居京兆。七岁知为文。玄宗开元十六年,悉召能言佛、道、孔子者,相答难禁中。有员俶者,九岁升坐,词辩注射,坐人皆屈。帝异之,曰:"半千孙,固当然。"因问:"童子岂有类若者?"俶跪奏:"臣舅子李泌。"帝即驰召之。泌既至,帝方与燕国公张说观弈,因使说试其能。说请赋"方圆动静",泌逡巡曰:"愿闻其略。"说因曰:"方若棋局,圆若棋子,动若棋生,静若棋死。"泌即答曰:"方若行义,圆若用智。动若骋材,静若遂意。"说因贺帝得奇童。帝大悦曰:"是子精神,要大于身。"赐束帛,敕其家曰:"善视养之。"

(《新唐书·李泌传》)

【译文】

李泌,字长源,西魏柱国大将军李弼的六世孙,迁居京都。七岁懂得写文章。唐玄宗开元十六年(738),尽召能讲佛、道、儒者,于宫中互相问答辩难。有一个叫员俶的小孩，九岁登坐，能言善辩，语言流畅，在座的人都折服。玄宗惊异，说："员半千之孙，本当如此。"随即问："还有像你这样的儿童吗？"员俶跪地进言："我的表弟李泌。"玄宗立即命令快马召来。李泌被召到宫中时，玄宗正与燕国公张说看下围棋，就令张说测试李泌的才能。张说请以"方圆动静"为题赋诗，李泌恭顺地说："希望先听你赋诗。"张说就吟道："方如棋局，圆如棋子。动如棋活，静如棋死。"李泌便吟道："方正的棋盘有如躬行正义的公道，圆圆的棋子有如运用智慧的灵活。起子运行好像纵情施展才能，落子平静好像顺遂心意。"张说随即祝贺玄宗获得才能优异的儿童。玄宗非常高兴，说："此子精气、元神，强于身体。"赐给一束帛，敕令其家曰"好好照看抚养"。

15. 王积薪山中遇神仙弈棋

玄宗西狩，百司赴行在，翰林善围棋者王积薪从焉。蜀道隘狭，每行旅止息中道之邮亭、客舍，多为尊官有力者之所占。积薪栖无所入，因沿溪深远，寓宿于山中孤姥之家。但有妇姑，止给水火。才暝，妇姑皆阖户而休。积薪栖于檐下，夜阑不寐。

忽闻堂内姑谓妇曰："良宵无以为适，与子围棋一赌可乎？"妇曰："诺。"积薪私心奇之，况堂内素无灯烛，又妇姑各处东西室，积薪乃附耳门扉。

俄闻妇曰："起东五南九置子矣。"姑应曰："东五南十二置子矣。"妇又曰："起西八南十置子矣。"姑又应曰："西九南十置子矣。"

每置一子，皆良久思维。夜将尽四更，积薪一一密记其下，止三十六。忽闻姑曰："子已败矣，吾止胜九枰耳。"妇亦甘焉。积薪迟明具衣冠请问。孤姥曰："尔可率己之意而按局置子焉。"

积薪即出囊中局，尽平生之秘妙而布子。未及十数，孤姥顾谓妇曰："是子可教以常势耳。"妇乃指示攻守、杀夺、救应、防拒之法，其意甚略。积薪即更求其说，孤姥笑曰："止此已无敌于人间矣。"积薪虔谢而别。行十数步，再诣，则已失向之室闾矣。自是积薪之艺，绝无其伦。

（薛用弱《集异记》）

【译文】

唐玄宗出巡蜀地，百官奔赴皇帝所在之处，翰林院擅长围棋的王积薪也侍从随行。蜀道险要狭窄，旅客途中住宿的驿馆、客舍，大多为达官权贵占据，王积薪无处寄居，就沿溪前行，寄宿在山中一个老妇家。家中只有婆媳二人，只给了王积薪饮水、灯火。天黑后，婆媳都关门睡觉。王积薪寄宿屋檐下，深夜也没睡着。

忽然听见屋里的婆婆对媳妇说："长夜无以为乐，与你下一局围棋争夺输赢，好吗？"媳妇说："好。"王积薪感到奇怪，屋里本就没有灯火，而媳妇婆婆又各居东西房室，王积薪就把耳朵贴在门上听。

一会儿，听见媳妇说："起东五南九下子。"婆婆回答："东五南十二下子。"媳妇又说"起西八南十下子。"婆婆又回答说"西九南十下子。"

每下一子，都要沉思良久。将近四更，王积薪一一记住她们的下子，只有三十六着。忽听婆婆说："你已经输了，我只胜了九路。"媳妇也甘愿认输。

天刚亮，王积薪就穿戴整齐找婆媳请教棋艺。老婆婆说："你可以按照自己之意而布局下子。"王积薪立即拿出口袋中的棋局，用平素的秘技布子。不到十子，老婆婆回头对媳妇说："此人可用常规棋势教他。"媳妇就指点王积薪攻守、杀夺、救应、防拒之法，意思甚为简略。王积薪又请求另外的棋法，老婆婆笑着说："只是这些棋法，已经人间无敌手了。"王积薪恭敬致谢后离开。走了十多步，又转头回去，然而刚才的房舍已经不见了。从此，王积薪的棋艺，无人能够超越。

16. 僧一行观棋

一行公本不解弈，因会燕公宅，观王积薪棋一局，遂与之敌。笑谓燕公曰："此但争先耳。若念贫道四句乘除语，则人人为国手。"

（段成式《酉阳杂俎·语资》）

【译文】

　　一行公本来不懂下围棋,曾经在燕国公张说家中,观看了王积薪的一局棋,就能与王积薪对敌。一行笑对燕国公说:"下围棋只是争先罢了。如果念会贫僧的四句乘除口诀,那么人人成为国手。"

17. 棋待诏顾师言与日本王子对弈

　　大中中,日本国王子来朝,献宝器音乐,上设百戏珍馔以礼焉。王子善围棋,上敕顾师言待诏为对手。王子出楸玉局、冷暖玉棋子,云:"本国之东三万里,有集真岛,岛上有凝霞台,台上有手谈池。池中生玉棋子,不由制度,自然黑白分焉,冬温夏冷,故谓之冷暖玉。又产如楸玉,状类楸木,琢之为棋局,光洁可鉴。"

　　及师言与之敌手,至三十三下,胜负未决。师言惧辱君命,而汗手凝思,方敢落子,则谓之镇神头,乃是解两征势也。王子瞪目缩臂,已伏不胜,回语鸿胪曰:"待诏第几手耶?"鸿胪诡对曰:"第三手也。"师言实第一国手矣。王子曰:"愿见第一。"曰:"王子胜第三,方得见第二;胜第二,方得见第一。今欲躁见第一,其可得乎?"王子掩局而吁曰:"小国之一,不如大国之三,信矣。"今好事者尚有"顾师言三十三镇神头图"。

　　　　　　　　　　　　　　　　　　　　　　　　　　　　（苏鹗《杜阳杂编》）

【译文】

　　唐宣宗大中年间,日本国王子前来朝见,进献珍贵器物和音乐,皇上安排乐舞杂戏和珍美食物,以礼相待。王子擅长围棋,皇上敕令棋待诏顾师言与之对弈。王子拿出青色玉石棋盘、冷暖玉石棋子,说:"本国东边三万里,有一个集真岛,岛上有凝霞台,台上有手谈池。池中生长玉石棋子,不用制作,自然分为黑白二种,冬温夏凉,所以称之为冷暖玉。又出产如楸玉,形状像楸木,雕琢加工为棋局,光滑明亮,可以照物。"

　　及至顾师言与王子对敌,下至三十三子,胜负未决。顾师言担心有辱君命,紧张得手心出汗,聚精会神地思考后,才敢落子,着法谓之"镇神头",因为解除了两片棋的威胁。王子睁大眼睛,缩着手臂,知道自己输了,回头问鸿胪寺官员:"这位棋待诏是国内第几手呢?"鸿胪寺官员撒谎说:"第三手。"顾师言实际是第一国手。王子说:"希望见见第一手。"鸿胪寺官员说:"王子下赢了第三手,才能见第二手;下赢了第二手,才能见第一手。今天急于要见第一手,可能吗?"王子掩住棋局,长叹说:"小国的第一手,不如大国的第三手,的确啊?"现在的好事者还保存有"顾师言三十三镇神头图"。

18. 棋待诏滑能之死

唐僖宗朝,翰林待诏滑能,棋品甚高,少逢敌手。有一张小子,年仅十四,来谒觅棋,请饶一路。滑能棋思甚迟,沉吟良久,方下一子。张生随手应之,都不介意,仍于庭际取适,候滑生更下,又随手着应之。一旦黄寇犯阙,僖宗幸蜀,滑以待诏供职,谋赴行在。欲取金州路入,办装挈家将行。张生曰:"不必前迈。某非棋客,天帝命我取公着棋。请指挥家事。"滑能惊愕,妻子啜泣,奄然而逝,京都共知。

(孙光宪《北梦琐言》)

【译文】

唐僖宗时,翰林棋待诏滑能,棋品很高,很少遇到敌手。忽有一个姓张的小子,年仅十四岁,前来拜见请教棋艺,并请让一子。滑能的棋思迟缓,沉思良久,才下一子。张生随手落子,全不在意,还到庭边寻求适意,等到滑能再下,又随手下子。一天,黄巢举兵进犯朝廷,唐僖宗出巡蜀地,棋待诏身份的滑能,打算奔赴皇帝的居处。想取道金州前行,置办行装、携带家眷将要出发。张生说:"你不必前去。我不是棋客,天帝命我前来带你去下围棋。请你安排家事吧。"滑能非常震惊,妻子儿女大哭。一会儿,滑能就去世了,京城的人都知道。

19.韩偓称姚洎为"白鹦鹉"

韩偓、姚洎俱为翰林学士,从昭宗幸岐,偓每与两敕使会棋,两使不胜,洎即以手坏之,偓呼为"白鹦鹉"。若洎不在,两使将输,必大呼曰"白鹦鹉",洎应声至。

(陈继儒《珍珠船》)

【译文】

韩偓、姚洎皆为翰林学士时,扈从唐昭宗出巡岐州,韩偓常与两使者下围棋,两使者下不赢,姚洎立即以手扰乱棋局,韩偓呼之为"白鹦鹉"。如果姚洎不在,两使者将要输棋,必定大呼"白鹦鹉",姚洎则应声而至。("白鹦鹉",出自唐人郑处诲的《明皇杂录》:天宝年间,岭南进献白鹦鹉给朝廷,养在宫中,时间一长,驯服和顺,颇为聪慧,不仅洞晓言辞,还可讽诵诗词,唐玄宗和杨贵妃皆称呼它为"雪衣娘"。唐玄宗与"贵妃及诸王博戏,上稍不胜,左右呼'雪衣娘',必入局中鼓舞,以乱其行列,或啄嫔御及诸王手,使不能争道"。)

20.宋太宗不许棋待诏贾玄让棋

太宗时,待诏贾玄侍上棋,太宗饶三子,玄常输一路。太宗知其挟诈,乃曰:"此局汝复输,我当榜汝。"既而满局不生不死。太宗曰:"汝亦诈也。更围一局,汝胜赐汝绯,不胜投汝于泥中。"既而不胜不负。太宗曰:"我饶汝子,今而局平,是汝不胜也。"命左右投之水。乃呼曰:"臣握中尚有一子。"太宗大笑,赐以绯衣。

(李壁《王荆公诗注》)

【译文】

宋太宗时,棋待诏贾玄陪侍宋太宗下围棋,宋太宗让他三子,贾玄常常输一子。宋太宗知道他作假,就说:"这一局你再输,我就叫人打你。"不久下完一局,不输不赢。宋太宗说："你又作假。再下一局，你赢了，我赏赐给你绯色的官服，输了，我就叫人把你丢入泥水中。"局终，不胜不负，宋太宗说："我让你子，下成平局，是你输了。"命令侍从把贾玄投入水中。这时贾玄大叫，说："臣下手中还有一子。"宋太宗大笑，赏赐给他绯色的官服。

21. 宋太宗弈棋以避六宫之惑

太宗喜弈棋。谏臣有乞编窜棋待诏贾玄于南州者，且言："玄每进新图妙势，悦惑明主，而万机听断，大致壅遏，复恐坐驰睿襟，神气郁滞。"上谓言者曰："朕非不知，聊避六宫之惑耳。卿等不须上言。"

（释文莹《湘山野录》）

【译文】

宋太宗喜欢下围棋。有谏官奏请把棋待诏贾玄列入放逐南州之列，并进言说："贾玄常进献新妙棋谱，取悦迷惑皇上，以致朝政不通，政事阻滞，担心皇上安坐而失去神明。"宋太宗对谏官说："朕并非不知，只是姑且以此躲避六宫的迷惑罢了。你们不必进言。"

22. 国手刘仲甫钱塘赌棋

棋待诏刘仲甫，初自江西入都，行次钱塘，舍于逆旅。逆旅主人陈余庆言：仲甫舍馆既定，即出市游，每至夜分方扣户而归，初不知为何等人也。一日晨起，忽于邸前悬一帜云："江南棋客刘仲甫，奉饶天下棋先。"并出银盆、酒具等三百星，云以此偿博负也。须臾，观者如堵，即传诸好事。翌日，数土豪集善棋者会城北紫霄宫，且出银如其数，推一棋品最高者与之对手。始下至五十余子，众视白势似北，更行百余棋，对手者方韬手自得，责其夸言，曰："今局势已判，黑当赢筹矣。"仲甫曰："未也。"更行二十余子，仲甫忽尽敛局子。观者合噪曰："是欲将抵负耶?"仲甫袖手,徐谓观者曰:"仲甫,江南人,少好此伎,忽似有解,因人推誉,致达国手。年来数为人相迫,欲荐补翰林祗应。而念钱塘一都会,高人胜士,精此者众,棋人谓之一关。仲甫之艺,若幸有一着之胜,则可前进。凡驻此旬日矣,日就棋会观诸名手对弈,尽见品次矣,故敢出此标示,非狂僭也。如某日某局,白本大胜,而失应棋着;某日某局,黑本有筹,而误于应劫,却致败局。"凡如此复十余局,观者皆已愕然,心奇之矣。即复前局,既无差误,指谓众曰:"此局以诸人视之,黑势赢筹,固自灼然。以仲甫观之,则有一要着,白复胜,不下十数路也。然仲甫不敢遽下。在席高品,幸精思之,若见此者,即仲甫当携孥累还乡里,不敢复名棋也。"于是众棋客极竭心思,务有致胜者。久之不得,已而请仲甫尽着。仲甫即于不当敌处下子,众愈不解。仲甫曰:"此着二十着后方用也。"即就边角合局,果下二十余着正遇此子,局势大变。及敛子排局,果胜十三路。众观于是始服其精至,尽以所对酒器与之,延款十数日,复厚敛以赆其行。至都,试补翰林祗应,擅名二十余年,无与敌者。

(何薳《春渚纪闻》)

【译文】

棋待诏刘仲甫,往昔从江西到京城,行至杭州,住在客舍。客舍主人陈余庆讲:刘仲甫在客舍住下,就去街市游玩,常常到半夜,才敲门而归,最初不知他是什么人。一天早晨,突然在客舍前悬挂一面旗帜,上书"江南棋客刘仲甫,与天下的棋手对弈都让先。"并拿出银盆、酒具等价值约三百钱银子的东西,说是以此付给输棋的钱。一会儿,观看的人就很多,立刻传之于好事者。第二天,本地几个有钱有势的人集合擅长围棋者在城北紫霄宫聚会,而且拿出和刘仲甫同样多的银两,推选出一位棋品最高的棋手与刘仲甫对弈。下到五十余子时,观众看到白子棋势像是要输,又下了百余子,对手拱手得意,大言不惭地说:"现在局势已经分明,黑子当赢棋了。"刘仲甫说:"不会。"又下了二十余子,刘仲甫忽然收起棋盘上的全部棋子。观众齐声说:"这是要赖账吗?"刘仲甫藏手于袖,慢慢对观者说:"我刘仲甫,江南人,从小就喜好围棋,好像有些领悟,因为人们的推奖称誉,以至得到国手的称呼。"近年以来,经常被人逼迫,要我荐举充任翰林院棋待诏。而想到杭州这个都会,高人才士众多,精通棋艺者不少,棋手认为是一关。以仲甫的棋艺,如果侥幸有一子之胜,就可继续向前行进。我在此已经住了十天,每天到棋馆观看各位名手对弈,已经看到全部棋品了,所以才敢悬挂这面旗帜,并不是狂妄自大。比如,某一天的某一局,白子本来要大胜,然而因失去照应却输了棋;某一天的某一局,黑子本来要赢棋,而因提吃失误,导致失败。"像这样讲了十余局,观众都很惊讶,认为刘仲甫很神奇。随即,刘仲甫重布前局,毫无差错,指示众人,说:"这一局棋,以你们看来,黑子当赢,非常明显。然而,在我仲甫看来,只要有重要一着,白子就赢棋,不少于十多子。然而我不敢仓猝下子。在座的高品棋手,希望精心思考,如果有看到这一着的,那么我仲甫就带着妻儿老小回到家乡,从此不再谈棋了。"于是各位棋客竭尽心思,一心要想出这一着,但很长时间都没想出,只好请刘仲甫指点。刘仲甫就在不对敌处下了一子,众人更加不明白,刘仲甫说:"这一着要在二十子后才用。"立即就在边角合局,果然下到二十余子时正好遇到此子,局势立即大变。等到收敛棋子计算胜负,果然赢了十三子。观众于是才信服刘仲甫的精巧细致,把他们的酒器银两全部交给刘仲甫,而且款待十多天,才赠给重礼送其前行。到了京城,经过考察后补为翰林棋待诏,享有名声二十多年,没有人是他的对手。

23.棋待诏沈之才受笞

沈之才者,以棋得幸思陵,为御前祗应。一日,禁中与其类对弈,上喻曰:"切须子细。"之才遽曰:"念兹在兹。"上怒曰:"技艺之徒,乃敢对朕引经耶!"命内侍省打竹篦二十逐出。

(王明清《挥麈余话》)

【译文】

沈之才,因为围棋得到宋高宗宠幸,当上御前侍从。有一天,宫中围棋高手对弈,宋高宗告诫沈之才说:"务必仔细。"沈之才轻率地回答:"念念不忘这件事。"宋高宗气愤地说:"技艺之徒,还敢对朕引用经文!"命令宦官将其打二十竹板后逐出宫廷。

24.棋待诏赵鄂祈求奏荫

孝宗万机余暇,留心棋局,诏国手赵鄂供奉,由是遭际,官至武功大夫、浙西路钤。因郊祀乞奏补,恳祈甚至。圣语云:"降旨不妨,恐外庭不肯放行耳。"

(张端义《贵耳集》)

【译文】

宋孝宗处理纷繁朝政的空闲,留心围棋,征召国手赵鄂为棋待诏,赵鄂因此受到恩宠,官至武功大夫、浙西路钤。在郊外祭祀天地时,赵鄂上奏请求授予儿子官职,宋孝宗回复说:"下圣旨不难,但恐怕朝廷通不过。"

25.郑介夫左右手对弈

郑介夫,名侠,以刚直名天下,晚居福清,自号一拂居士。……好强客弈棋,有辞不能者,则留使旁观,而自以左右手对局,左白右黑,精思如真敌。白胜则左手斟酒,右手引满,黑胜反是。如是凡二十年如一日。

(陆游《渭南文集·书二公事》)

【译文】

郑介夫,名侠,以刚强正直名闻天下,晚年居住在福清,自号"一拂居士"。……喜欢强迫客人与自己下围棋,遇到推辞不会的,就留下让其旁观,而自己以左手和右手对局,左手执白子,右手执黑子,精心思考如真正对抗。白子获胜就左手拿壶倒酒,右手持杯饮尽,黑子获胜则反此。像这样二十年如一日。

26.范端智弈棋赌博

范元卿以棋品著声于士大夫间,且历处庠序,践馆阁,故无不知名。其弟端智,亦优于此技,与兄相埒,而碌碌布衣,独客于杨太傅府。杨每引至后堂,使诸小姬善弈者赌物,然所约不过数千钱之直,范常常得之。杨一日谓曰:"闻君家苦贫,小小有获,无济于事。吾欲捐金币三千缗,用明日为某妾一局之资,君能取胜,立可小康。"范喜,谢归邸,寝不能旦。同寓之士窃言:"范骨相甚薄,恐无由能致横财如是"。及对局,既有胜矣,思行太过,失应一着,遂变捷为败,素手而出。

(洪迈《夷坚志》)

【译文】

范元卿以棋品在士大夫之间著称,历官学校、馆阁,所以无人不知其名。他的弟弟范端智,也长于棋技,与他相当,然而是一个劳碌辛苦的布衣,只是在杨太傅府做食客。杨太傅经常带至后堂,让其与善棋的年轻侍妾弈棋赌物,然而一般约定赌金,不过价值数千钱,范端智常常赢得。一天,杨太傅对范端智说:"听说你家贫苦,赢钱很少,对家里没有帮助。我要捐出钱币三百万文,用作明天给某侍妾一局的赌资,你若取胜,立即可以达到小康。"范端智高兴地致谢后回到住处,恨不得立即天亮。同住的人私下说范端智面相不好因而财运不行,恐怕不能得到意外的钱财。等到第二天对弈,范端智已经要赢了,思考行棋过深,一子失去照应,就变胜为败,空手而出。

27.聂道士弈棋不识高手地仙丹

永嘉余德麟宗文与聂碧窗弈棋,余屡北。有卖地仙丹者,国手也,余呼之至,诒聂云:"某有仆能棋,欲试数着,不敌。"聂俾对枰,连败数局。余自内以片纸书十字:"可怜道士碧,不识地仙丹。"聂大笑,曰:"吾固疑其不凡。"

[蒋子正(一作蒋正子)《山房随笔》]

永嘉余德麟字宗文与聂碧窗对弈,余德麟经常输棋。有一个卖"地仙丹"的人,是围棋国手,余德麟把他叫来,哄骗聂碧窗说:"我有一个仆人善棋,要想试几着,但是不敢。"聂碧窗让余德麟叫来对弈,结果,连输数局。余德麟从里屋用一张纸写上10字:"可惜碧道士,不识地仙丹。"聂碧窗大笑,说:"我本来就怀疑他不平常。"

28. 棋手刘璟之死

璟字仲璟,基次子,弱冠通诸经,……尝与成祖弈,成祖曰:"卿不少让耶?"璟正色曰:"可让处则让,不可让者不敢让也。"成祖默然。成祖即位,召璟,称疾不至。逮入京,犹称殿下,且云:"殿下百世后,逃不得一'篡'字。"下狱,自经死。

(《明史·刘基传》)

刘璟字仲璟,是刘基的二儿子,少年时精通各种儒家经典……曾经与明成祖朱棣对弈,明成祖说:"你不让我一点吗?"刘璟神情庄重地说:"该让的地方就让,不该让的地方就不敢让。"明成祖默不作声。明成祖登上帝位,征召刘璟,刘璟称病不至。明成祖就派人抓捕他入京,刘璟见到朱棣,还是称殿下,并且说:"殿下百年以后,仍然逃不出一个'篡'字。"刘璟被关进监狱,上吊自杀。

29. 过百龄与权贵对弈不让棋

百龄名文年,为邑名家子。生而颖慧,好读书。十一岁时,见人弈,则知虚实、先后、进击、退守之法,曰:"是无难也。"与人弈,弈辄胜。于是闾党间无不奇百龄者。时福清叶阁学台山先生,弈品居第二,过锡山,求可与敌者。诸乡先生以百龄应召。至则尚童子也,叶公已奇之。及与弈,叶公辄负。诸乡先生耳语百龄曰："叶公显者,若当阳负,何屡胜?"百龄艴然曰:"弈固小技,然枉道媚人,吾耻焉。况叶公,贤者也,岂以此罪童子耶?"叶公果益器之,欲与俱北,以学未竟辞。自是百龄之名,噪江以南,遂益殚精于弈。

(秦松龄《过百龄传》)

【译文】

过百龄,名文年,是名门子弟。从小聪慧,喜欢读书。十一岁时,看见别人下围棋,就懂得虚实、先后、进击、退守的方法,还说:"这不难也。"与人下棋,下就赢棋。于是邻里之间都认为过百龄奇异。当时,福清的叶台山先生,任内阁大学士,围棋为第二品,经过无锡的锡山,寻找棋艺相当的棋手对弈。乡里先生就推荐过百龄。过百龄前去,叶台山看见是个童子,感到很惊奇。等到与其对弈,叶台山就输了。有个乡里先生对过百龄附耳低语:"叶公是达官贵人,你应当假装输棋,为何屡次赢棋?"过百龄生气地说:"下棋本是不足道的技艺,然而违背正道去迎合他人,我感到可耻。更何况叶公是个贤德的人,怎么会因为输棋而怪罪一个小孩呢?"叶台山果然更加器重过百龄,还打算带他去京城,过百龄以学业未完的理由推辞了。从此,过百龄之名,传扬江南,他也殚精竭虑地钻研棋艺。

30.程兰如、范西屏争天下国手

兰如昔争天下国手於某藩邸,同时十七人,西屏年最少。兰如已胜其十六人,末至西屏,凡二日而局未终。通盘筹画,总输半子。范故贫士,啖以五百金,让此半子。某藩遂定兰如为天下大国手,一时公卿荐绅,具币争迎,声名籍甚。西屏闻而悔之,出图报复。程闻其将至也,则去而之他,或值焉,则辞以疢。

(鲍鼎《国弈初刊序》)

【译文】

当初程兰如在某藩王府第争夺"天下国手"之名，当时有 17 人，范西屏最年轻。程兰如已经战胜了 16 人，最后轮到范西屏，一局棋下了两天还未下完。程兰如全局谋划，发现自己最终要输半子。范西屏原本是穷士，程兰如对范西屏说，送给你五百金，请让半子。某藩王就确定程兰如为"天下大国手"，那时的达官贵人，拿着钱财争相迎接程兰如，程兰如因此棋名显赫。范西屏听到后后悔莫及，打算前往报复。程兰如听说范西屏要来，就躲开而前往别处，如果两人恰好遇到，程兰如则以年老推辞而不与对弈。

主要参考文献

一、著作

[1]彭定求等编校.全唐诗[M].上海:上海古籍出版社,1986.

[2]葛兆光.道教与中国文化[M].上海:上海人民出版社,1987.

[3]李逸民.忘忧清乐集[M].成都:蜀蓉棋艺出版社,1987.

[4]余英时.士与中国文化[M].上海:上海人民出版社,1987.

[5]成恩元.敦煌棋经笺证[M].成都:蜀蓉棋艺出版社,1990.

[6]石天芳夫.日本围棋四百年激战风云录[M].陈明川,译.成都:蜀蓉棋艺出版社,1990.

[7]阴法鲁,许树安.中国古代文化史[M].北京:北京大学出版社,1991.

[8]盖国梁,等.围棋古谱大全[M].上海:上海古籍出版社,1994.

[9]李毓珍校注.棋经十三篇校注(修订版)[M].成都:蜀蓉棋艺出版社,1994.

[10]张岱年,方克立.中国文化概论[M].北京:北京师范大学出版社,1994.

[11]唐邦明.周易评注[M].北京:中华书局,1995.

[12]杨伯峻译注.孟子译注[M].北京:中华书局,1995.

[13]陈鼓应注译.庄子今注今译[M].北京:中华书局,1996.

[14]董耀.弈学会海[M].上海:上海文化出版社,1996.

[15]杨伯峻译注.论语译注[M].北京:中华书局,1996.

[16]陆玄宇.仙机武库(商铭渔藏本)[M].西安:陕西科学技术出版社,1997.

[17]徐家亮.中国古代棋艺[M].北京:商务印书馆,1997.

[18]严德甫.晏天章.玄玄棋经[M].上海:上海文化出版社,1997.

[19]郭超,夏于全.弈理指归[M].北京:蓝天出版社,1998.

[20]薛至诚编译.日本围棋故事[M].北京:人民体育出版社,1998.

[21]张如安.中国围棋史[M].北京:团结出版社,1998.

[22]蔡中民,赵之云等.中国围棋史[M].北京:中国统计出版社,1999.

[23]刘义庆撰,徐震堮著.世说新语校笺[M].北京:中华书局,1999.

[24]唐圭璋编纂,王仲闻参订,孔凡礼补辑.全宋词[M].北京:中华书局,1999.

[25]陈祖源.围棋规则新论[M].成都:蜀蓉棋艺出版社,2000.

[26]马峥.中国历代国手[M].北京:人民体育出版社,2000.

[27]邵汉明.中国文化精神[M].北京:商务印书馆,2000.

[28]何云波.围棋与中国文化[M].北京:人民出版社,2001.

[29]陈鼓应.老子注译及评介[M].北京:中华书局,2003.

[30]陈祖德,王汝南.中国围棋古谱全集(全24卷)[M].兰州:甘肃文化出版社,2004.

[31]冯天瑜,何晓明,周积明.中华文化史[M].上海:上海人民出版社,2005.

[32]刘善承.中国围棋史[M].成都:成都时代出版社,2007.

[33]左洪涛.金元时期道教文学研究[M].北京:人民出版社,2008.

[34]胡廷楣.黑白之境[M].上海:上海文化出版社,2009.

[35]陶式玉辑评.官子谱[M].成都:成都时代出版社,2010.

[36]尹小林选编.历代围棋诗365首[M].北京:中国国学出版社,2010.

[37]陈曦译注.孙子兵法[M].北京:中华书局,2011.

[38]徐星友.兼山堂弈谱[M].上海:上海书店出版社,2013.

[39]陈侃.围棋文化史料大全[M].太原:书海出版社,2015.

[40]何云波.围棋文化教程[M].北京:北京大学出版社,2015.

[41]何云波.中国历代围棋棋论选[M].太原:书海出版社,2017.

[42]林建超.围棋与文化[M].北京:经济科学出版社,2018.

二、论文

[1]赵德宇.日本围棋源流[J].日本研究,1997(1).

[2]马峥.围棋起源于兵法[J].围棋天地,2001(1).

[3]张东鹏.周易与围棋之道[J].周易研究,2012(2).

[4]杨子路.道教围棋文化略论[J].体育文化导刊,2014(4).

后记

2018 年 6 月的一天,西南师范大学出版社数字网络分社的李俊社长找到我,约我撰写一本《围棋文化》,还带来一个简单的提纲。我答应后,就约请文学院的副教授廖强博士一起撰写。

我以李社长拿来的提纲为基础,进一步修改、拟写,而且一边撰写初稿,一边修改提纲,先后修改了 6 稿,才拟定提纲。李社长反复强调:内容不能深奥,一定要通俗易懂。因而我们也特别注意语言表述的平易浅近,文献资料的引用也尽量选取浅显易懂的,遇到难懂的引文,或者解释词语,或者串讲大意,或者给予翻译,目的都是为了使书稿通俗。经过近两年时间的查阅资料、撰写初稿、反复修改,终于写成定稿。撰写的具体分工是:胥洪泉拟写提纲,撰写上编第 1—8 章、下编第 1—6 章、附录"中国围棋史话";廖强撰写上编第 9—10 章、下编 7—9 章,写成后由胥洪泉审读。

本书的撰写,得到出版社李俊社长、责任编辑李勇的关心和大力支持。李社长经常打电话、发邮件询问书稿撰写的进展情况,并提出很好的建议。编辑李勇在提纲修改、书稿审读方面,认真细致,严谨缜密,提出了不少宝贵的意见。此外,撰写此书时,我们参考了已经出版的围棋史、围棋文化著作以及一些围棋文化的期刊论文,未能一一列出,在此向这些论著的作者致以诚挚的感谢!

由于我们学养不足,书中难免存在错误,恳请读者方家批评指正。

胥洪泉

2020 年 6 月 20 日